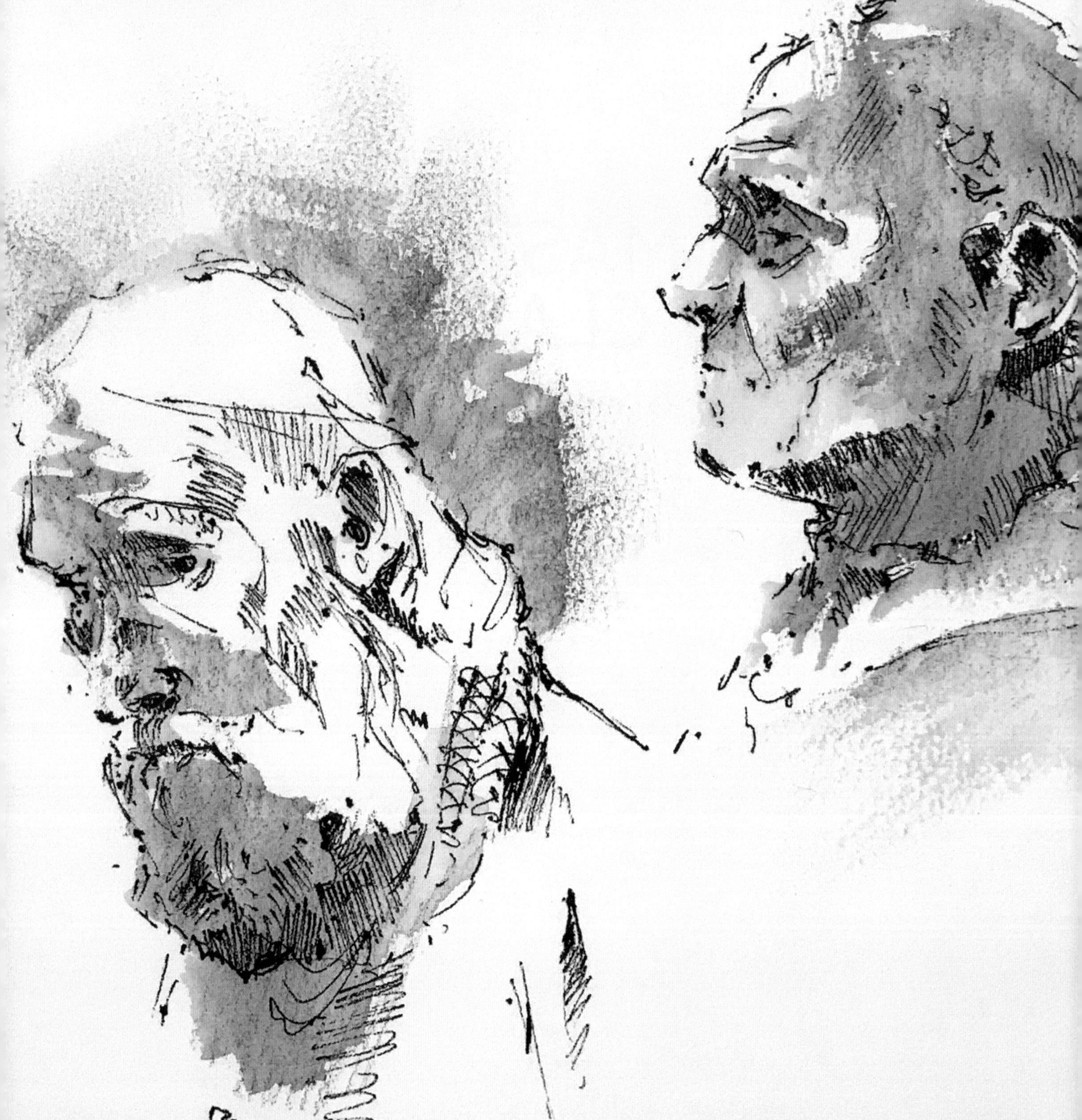

Die KUNST des Zeichnens

ALEX HILLKURTZ

MASTER CLASS

SKIZZIEREN

IMPRESSUM

Titel der Originalausgabe:
Sketching Techniques for Artists
In-Studio and Plein-Air Methods for Drawing and Painting Still Lifes, Landscapes, Architecture, Faces and Figures, and More

Page Layout: Megan Jones Design
First Published in 2021 by Rockport Publishers, an imprint of the Quarto Group, 100 Cummings Center, Suite 265-D, Beverly, MA 01915, USA.
QuartoKnows.com

Übersetzung: FSM Premedia GmbH & Co. KG, Diane von Weltzien
Produktmanagement der deutschen Ausgabe: Nicole Mering
Umschlaggestaltung: Eva Hook
Lektorat und Satz: FSM Premedia GmbH & Co. KG, Manuela Kießl
Druck und Bindung: 1010 Printing International Ltd, China

1. Auflage 2023

ISBN 978-3-7358-8063-5
Best.-Nr. 28063

MIX
Papier aus verantwortungsvollen Quellen
FSC® C016973

Penguin Random House Verlagsgruppe FSC® N001967

▸ Cairoli Castello, Mailand im Regen. Tinte und Graphit.

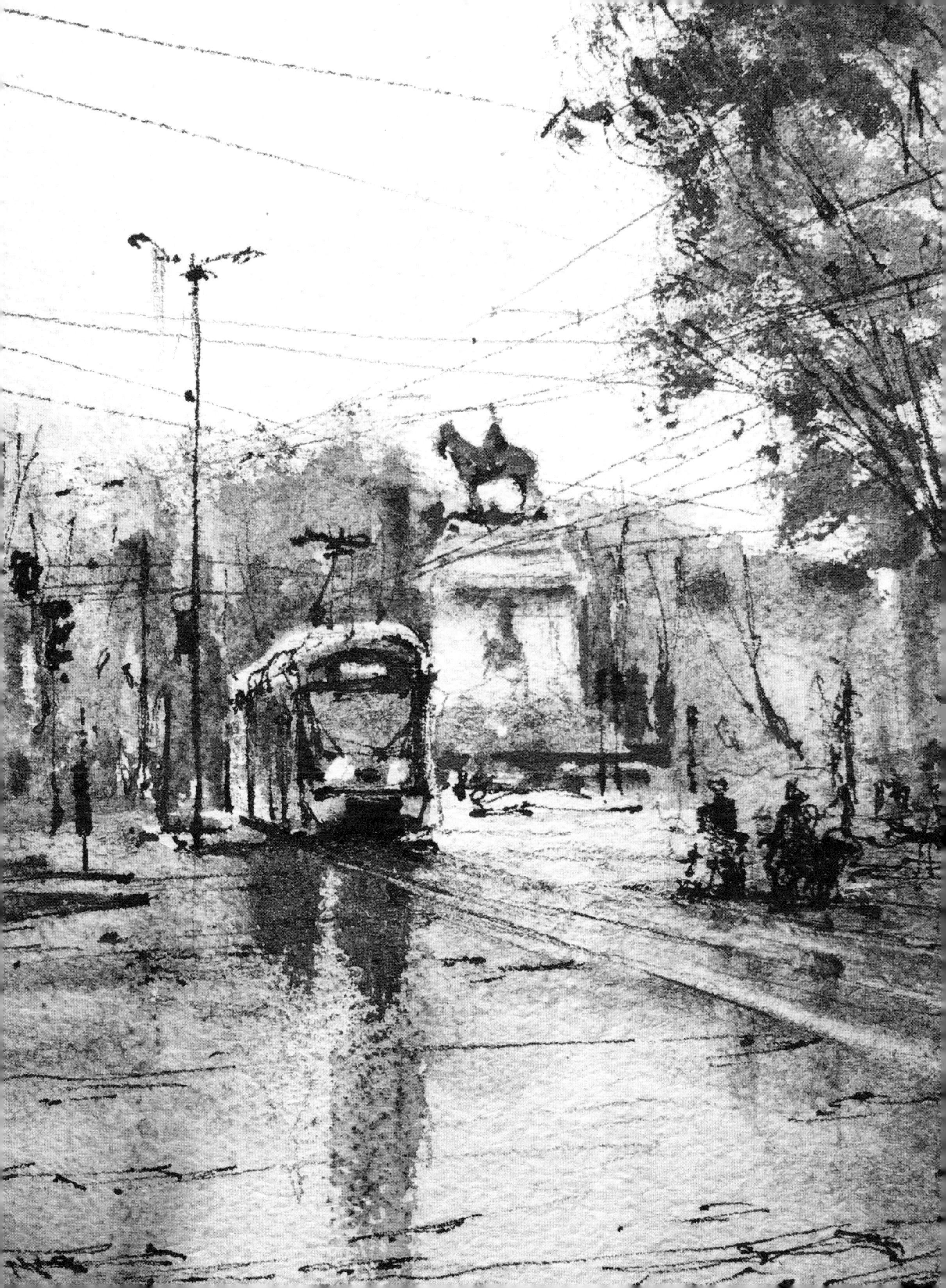

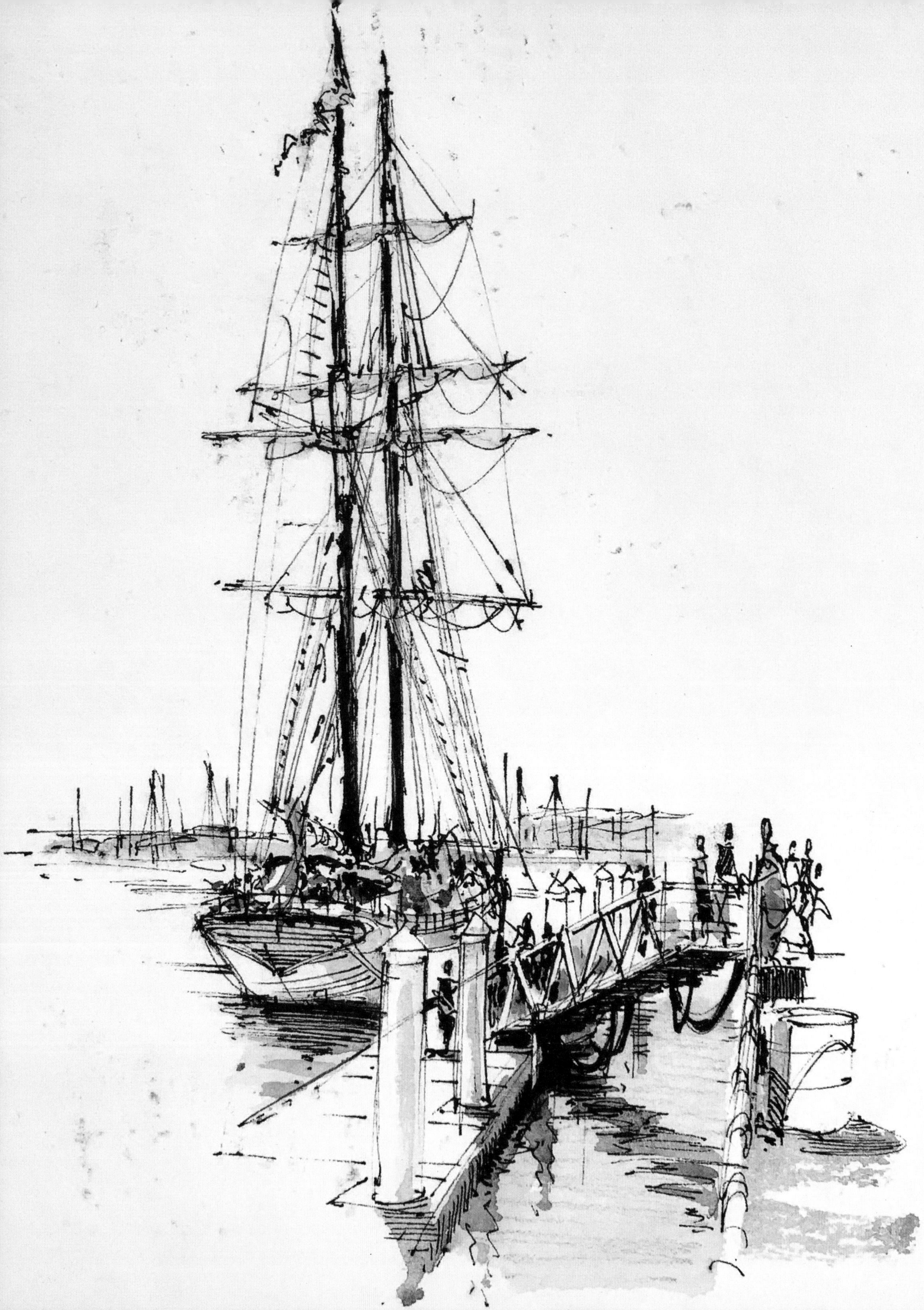

INHALT

◂ Marina Del Rey, Kalifornien.
Tinte und Graphit.

VORWORT

Eine Skizze ist ein flüchtiges Wesen. Sie kann uns ausweichen und entgleiten. Mitunter macht sie sich unsichtbar und neckt uns sogar, etwa wenn unsere Vision unsere Fähigkeit übersteigt. Auch wenn es gut läuft, und wir meinen, etwas einwandfrei festgehalten zu haben, reicht eine falsche Bewegung und die Skizze entgleitet uns und lässt uns frustriert zurück.

Eine Skizze ist ein Andenken. Eine rasche Notiz, um sich an einen Ort zu erinnern, die Vögel singen zu hören, den Wind zu spüren, um uns von Gesprächen in einer uns noch unbekannten Sprache überspülen zu lassen.

Eine Skizze kann vieles sein und das Skizzieren vermag uns Türen zu neuen Erfahrungen und Orten zu eröffnen. Ich möchte einiges von dem, was ich im Laufe der Jahre über das Skizzieren gelernt habe, weitergeben. Ich verrate Tipps und Techniken, Lieblingsmaterialien und außerdem, warum ich manche Dinge tue und auf welchem Denken sie fußen.

Früher habe ich Storyboards und Illustrationen für Filme angefertigt. Was hinter den Kulissen passiert, hat mich immer schon fasziniert. Immer, wenn ich einen Film, ein Konzert, ein Sportereignis oder irgendeine Produktion ansehe, will ich wissen, wie alles zustandekommt.

Genauso empfinde ich, wenn es um das Malen und Skizzieren geht. Ich betrachte freudig gute Kunst und blättere gerne durch die Skizzenbücher reisender Freunde. Außerdem will ich immer wissen, was nötig war, um zu erschaffen, was ich sehe. Warum hat der Maler diese Farbe gewählt? Was an diesem Ort hat den Betrachter fasziniert? Was waren die Voraussetzungen dafür, dass diese Werk entstehen konnte?

Ich möchte Sie hinter die Kulissen meiner Skizzen und Bilder mitnehmen. Ich will Ihnen zeigen, wie ich meine Ergebnisse erziele, und erklären, welche Entscheidungen ich auf dem Weg dorthin getroffen habe. Für mich sind Skizzen wie Szenen in einem Film. Dieses Buch ist das „Making-of“ und ich hoffe, dass der Aufschluss über den Prozess ebenso erfreulich ist wie das Endergebnis.

▸ Kanal in Venedig. Tinte und Aquarellfarben auf handgeschöpftem Papier.

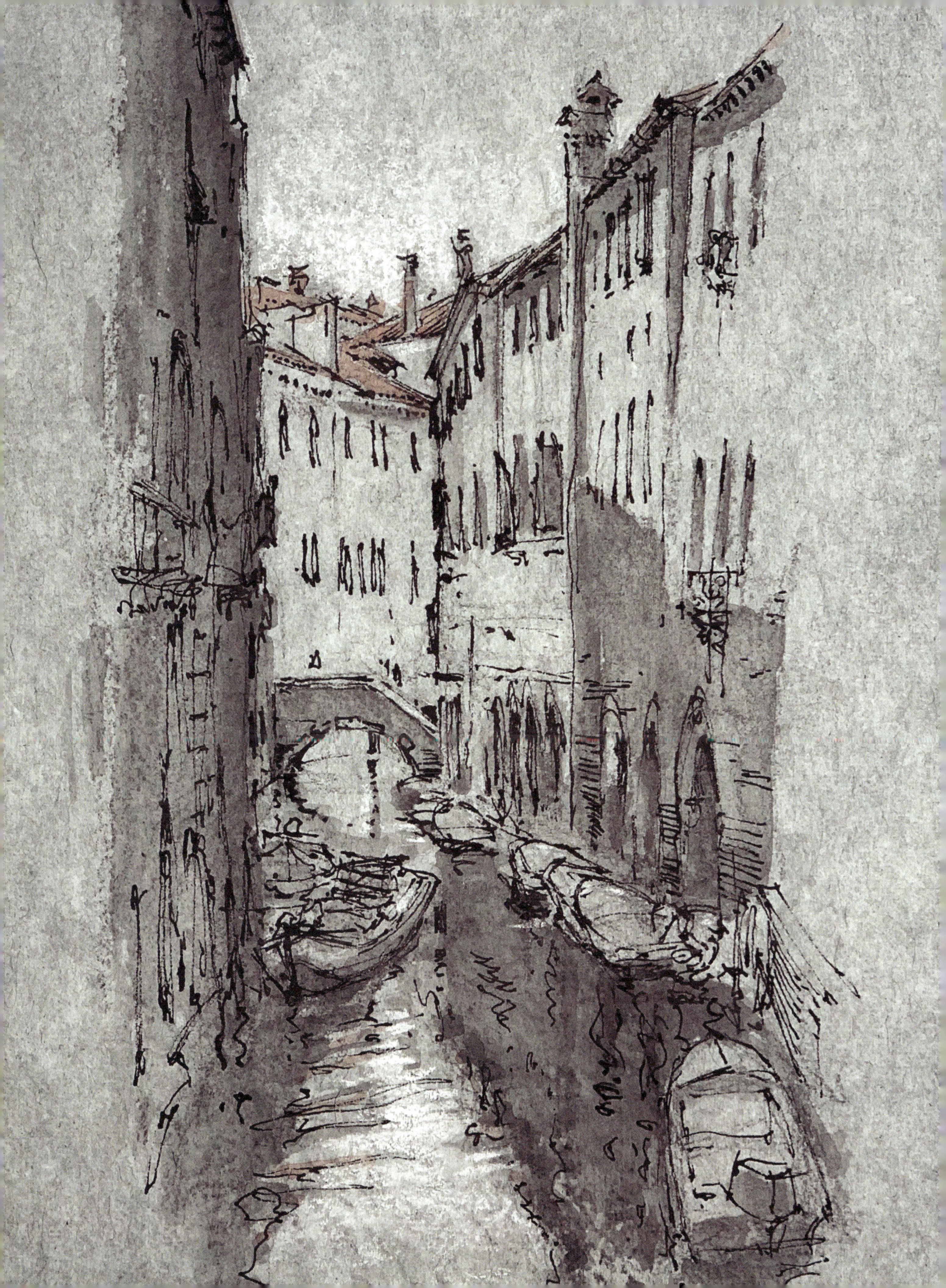

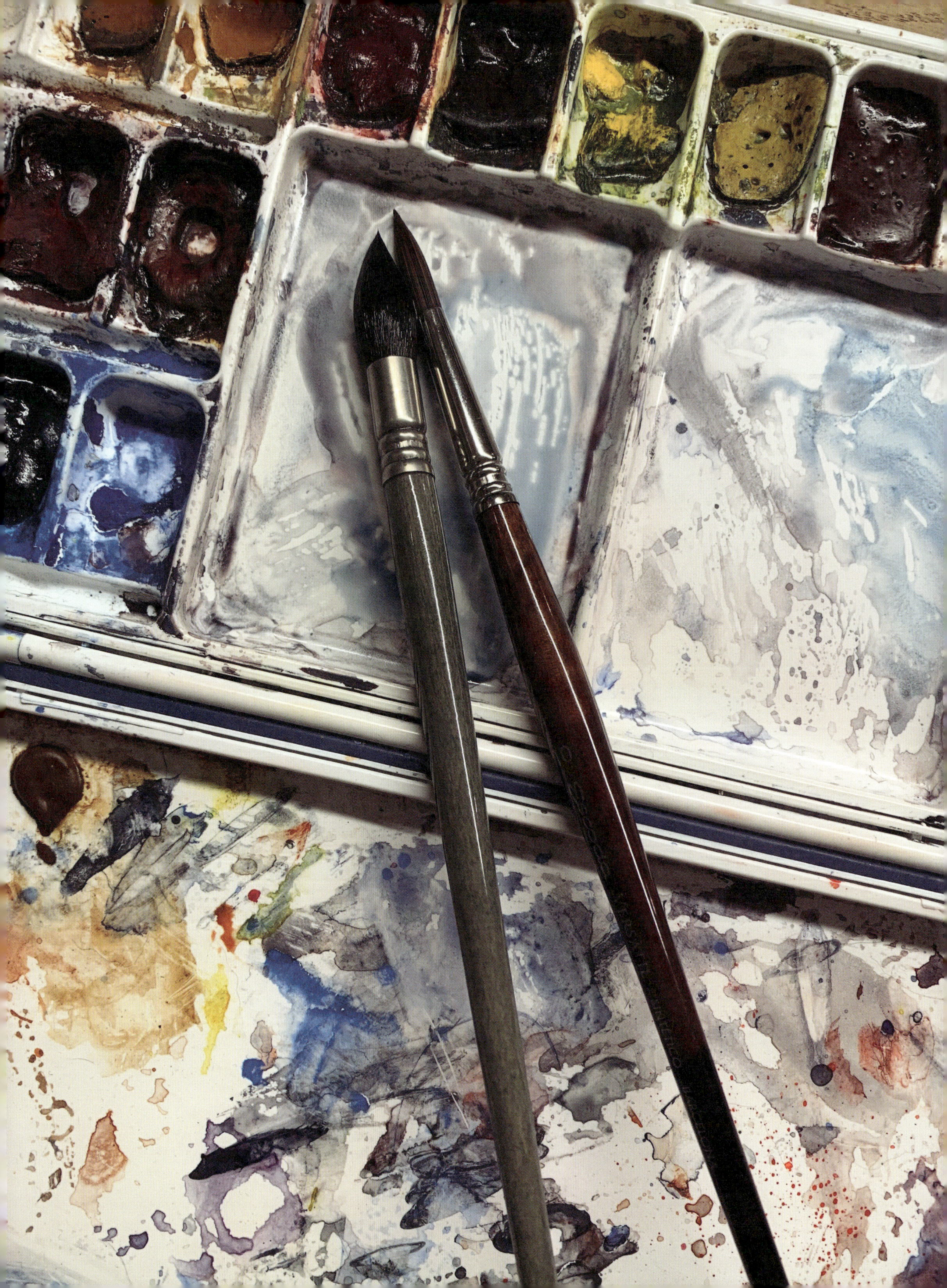

1

MATERIALIEN & HILFSMITTEL

Graphit, Tinte und Farbe können auf vielfältige Weise auf Papier aufgetragen werden. Die Werkzeuge, die wir verwenden, sind eine Erweiterung der Hand, der Vorstellungskraft und unserer Seele. Wir könnten mit den Fingern malen, doch hat sich eine schier unerschöpfliche Vielfalt an Künstlerbedarf entwickelt, um unsere Fähigkeiten zu verbessern und unseren Selbstausdruck zu steigern. Es lohnt sich, diese Werkzeuge spielerisch auszuprobieren und sich mit ihnen anzufreunden.

EINE PERSÖNLICHE AUSWAHL

Werkzeuge für den kreativen Ausdruck können eine sehr persönliche Entscheidung sein. Sobald man mit unterschiedlichen Geräten vertraut ist, findet man dasjenige, mit dem man sich am besten ausdrücken kann. Manchem reicht ein einfacher Federhalter mit Stahlfedern, andere ziehen kostspieligeres und modischeres Zeichengerät vor. Wie bei den meisten Werkzeugen, bekommt man auch im Künsterbedarf das, wofür man bezahlt. Aber vergessen Sie nicht: Der beste Pinsel ist der, den Sie dabeihaben. Die besten Farben sind die in Ihrer Tasche. Mit einer minimalistischen Ausrüstung kann man sehr weit kommen.

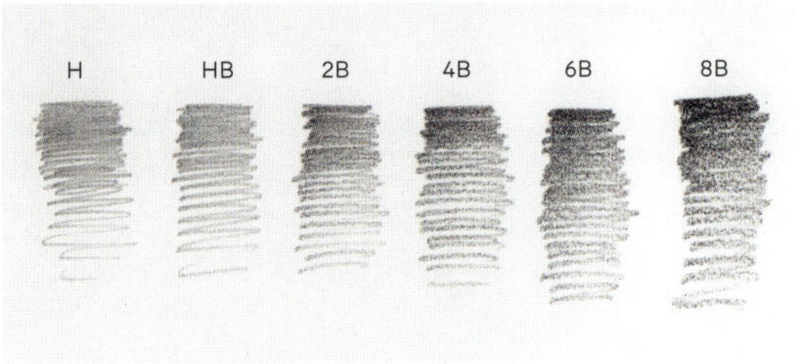

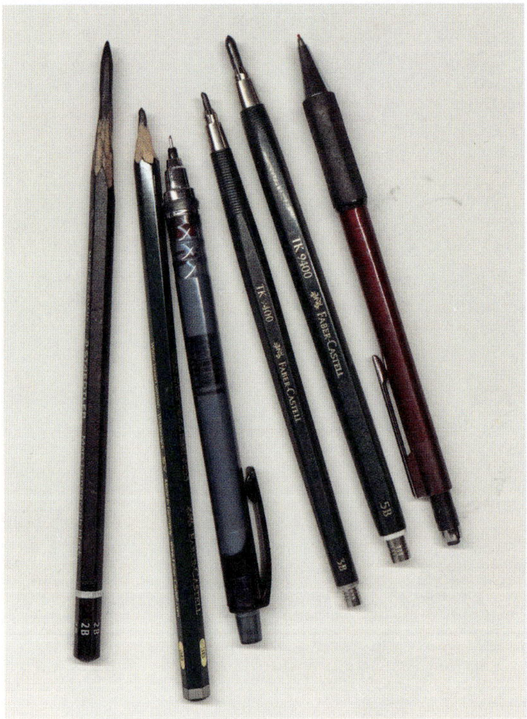

Bleistifte, Tintenschreiber und Tinten

Alles Skizzieren beginnt mit Strichen auf dem Papier. Nachfolgend einige meiner Lieblingsstifte, mit denen meine Skizzen einen guten Anfang nehmen.

BLEISTIFTE

Ich drücke nicht fest auf, wenn ich skizziere, deshalb ziehe ich eine weichere Mine vor. Für mich sind 4B- und 6B-Stifte am besten geeignet. Weil die Mine so weich ist, verwende ich einen Druckbleistift, um auch ohne nachzuspitzen eine feine Linie beizubehalten. Für Hervorhebungen verwende ich einen weißen Conté-à-Paris-Zeichenstift. Für rasche Schattierarbeit nutze ich gerne einen wasserlöslichen 8B-Skizzenstift von Derwent sowie ArtGraf-Graphitkreide-Stäbchen.

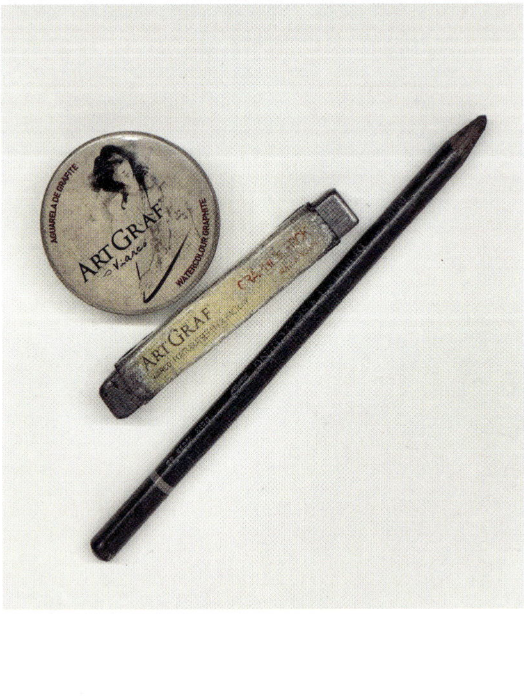

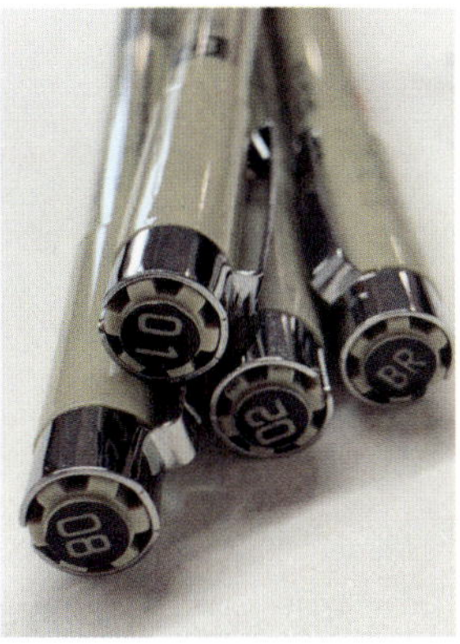

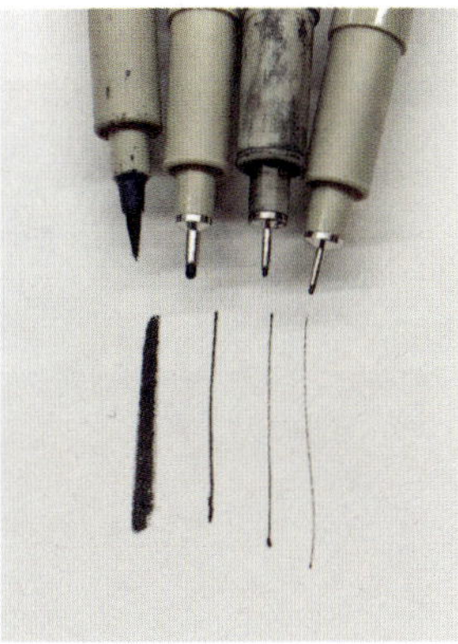

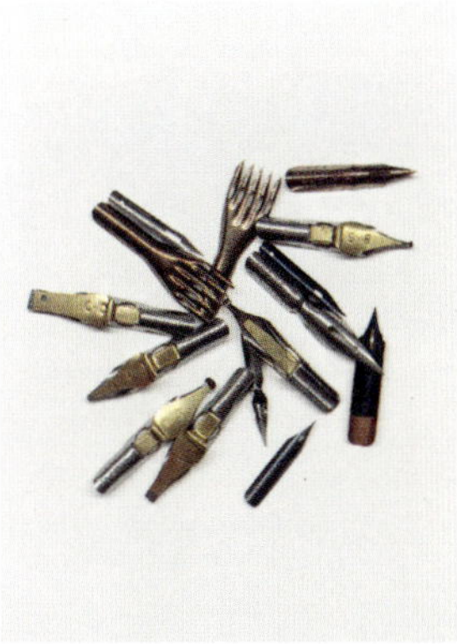

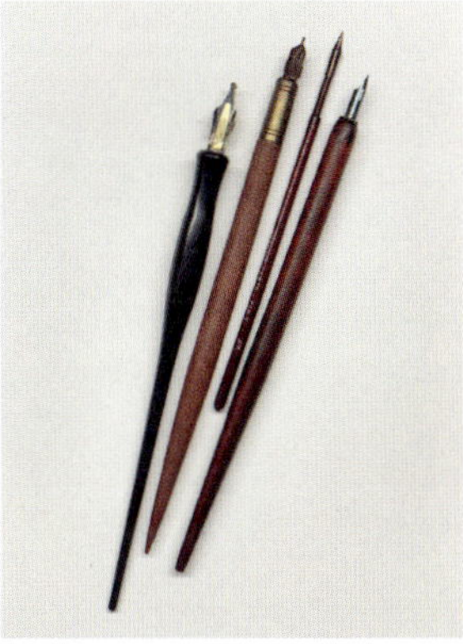

TINTENSCHREIBER

Fineliner, Füller, Stahl- und Bambusfedern – sie alle sind einzigartig in ihrer Anwendung und in ihrem Arbeitsgefühl. Wenn ich male und skizziere, trage ich eine große Auswahl an Zeichenstiften bei mir, also habe ich je nach Stimmung und Thema immer was ich brauche.

FINELINER

Fineliner sind Filzschreiber mit verschiedenen Strichstärken, die einen vielfältigen Ausdruck gestatten. Sie produzieren eine wunderbar klare, dunkle Linie. Ich verwende einen stärkeren Strich für Objekte im Vordergrund und einen dünneren für jene weiter hinten. Indem ich die Strichstärke auf diese Weise variiere, erzeuge ich eine atmosphärische Perspektive, obwohl ich nur schwarze Tinte verwende. Fineliner enthalten typischerweise wasserfeste Tinte, die Linien verwischen also nicht, wenn man später koloriert. Ich verwende am liebsten den Fineliner Sakura Pigma Micron mit Strichstärken von 0,5 mm, 0,3 mm und 0,1 mm.

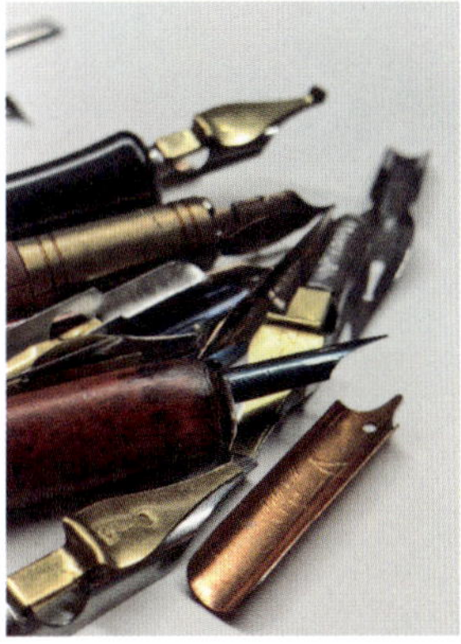

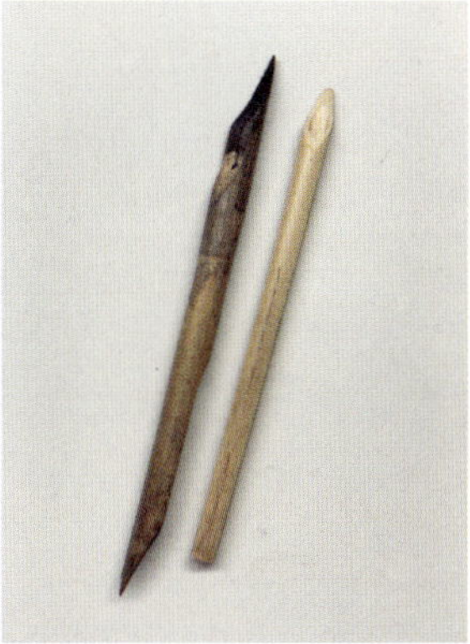

STAHL- UND BAMBUSFEDERSCHREIBER

Stahl- und Bambusfedern gestatten eine dynamischere Vielfalt an Linien. Sie werden seit Jahrtausenden verwendet, und ich spüre jedes Mal, wenn ich mit derart traditionellen Geräten arbeite, den Sog der Geschichte. Federn nutze ich vor allem im Atelier, weil es lästig ist, ein Tintenfässchen ins Freie mitnehmen zu müssen. Für mich ist das Risiko, möglicherweise Tinte zu verschütten, zu groß und die Sache nicht wert.

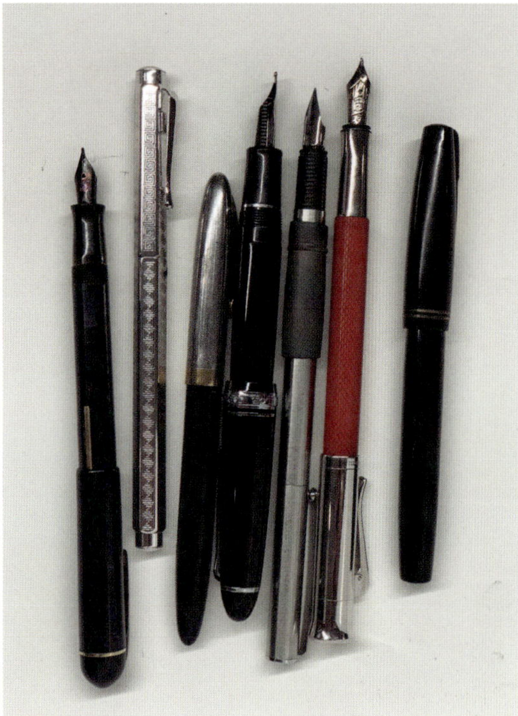

FÜLLER UND TINTE

Ich selbst skizziere am liebsten mit Füllern. Sie sind kompakt, leicht zu handhaben und lecken nicht, wenn man sie richtig einsetzt. Füller mit ihrer Eleganz und ihrer kunstfertigen Konstruktion haben auf mich schon immer einen großen Reiz ausgeübt.

GEÜBTER GRIFF

Variieren Sie Ihren Griff. Wie Tennisspieler, die viele Spielarten kennen, um den Ball übers Netz zu bekommen, können Sie Stift und Pinsel vielfältig in den Griff nehmen.

Den Stift wie beim Schreiben zu halten, ist ideal für die Detailarbeit, da man mit Fingern und Handgelenk Bewegungen genau steuern kann. Größere Formen zeichnen sich besser von oben, denn so kann man den ganzen Arm und die Schulter einsetzen. Ihre Bewegung ist freier und expressiver. Wenn sich das fremd anfühlt, dann üben Sie, indem Sie große Kreise zeichnen.

Wer sonst am Tisch zeichnet, sollte es im Stehen probieren. Der Blickwinkel aufs Blatt ist besser, Verzerrungen fallen weg und Sie erleben den kreativen Prozess mit dem ganzen Körper.

Die Auswahl an Füllern ist vielfältig. Experimentieren Sie deshalb so lange, bis Sie den Füller gefunden haben, mit dem Sie am besten zurechtkommen. Um meinen zu finden, ging ich mit Aquarellpapier in den Laden und zeigte, was ich tue. Da ich kein Kalligraph bin, habe ich besondere Anforderungen. Ich probierte unterschiedlichste Füller und Federn aus und zeichnete mit ihnen wie gewohnt auf meinem Papier, um zu sehen, was mir taugt und was nicht. Die Tinte muss gleichmäßig fließen, und ich brauche eine flexible Feder für verschiedene Strichbreiten. Aber mir gefällt auch, wie meine Feder über raues Papier kratzt und meinen Skizzen etwas Zufälliges und Lebendiges gibt. Probieren Sie aus, welcher Stift zu Ihrer Hand und Ihrem Stil passt.

Ich verwende einen guillochierten Füller von Faber Castell mit einer F-Feder (fein). Außerdem habe ich einen Sailor 1911 Silver, einen Lamy ST mit F-Feder and einige ältere Füller aus den 1940ern: Waterman, Sheaffer und Eversharp.

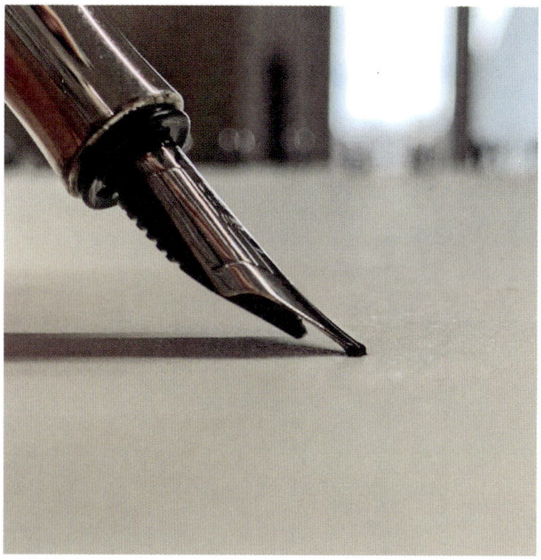

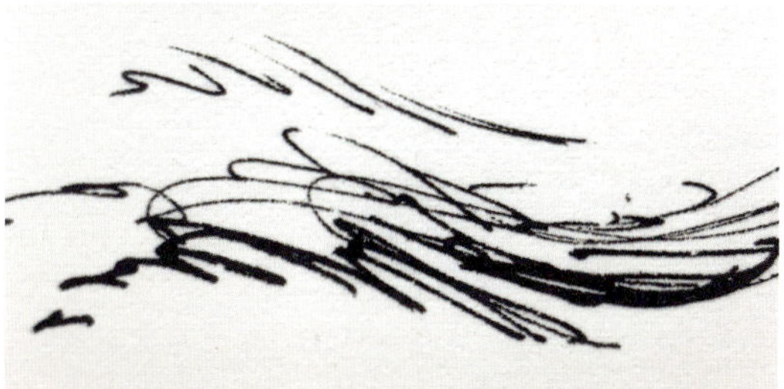

Diese unterschiedlichen, mit einer einzigen Feder erzielten Strichstärken sind eindrucksvoll.

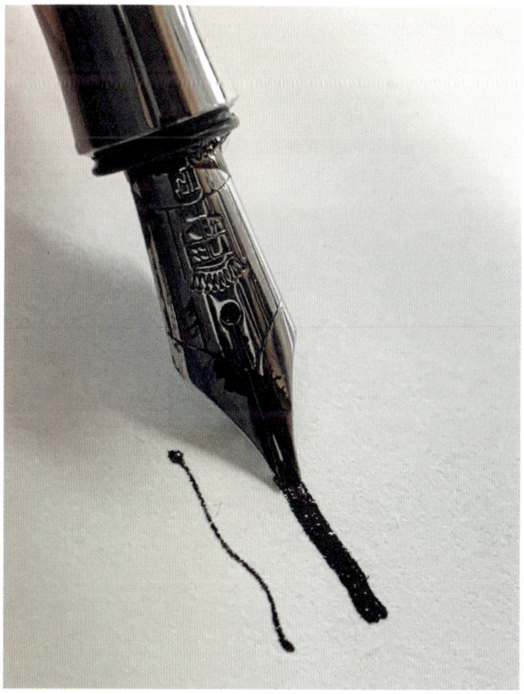

Eine feine Linie erzielt man mit geringem Druck, für eine breitere muss man ihn erhöhen.

Nur für Linkshänder

Ich bin Linkshänder und fand mich mit Füllern erst nicht zurecht. Eine Feder soll man über das Papier ziehen, damit sie auf ihrem Weg eine Perlenschnur von Tintentropfen hinterlässt. Linkshänder aber schieben ihren Stift und Federn bleiben hängen oder verhaken sich und erschweren das Schreiben. Doch skizzieren muss man nicht von links nach rechts und es gelten keine dogmatischen Schreibregeln. Als ich das erkannte, stand mir plötzlich die Welt der Füllfederhalter offen.

Ich nutze nachfüllbare Patronen für meine Füller und verwende als Tinte Noodler's Ink Polar Black. Sie ist wasserfest und verwischt nicht, wenn ich mit Aquarellfarben koloriere. De Atramentis Document Ink ist ebenfalls eine sehr gute wasserfeste Tinte, die es in verschiedenen Farben gibt.

Wasserlösliche Tinten erzielen andere Effekte. Mir gefällt die Diamine-Tinte in Earl Grey. Diese dunkelgraue Tinte setzt in Verbindung mit Wasser Violett-, Rot- und Türkistöne frei und gestattet überraschende Ergebnisse wie unten in der Skizze von Amsterdam.

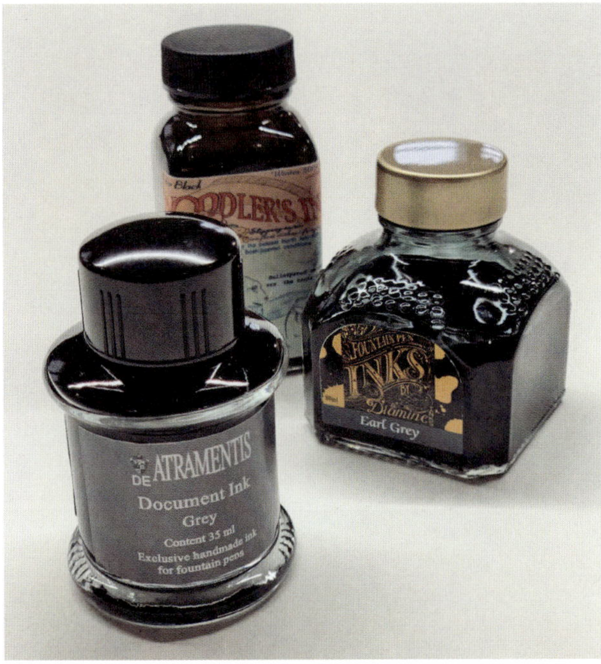

Auffüllen

Die Tinten, die normalerweise für Füllfederhalter angeboten werden, sind von unterschiedlicher Qualität, daher verwende ich lieber meine eigenen. Dazu benötigt man einen Konverter. Er ist wiederauffüllbar und passt in Ihren Stift. Verwenden Sie nur Tinte, die sich für Füllfederhalter eignet.

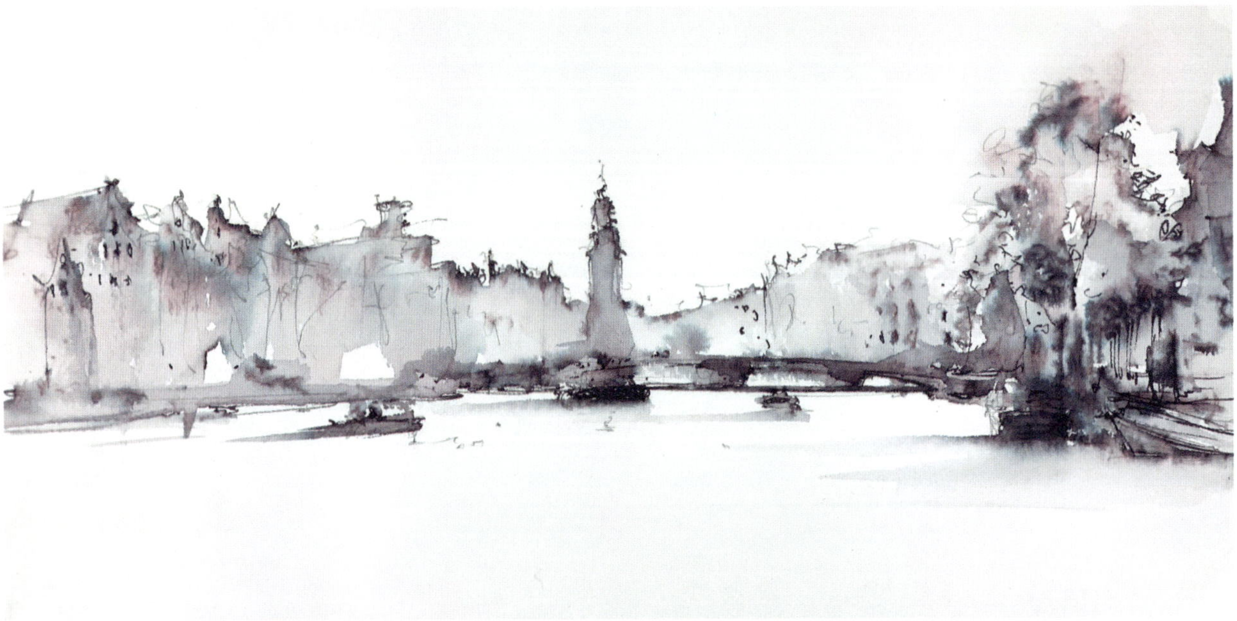

Amsterdam. Wasserlösliche Tinte auf Papier.

Papiere und Skizzenbücher

Für gute Zeichnungen und Aquarelle ist das Papier ein entscheidender Faktor. Seine Qualität wirkt sich sehr deutlich auf Ihr Arbeitsergebnis aus. Ich empfehle 100%iges Hadern- oder Büttenpapier.

Nachfolgend einige meiner Favoriten:

- Arches Aquarell-Büttenkarton 300 g/m², kaltgepresst
- L'Aquarelle Canson Héritage 300 g/m², kaltgepresst
- Sennelier Watercolor 300 g/m², kaltgepresst

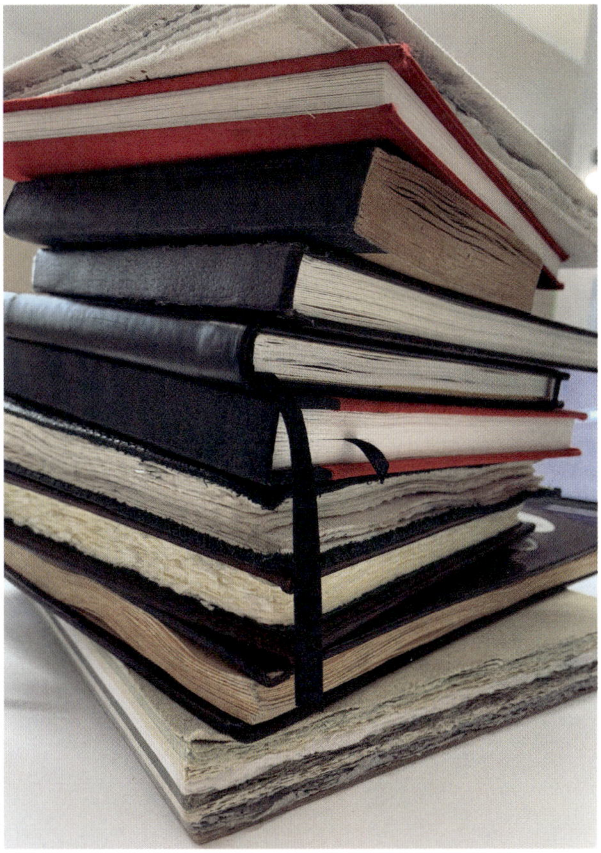

Für kleinere Skizzen verwende ich gerne Aquarellblöcke, weil ich dann die Bögen nicht befestigen muss. Für größere Bilder eignen sich Einzelbögen am besten.

Skizzenbücher kann man nie genug haben. Ebenso wie Papiere habe ich auch viele verschiedene Bücher für unterschiedliche Stimmungen und Voraussetzungen. Eine einfache Kladde für Thumbnail-Skizzen und Aquarellierübungen halte ich immer in Griffweite.

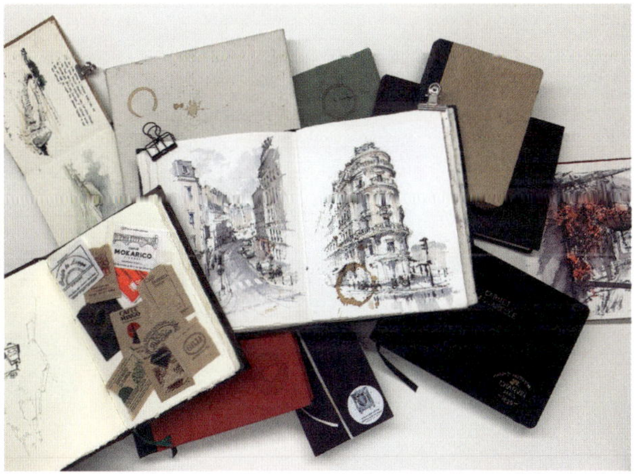

Meine Lieblinge sind:

- Strathmore 400 Aquarellpapier (22 x 28 cm)
- In weiches Leder gebundenes Skizzenbuch von Moulin de Larroque, Frankreich (17 × 22 cm)
- Ruscombe Paper Mill MGX Ivoire 160 g (17 × 26 cm)
- Maxgoodz Aquarelle Light (18 × 27 cm)
- Charvin Carnet accordéon d'aquarelle
- Clairefontaine naturel A5, 250 g-Papier

Pinsel

Ich bin süchtig nach Pinseln. Einen Laden für Künstlerbedarf kann ich nicht verlassen, ohne ein paar Neue zu kaufen, von denen ich überzeugt bin, sie zu brauchen. Doch für die meisten meiner Bilder reichen drei einfache Pinsel aus: ein mittlerer Rund-, ein Flach- und ein Verwaschpinsel.

Rundpinsel wie der Escoda Perla Nr. 10 oder ein Van Gogh Nr. 8 bieten eine gute Spitze für Details, gestatten aber auch die Bearbeitung von Flächen.

Flachpinsel wie ein Da Vinci Casaneo Nr. 30 oder ein Raphaël Series 915 Nr. 18 eignen sich ideal zum Verwaschen großer Farbflächen.

Verwaschpinsel wie der Escoda Último Nr. 14 oder Raphaël Serie 803 Nr. 5 aus Fehhaar sind großartig für das anfängliche Anlegen von Farbflächen.

Gleichfalls nützlich ist der Schwertpinsel, dessen Borsten schräg ausgeformt sind und einem Messer ähneln. Mit ihm gelingen wunderbar expressive Pinselstriche angefangen bei feinsten Linien bis hin zu flächigem Farbauftrag. Ich realisiere mit meinem Schwertpinsel die Zweige von Bäumen und gewundene Treppengeländer.

Diese unterschiedlichen Pinseltypen gestatten eine große Bandbreite an verschiedensten Pinselstrichen. Doch halte ich es immer für besser, wenige Werkzeuge zu haben, die man beherrscht, als viele, mit denen man nicht umgehen kann.

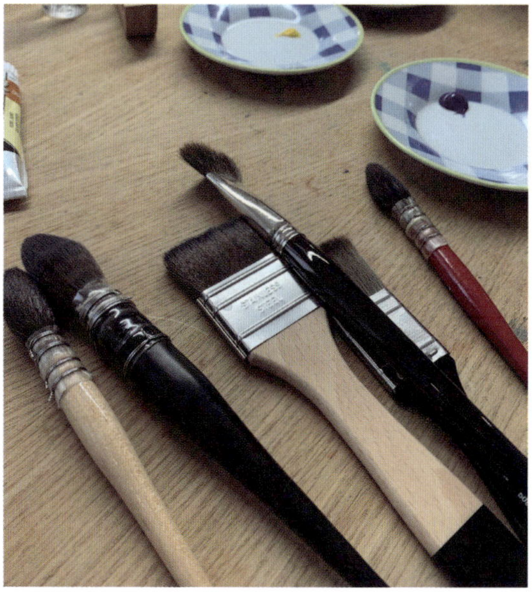

Eine Auswahl an Rund-, Verwasch- und Flachpinseln.

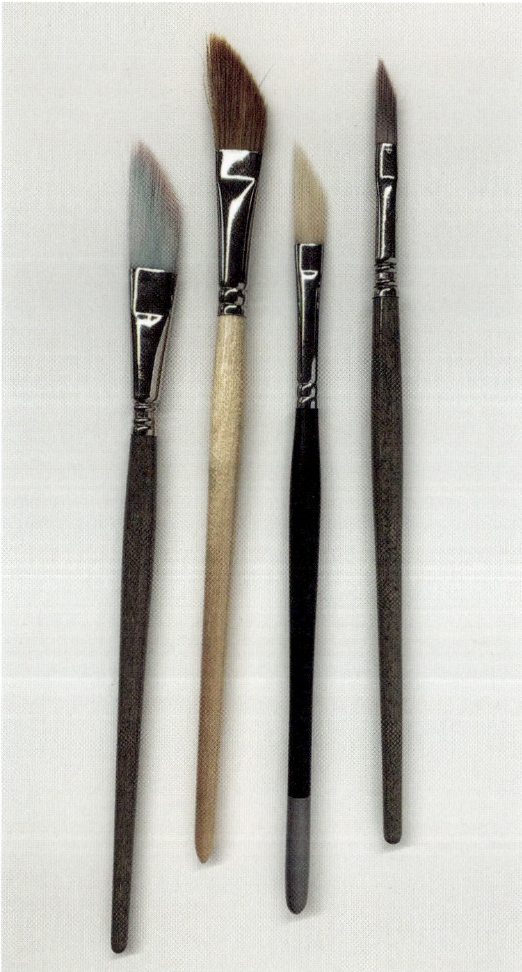

Schwertpinsel gibt es in einer Vielzahl von Stärken und mit unterschiedlichen Borstenhaaren.

Aquarellfarben

Ich nutze vorrangig Farben von Daniel Smith und Rembrandt, doch für unsere Anforderungen sind die meisten Marken ausreichend. Viele Jahre lang bin ich mit einem Schulmalkasten ausgekommen. Verwenden Sie also ruhig das, was Sie schon haben.

Meine Farbpalette ist eher klein. Wie bei den Pinseln meine ich, dass es besser ist mit weniger Material umgehen zu können, als über ein großes Sortiment zu verfügen, das man nicht zu nutzen weiß. Im neunten Kapitel (Seite 133) können Sie nachlesen, wie man mit einer begrenzten Palette arbeitet.

Hier nenne ich die Farben, nach denen ich am häufigsten greife:

- Cobalt Blue
- Ultramarine Blue
- Burnt Sienna
- Raw Sienna
- Quinacradone Sienna
- Pyrrol Scarlet
- Organic Vermillion
- Indian Red
- Yellow Ochre
- Hansa Yellow
- Phthalo Blue (Green Shade)

Einige wenige andere Sonderfarben habe ich darüber hinaus meist in Reichweite, aber diese verwende ich am häufigsten.

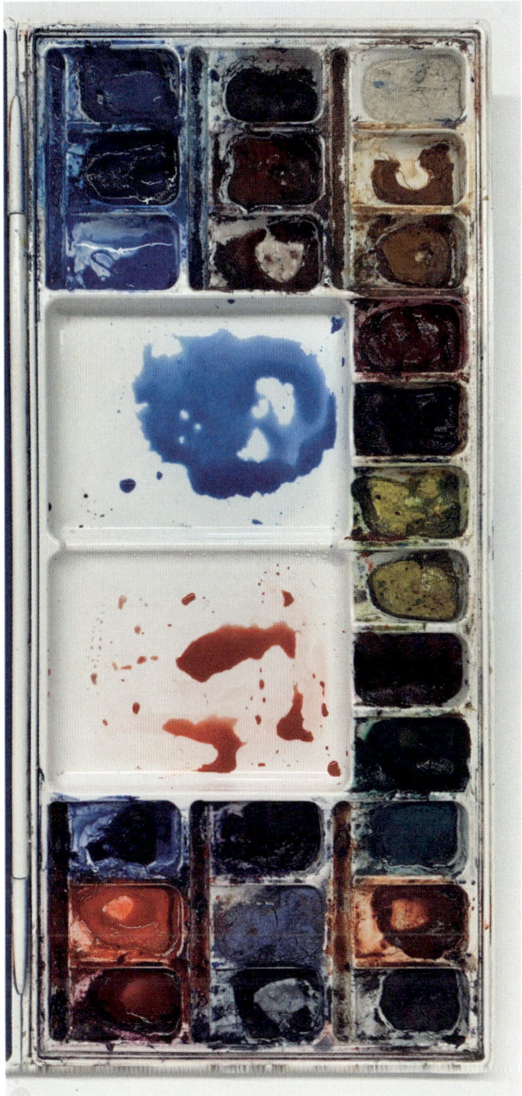

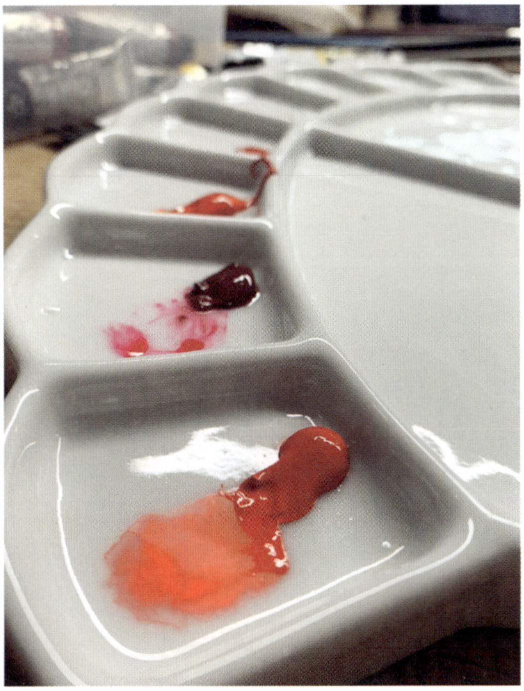

Sonstige Hilfsmittel

Ich finde immer Neues, das ich meiner Zeichenausrüstung hinzufügen möchte, bestimmt geht es Ihnen nicht anders. Mit jeder Skizze entdecke ich Dinge, die ich gerne hätte. Hier sind Vorschläge für weitere Utensilien, die Sie dabei haben sollten:

- Küchenpapier
- Radiergummi
- Wasserbehälter und Wasser

Abdecken

Als Linkshänder bin ich es gewohnt, beim Schreiben Tinte zu verwischen. Beim Malen und Zeichnen kann ich entscheiden, in welche Richtung ich arbeiten will. Oft bewege ich mich auf dem Papier von oben rechts und nach unten links. Da wir nicht Worte in einer bestimmten Reihenfolge schreiben müssen, können wir die Hand in die Richtung führen, die dem Fluss unseres Füllers oder unseres Pinsels und unseren Bedürfnissen dient.

Falls Sie Ihre Hand auf das Gemalte legen müssen, dann decken Sie es mit Küchenpapier ab, damit nichts verschmiert.

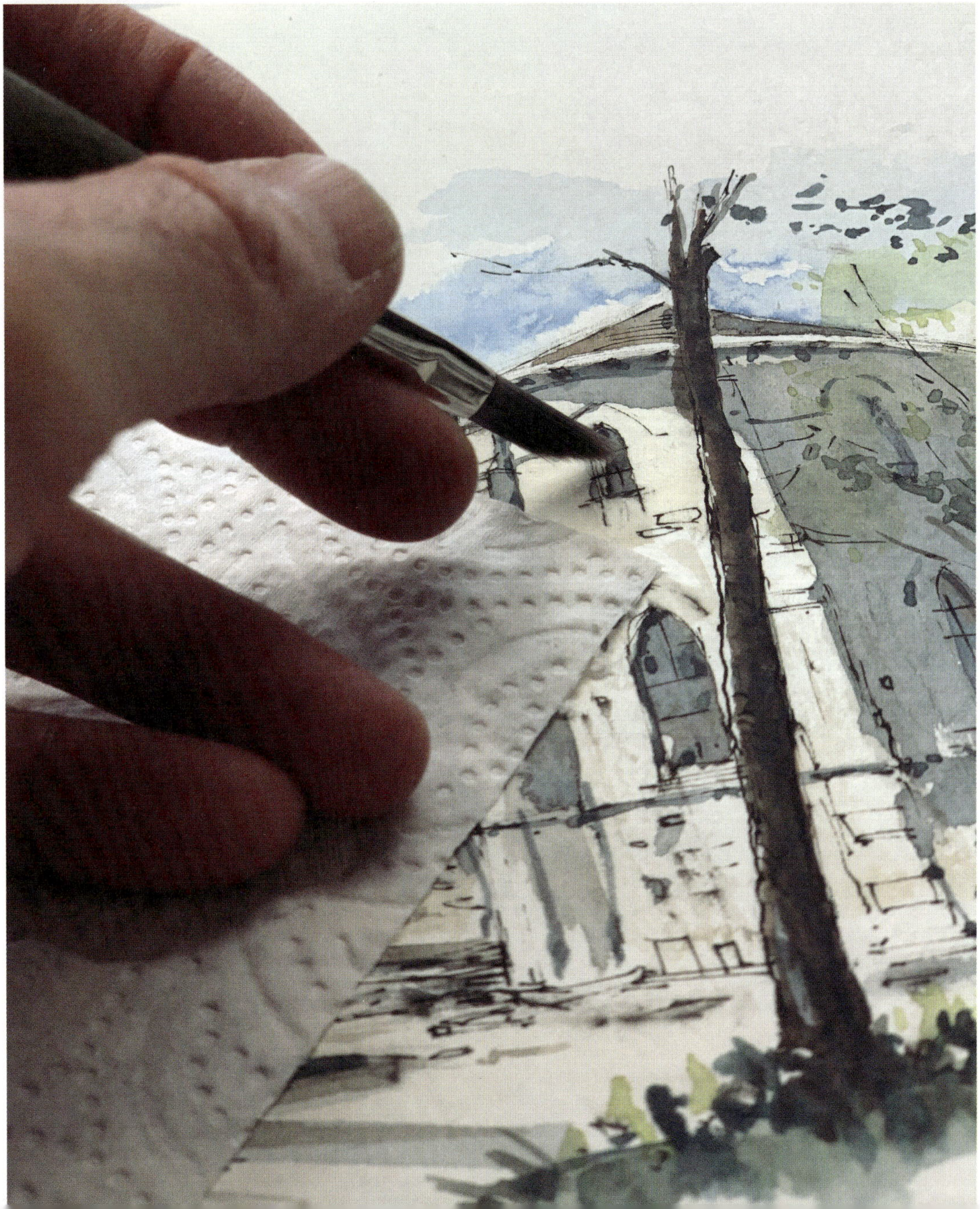

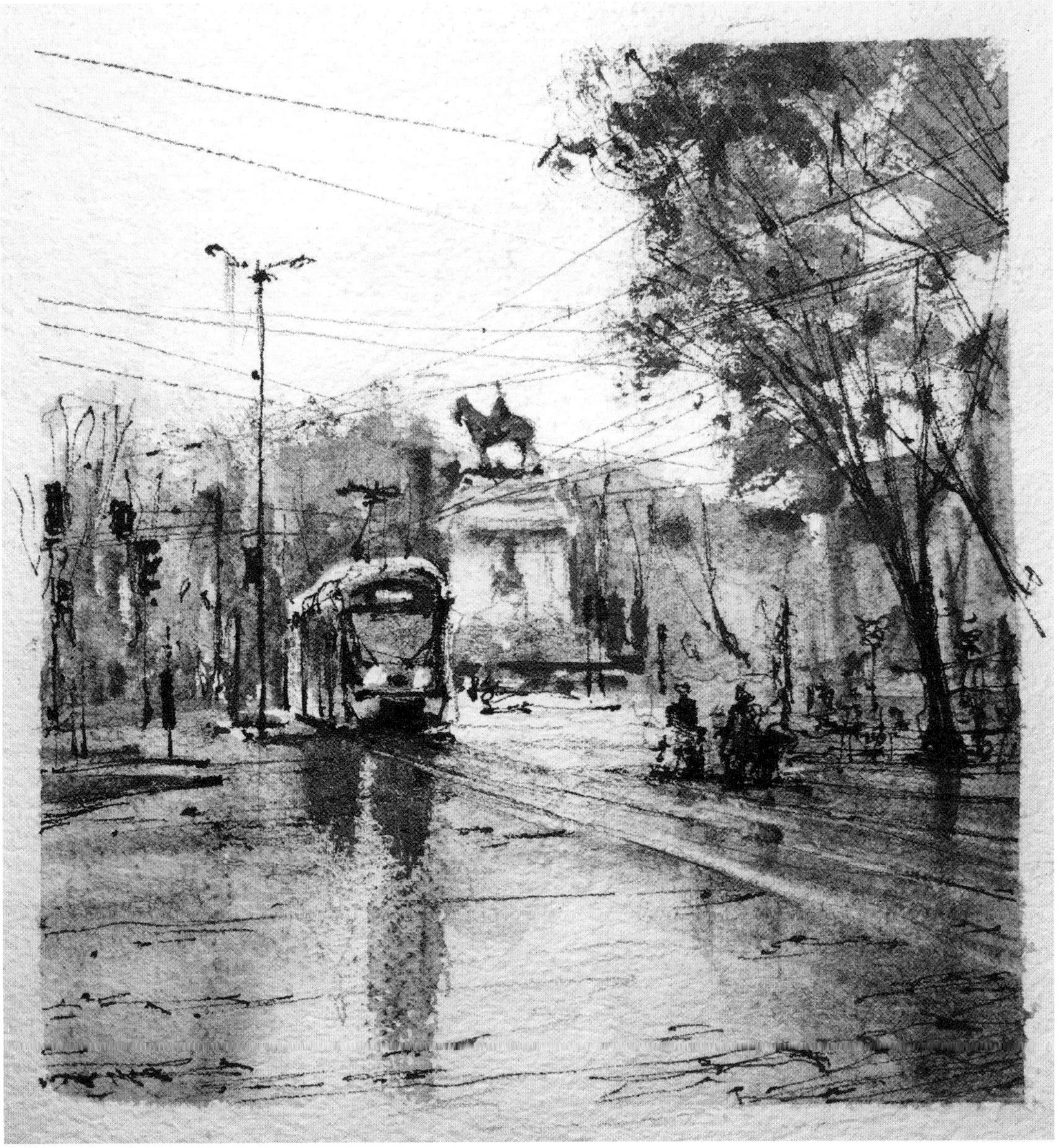

Cairoli Castello, Mailand im Regen. Tinte und Graphit.

Jeder Künstler stellt sich sein Werkzeug- und Hilfsmittelset so zusammen, dass er Freude beim Zeichnen hat. Im Freien beschränken wir uns auf die Ausrüstung, die wir mitnehmen wollen. Hier sind Platzbedarf und Gewicht entscheidend. Immer wieder überprüfe ich meine Zeichentasche. Wenn ich einen Pinsel länger nicht benutzt habe, lasse ich ihn nächstes Mal zu Hause. Aber meist nehme ich eher zu viel mit, denn ich hasse es, wenn mir ein Werkzeug fehlt. Das richtige Maß finden Sie durch Übung und eine Vielzahl von Ausflügen.

Ihre wichtigsten Werkzeuge sind aber natürlich Ihre Neugier, Ihre Abenteuerlust und Ihre Bereitschaft, Emotionen in Ihr Skizzenbuch zu übertragen.

> ***„So wie Musik Poesie ist für das Ohr, so sind Bilder Poesie für das Auge."***
>
> —JAMES MCNEILL WHISTLER

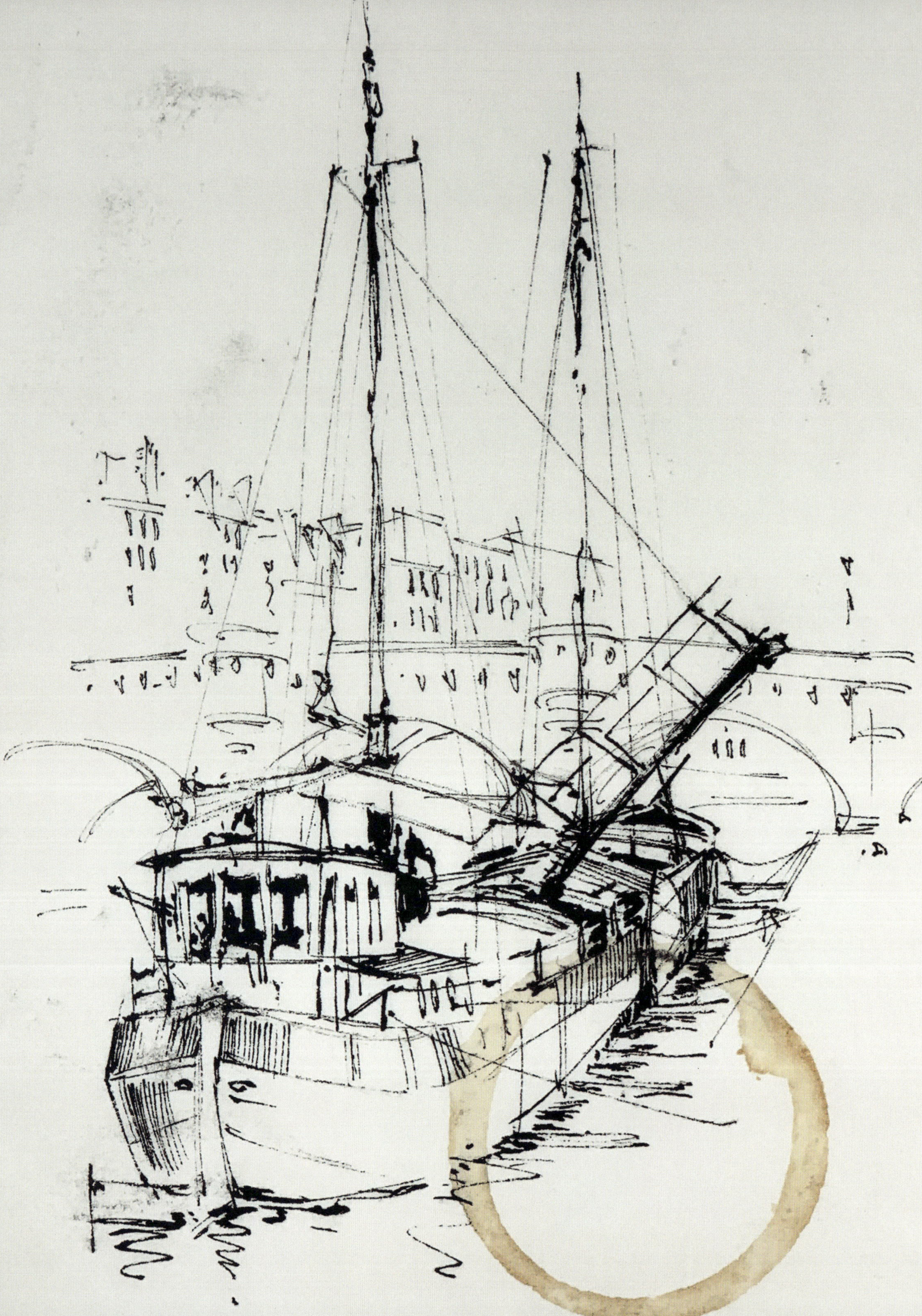

2

SKIZZIER-TECHNIKEN

Alles, was Sie skizzieren, erzählt eine Geschichte: von Zeit und Ort, von einer Erinnerung, einem Traum, einer Stimmung. Skizzen sind Energieübertragung. Was Sie beim Skizzieren empfinden, gelangt direkt aufs Blatt. Manchmal ist das ein geheimnisvoller Prozess und wir wollen ihn erhellen, um Klarheit zu erlangen ohne die Kraft des Geheimnisses zu mindern. Die hier vermittelten Techniken sollen helfen, die Geschichten auszuleuchten.

MIT FILMSPRACHE EINE GESCHICHTE ERZÄHLEN

Skizzen und Gemälde sind wie Filmszenen. Weil ich Jahre damit zugebracht habe, Storyboards und Illustrationen für Filme zu erstellen, denke ich in Kameraeinstellungen und Kinobildern. Wenn ich in meiner Nachbarschaft herumlaufe und etwas zum Skizzieren suche, dann stelle ich mir vor, wie eine bestimmte Ansicht auf der Leinwand aussehen würde. Ich suche immer nach einer überraschenden Perspektive, dem dynamischsten und einzigartigsten Blickwinkel, aus dem ich zeichnen kann. Es reicht nicht aus, ein schönes Gebäude nur festzuhalten. Wir erzählen eine Geschichte und unser Sichtweise sagt ebenso viel aus wie das Motiv selbst. Der Betrachter sollte sich interessiert vorbeugen, weil er die Geschichte erfahren möchte.

Stil und Techniken unterscheiden sich abhängig von der Geschichte, die Sie vermitteln wollen. Wenn ich für einen Film ein Storyboard erstelle, dann verändere ich meinen Stil abhängig vom Genre. Eine romantische Komödie hat eine andere Bildsprache als ein Horrorfilm.

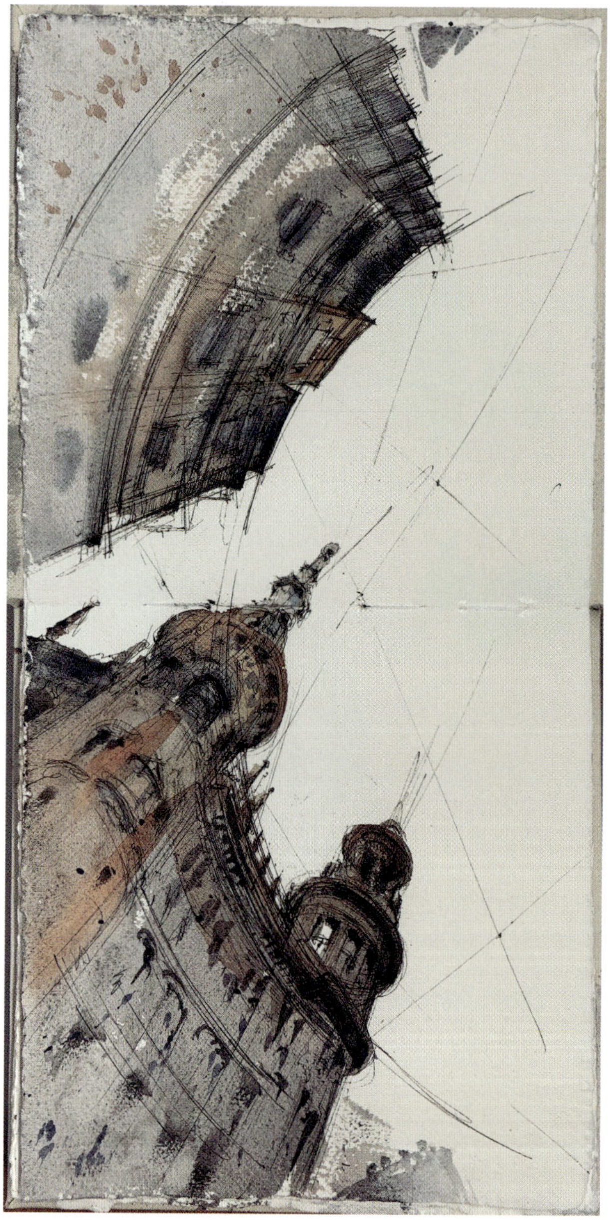

Finden Sie beim Skizzieren den ungewöhnlichen Blickwinkel. Suchen Sie nach unerwarteten Perspektiven. Manchmal ist der interessanteste Blick, der nach oben – wie in dieser Zeichnung von Madrid, Spanien. Tinte und Aquarellfarben.

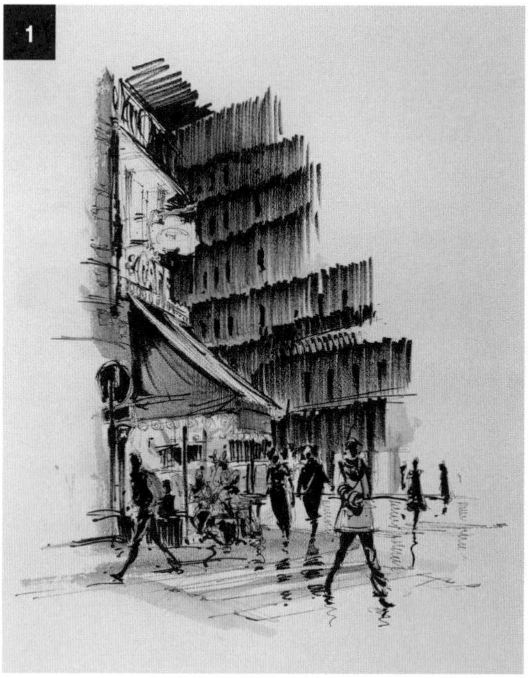

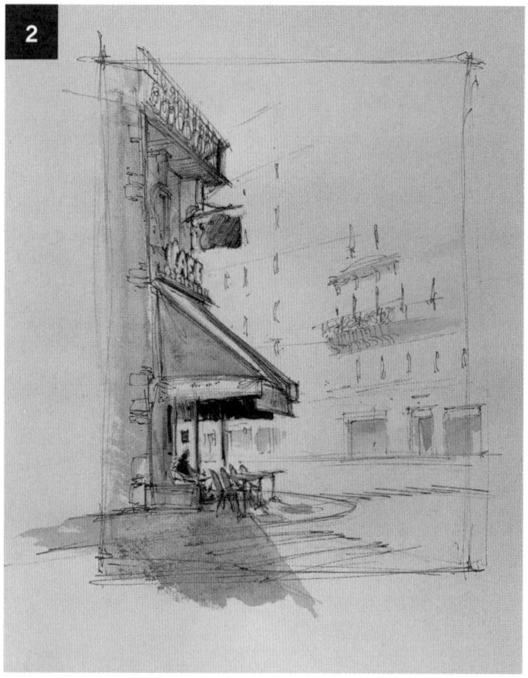

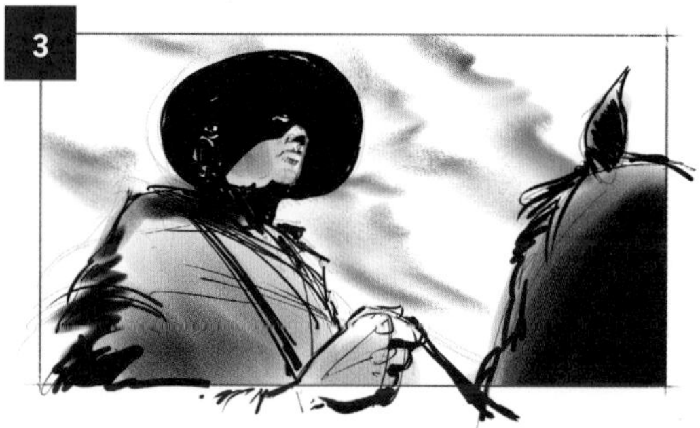

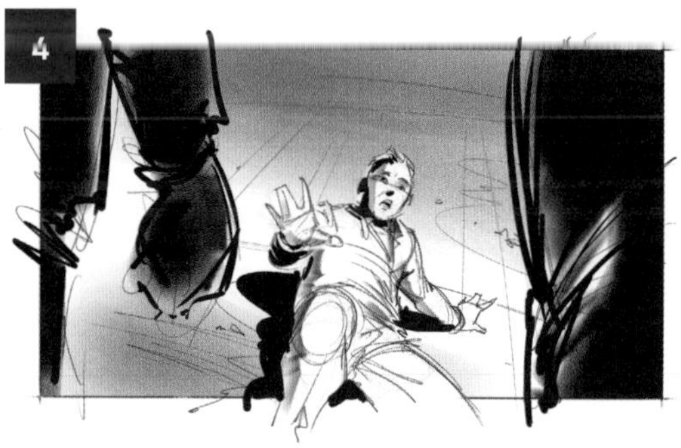

Im Storyboard für einen Film werden Frosch- und Vogelperspektive eingesetzt, um Macht oder Verletzbarkeit zu kennzeichnen.

Im Film müssen Bildeinstellungen und Blickwinkel zu der Geschichte passen, die wir erzählen wollen. Die daraus resultierende Bildsprache lässt sich direkt auf das Skizzieren übertragen. Von einem Pariser Café an einem lebhaften Samstagabend (1) geht eine vollkommen andere Energie aus, als vom selben Café an einem ruhigen Sonntagmorgen (2). Ihre Pinselführung, die Farben, die Sie verwenden, und die Stimmung, die Sie dem Bild zugrundelegen, sollten gemeinsam die erzählte Geschichte transportieren.

Filmsprache erreicht uns auf der emotionalen Ebene. Auch wenn wir uns dessen nicht bewusst sind: Wir spüren, was uns vermittelt wird. Zwar betrachten wir die Welt auf Augenhöhe, doch Filmemacher spielen mit der Höhe der Kamera, um emotionale Reaktionen auf Bilder zu verstärken: Ein von unten aufgenommener Schauspieler wirkt mächtiger oder bedrohlicher (3); von oben auf jemanden herabzuschauen, lässt diese Person verletzlicher erscheinen (4).

Einige dieser Kinotricks können wir beim Zeichnen nutzen. Die Einbeziehung von Aufnahmewinkeln kann unseren Bildern eine zusätzliche Dimension geben.

DIE BILDAUSWAHL

Die Motivauswahl kann schwierig sein und oft wird sie unbewusst getroffen. Eine bestimmte Ansicht zieht uns an. Vielleicht ist es der Verlauf der Dachlinie oder das magische Spiel des Sonnenlichts oder ein anderes Detail, das uns nicht ganz bewusst ist. Die Elemente, die uns ansprechen, können so zahlreich sein, dass der Prozess selbst sich in geheimnisvolles Dunkel hüllt.

Oder unser Standort ist entscheidend. Vielleicht sitzen wir in einem hübschen Café und zeichnen den Blick, den wir von dort haben. Zwar mögen ein bequemer Stuhl und ein Glas Wein verlockend sein, doch im Hinblick auf eine gelungene Zeichnung lassen wir den Schwanz mit dem Hund wedeln.

Um also Ihr Sehen zu schulen, möchte ich das Mysteriöse beleuchten. Ohne die Spontaneität Ihrer Auswahl oder Ihr Bauchgefühl zu mindern, würde ich Sie

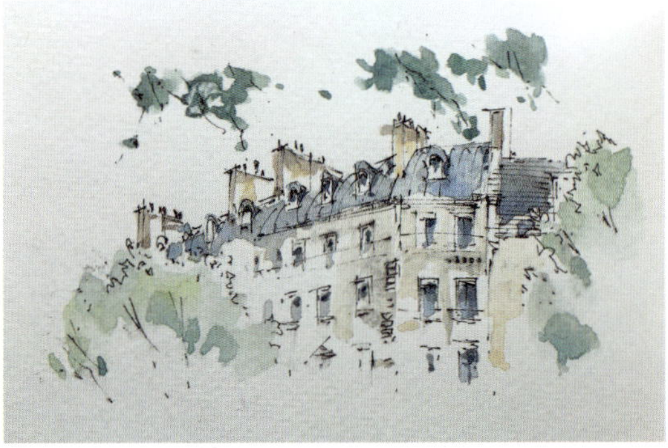

Ich wählte diesen Blickwinkel, weil die Bäume einen natürlichen Rahmen für diese Sicht auf die Dächer von Paris liefern. Tinte und Aquarellfarben.

gerne anleiten, damit Sie bewusst eine bessere Bildauswahl treffen können.

Ich verbinde mein Skizzieren mit der Frage nach dem Was, Wo, Wann, Wie und Wer. Wie ein Schriftsteller, können auch wir diese Fragen nutzten, um zum Kern einer Skizze vorzudringen.

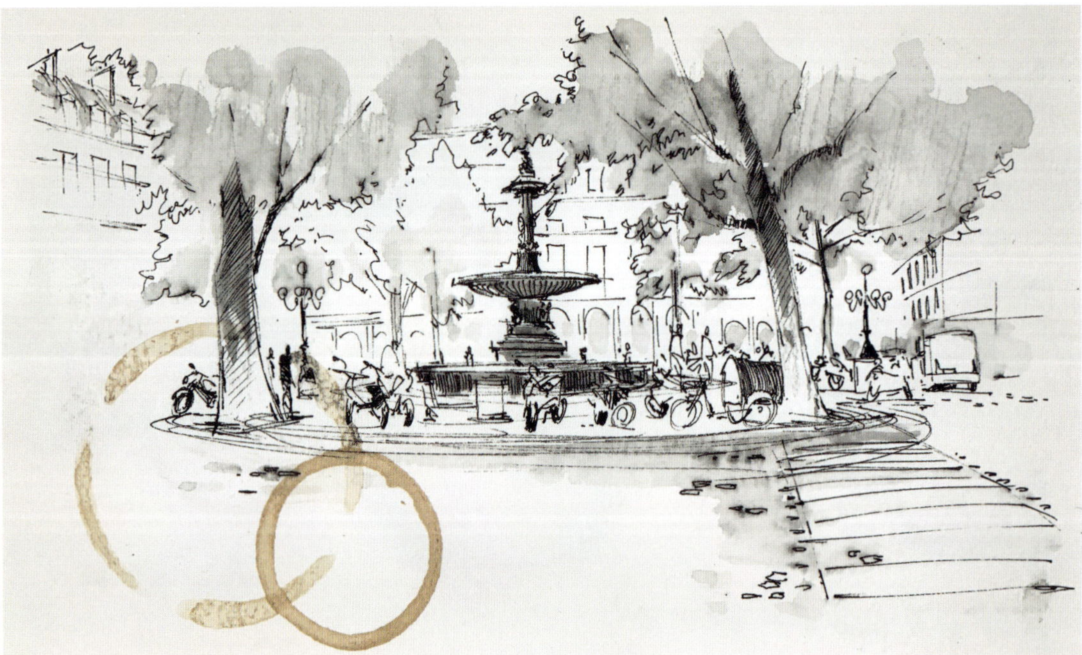

An dieser Skizze mag ich die Tiefe. Der Brunnen wird von Bäumen im Vordergrund beschattet, die als Silhouette vor dem besonnten Hintergrund stehen. Place André Malraux, Paris. Tinte, Aquarellfarben und Kaffee.

Was

Das „Was“ ist das Motiv. Was wollen wir skizzieren? In einer Stadt wie Paris, wo ich lebe, bin ich vom Angebot verwöhnt. Auf den ersten Blick schreit jede Straßenecke danach, gemalt zu werden. Überall gibt es großartige Gebäude, Kathedralen, Parks und malerische Cafés. Von dieser übergroßen Auswahl kann man sich leicht überfordert fühlen.

Doch wenn man genauer hinsieht, hat nicht jede Straßenecke das Zeug zu einem guten Bild. Die Gebäude sind nicht alle gleich. Manche würden schrecklich aussehen und wir müssen herausfinden, wie man den Unterschied erkennt, bevor wir unser Skizzenbuch mit lauter flachen und langweiligern Zeichnungen füllen.

Ein rascher Blick auf die Karte gibt uns Aufschluss über die Geschichte dieser dynamischen Stadt - und liefert außerdem Hinweise darauf, wo die besten Motive zu finden sind.

Paris weist wie viele europäische Metropolen ein Spinnennetz von Straßen auf. Ihrer Geschichte und Vielfalt verdankt die Stadt interessante Ecken und Blickwinkel (1). Sie ist nicht in Gitterform gebaut wie New York oder Chicago. In Paris hat sich das 19. Jahrhundert über die mittelalterliche Cité gelegt, die ihrerseits eine römische Stadt überlagert, die einen alten Weiler überdeckt (2). Eine Karte über der anderen. Und diese ganze Geschichte ist sichtbar wie in einem Stoß durchsichtiger Baupläne, anhand derer man die Zeit zurückverfolgen kann.

1

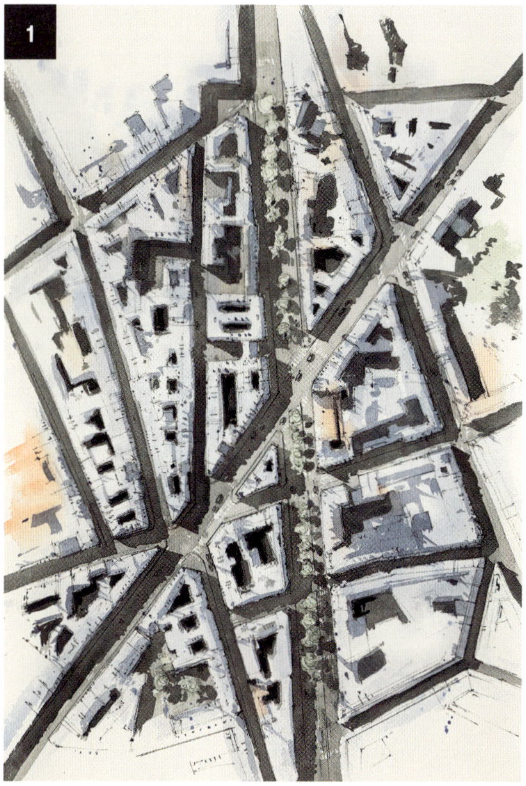

2

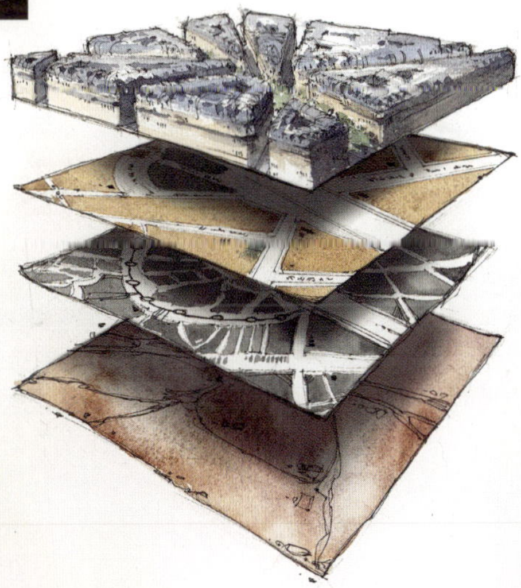

Heute profitieren wir von einer Stadt mit großartigen Blickwinkeln. Prächtige Boulevards verbinden große Plätze, Gebäude, Bahnhöfe und Brücken, durchqueren aber auch ältere Stadtviertel, in denen die Straßen ausweichen, sich verflechten und dann irgendwo verschwinden. Und immer füllt die Pariser Architektur die von den Straßen geschlagenen Schneisen. Leicht erkennt man, dass einige Ecken spitz und andere stumpf sind (3).

Wenn Sie interessante Orte zum Skizzieren suchen und die Illusion von Tiefe erzeugen wollen, suchen Sie auf der Karte nach spitzen Winkeln. Sie lassen ein Gebäude in die Straßenkreuzung hineinragen wie einen Schiffsbug. Solche Gebäude haben eine Ausstrahlung.

Beim Kennenlernen einer neuen Stadt sehe ich für eine erste Inspiration auf die Karte. Dort, wo sich spitze Winkel von 90 oder 45 Grad zeigen, suche ich nach potenziellen Bildern.

Stumpfe Winkel wirken weniger dynamisch. Möglicherweise sind die Architektur und das Licht großartig, aber als Zeichner mutet man sich eine schwierige Aufgabe zu.

Es hat einen Grund, warum in New York jeder das Flatiron Building fotografiert. Seine dynamische Form ragt in die Kreuzung hinein. Niemand interessiert sich für das rechtwinklige Hochhaus daneben.

Dieses Prinzip gilt nicht nur für Städte. Es lässt sich auch in Ihrem Heimatort anwenden, beim Skizzieren Ihres Hauses oder von Autos und Möbeln. Es geht darum, auf dem Blatt Tiefe zu schaffen. Und das gelingt am besten dort, wo ein Teil Ihres Motivs vorsteht und der Rest zurückweicht.

3

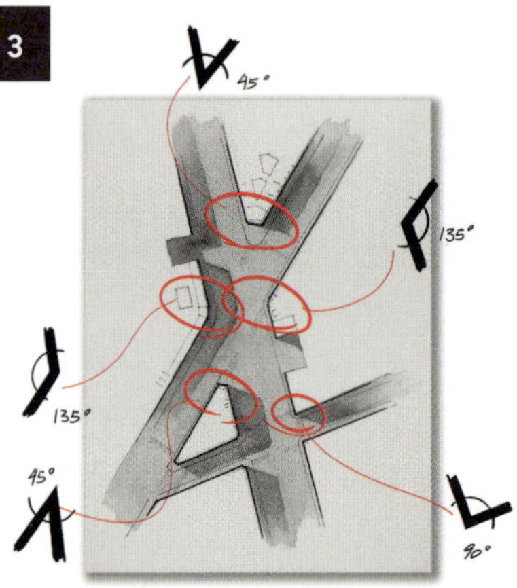

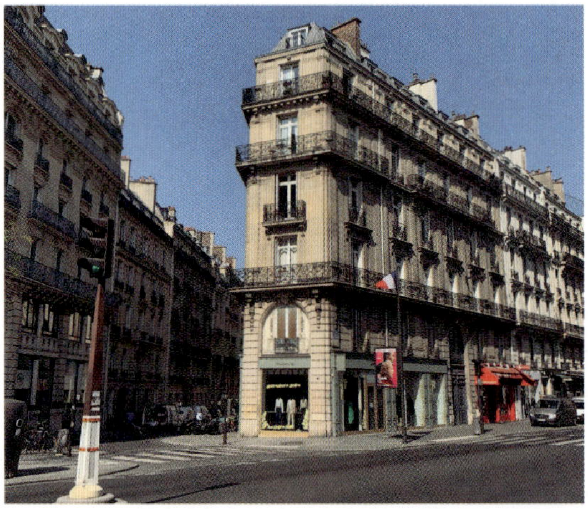

Gebäude an spitz aufeinander zulaufenden Straßen ergeben dynamische Skizzen.

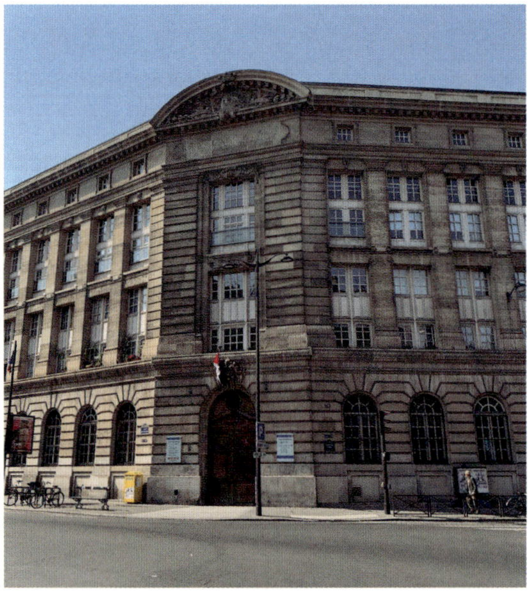

Gebäude, die wie hier große 135-Grad-Winkel aufweisen, resultieren in langweiligen Bildern.

Wo

Sobald wir wissen, was wir zeichnen wollen, müssen wir das Wo bestimmen. Die wichtigste Entscheidung einer jeden Skizze wird getroffen, bevor man den Stift aufs Papier setzt. Ihr Blickwinkel, Ihr Standort beim Zeichnen, ist entscheidend. Auch wenn Sie ein Meister im Umgang mit Pinsel und Farbe sind und mit den besten Materialien arbeiten – Ihr Bild sagt nichts aus, wenn Ihr Blickwinkel stumpf und langweilig ist. Das Wo einer Zeichung ist der Ort, an dem Sie sitzen oder stehen, wenn Sie Ihr Motiv festhalten. Es ist nicht gleichbedeutend mit der Komposition, mit der wir uns im nächsten Kapitel befassen. Der richtige Blickwinkel ist ein noch grundlegenderer Aspekt.

Hier sehen Sie ein Gebäude, das ich in Paris mehrmals gezeichnet habe.

Ich kann um das Gebäude herumgehen und es aus verschiedenen Perspektiven betrachten: von der Seite, von vorne usw. Wenn ich meinem Bild Tiefe geben und die Illusion von Dreidimensionalität schaffen will, hat mein Standort eine entscheidende Wirkung auf mein Zeichenergebnis.

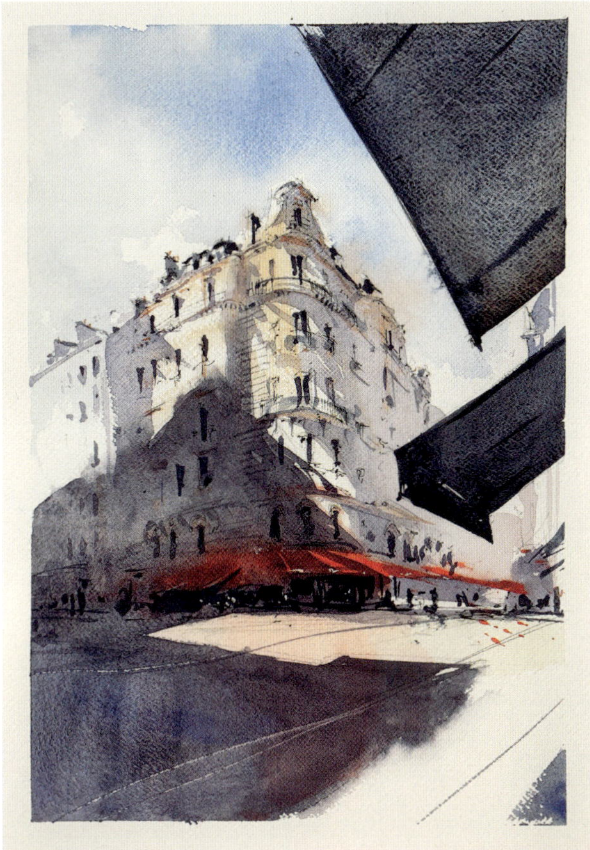

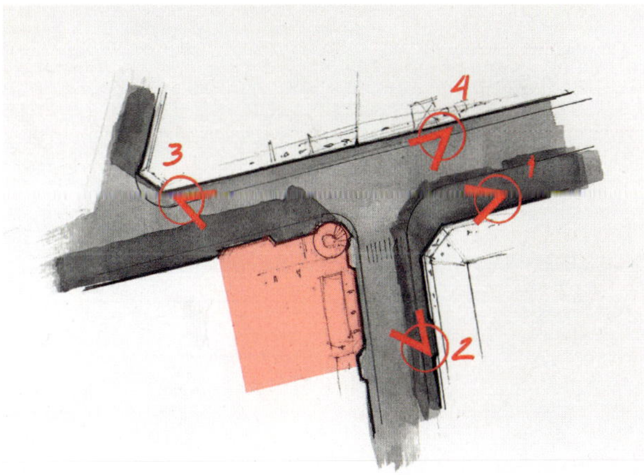

Die roten Winkel stellen die verschiedenen Orte dar, an denen ich stehen kann, um sehr unterschiedliche Ansichten des Gebäudes zu erhalten.

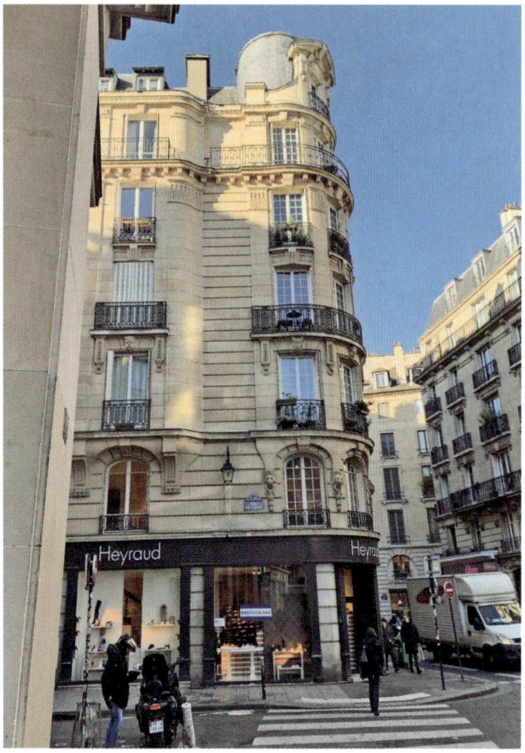

Blickwinkel 1 zeigt die Profilansicht. Hier gibt es zwar interessante Details, das Bild bleibt jedoch flach.

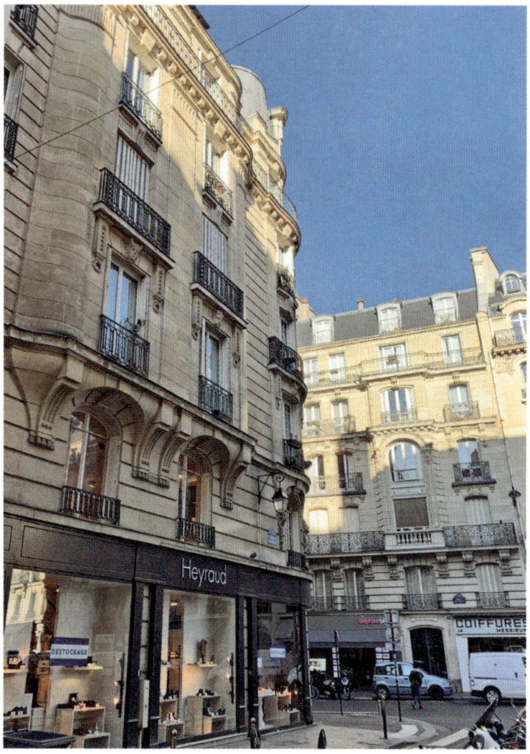

Blickwinkel 2 enthält zwar reizvolle Schatten, bringt jedoch das wesentliche Motiv nicht zur Geltung

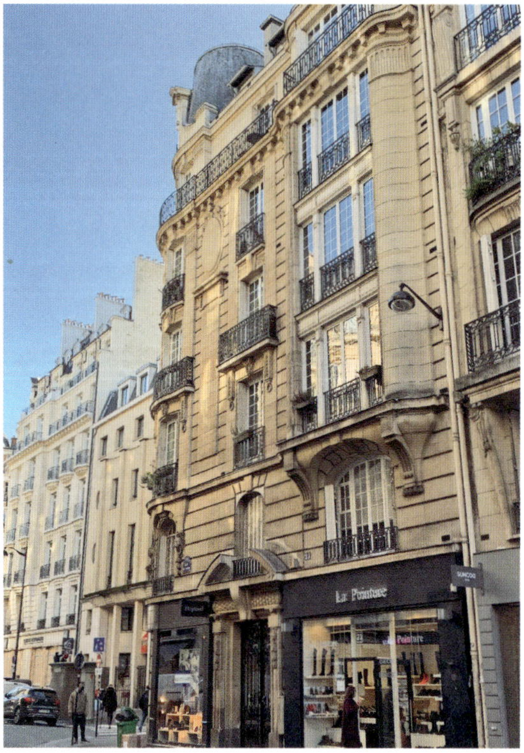

Blickwinkel 3 folgt einfach der Fassade. Die durch Licht und Schatten erzeugten Details gehen verloren, und der Blick wandert nach links unten.

Blickwinkel 4 hat alles, was ich in einer Skizze suche. Das Gebäude kommt dynamisch auf uns zu. Wunderbares Sonnenlicht streift die linke Seite, während die rechte im Schatten liegt. Markisen im Vordergrund erzeugen Tiefenwirkung.

Diese Dreiviertelansicht lässt sich direkt auf das Blatt übertragen und ermöglicht ein Bild, das die Ausmaße und den Charakter des Gebäudes wiedergibt.

Wenn Sie ein Bauwerk betrachten, schließen Sie ein Auge. So schalten Sie das räumliche Sehen aus und erkennen, wie das Motiv auf dem flachen Papier erscheinen wird. Uns ist dreidimensionales Sehen selbstverständlich. Doch unsere Zeichnungen sind zweidimensional, und wir müssen jeden Vorteil nutzen, wenn wir die Illusion von Räumlichkeit schaffen wollen.

Künstlerische Freiheit nutzen

Der Begriff der künstlerischen Freiheit wird leider zuweilen negativ ausgelegt. Mir gefällt das Gebäude auf meiner Zeichnung (Seite 29) – der Winkel, das Licht, die Markisen im Vordergrund. Doch auf Straßenhöhe in der Hauptblickrichtung gibt es nur eine Reihe öder Geschäfte. Ich habe meine künstlerische Freiheit genutzt und ein Café hinzugefügt.

Licht, Perspektive und Komposition gegenständlicher Skizzen unterliegen Regeln. Sobald wir sie kennen, dürfen wir sie missachten, indem wir Bäume versetzen, die uns im Weg stehen, hässliche Lieferwagen weglassen, Szenen mit Menschen beleben und, jawohl, auch ein schönes Café ergänzen.

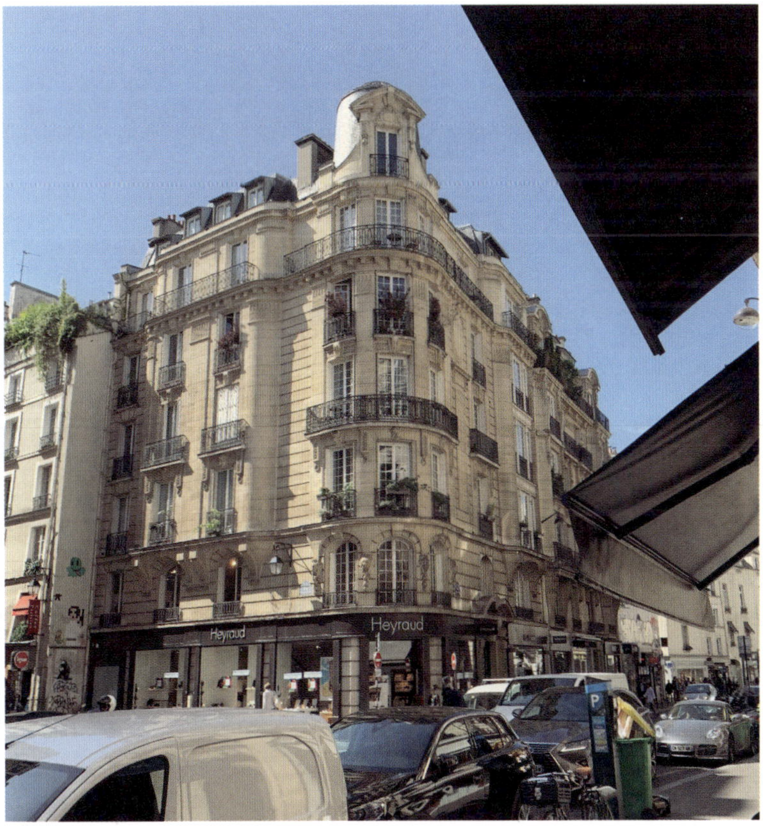

Blickwinkel 4

Wie

Nach den Was- und Wo-Fragen müssen wir entscheiden, „wie“ wir das, was wir vor uns sehen, fassen und abbilden wollen. In Kapitel 3 gehe ich näher auf Mittel ein, die uns eine große Hilfe sein werden. Ein Bild zusammenzustellen ist eine entscheidende Fertigkeit. Mit einer großartigen Komposition kann sich eine Zeichnung vom Papier erheben.

Um den Bildausschnitt zu wählen, können Sie mit den Fingen einen Rahmen bilden oder einen aus Pappe mitnehmen. Ich mache gerne rasch eine Thumbnail-Skizze, lege einen Rahmen darum und entscheide dann über die Komposition. Alle diese Methoden haben nur ein Ziel: herauszufinden, wie sich unser Motiv auf dem Blatt verteilt. Wir können unser Bild zusammenstellen und bestimmen, was darauf zu sehen sein soll und was nicht. Diese Entscheidungen sind wichtig, und sie werden uns erleichtert, indem wir nach dem Wie fragen.

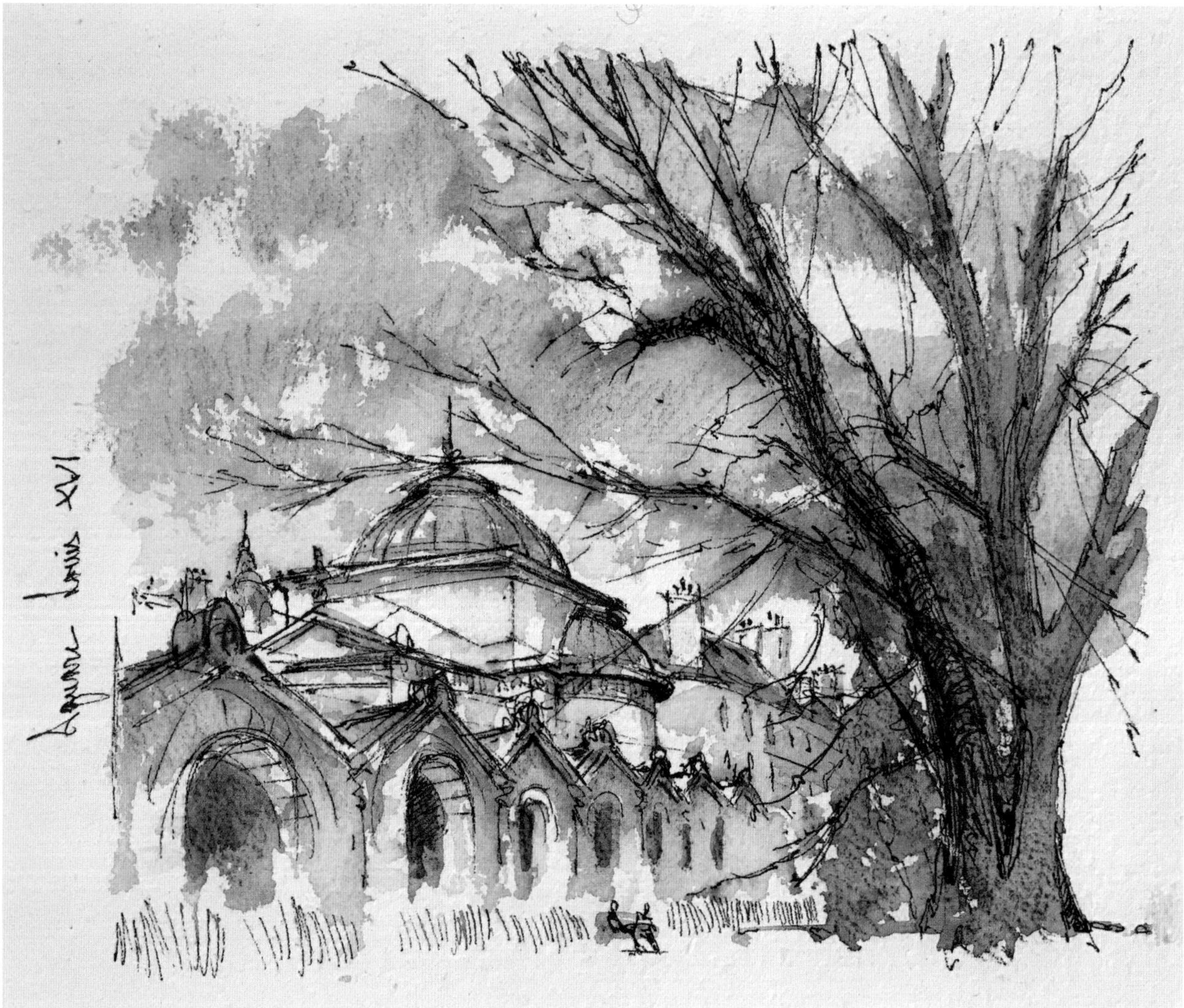

Der stattliche Baum ergänzt die gedrungene, massive Kirche auf ideale Weise. Beide bringen Horizontale und Vertikale, organische und formale Struktur ins Gleichgewicht. Die Komposition ist quadratisch, aber asymmetrisch ausgeglichen.

Wann

Ich habe an Filmsets viel Zeit hinter den Kulissen verbracht. Ich liebe den Prozess des Filmemachens, die Abteilungen und Fachrichtungen innerhalb der Crew. Ausrüstung und Know-how sind einem einzigen Ziel gewidmet: eine Geschichte zu erzählen. Die Darstellung der Realität erfolgt über die Illusion. Ein zentrales Mittel ist dabei die Steuerung der Zeit. Es dauert lange, eine Szene zu filmen. Lichter und Schatten werden so eingesetzt, dass die Zeit stillzustehen scheint. Im Filmstudio können die Lichtverhältnisse einer bestimmten Uhrzeit stundenlang aufrechterhalten werden. Kontrolle über Licht und Zeit haben nur die Götter (und die Kameraleute). Einfachen Sterblichen mit Stift und Papier stehen keine Filmateliers oder Scharen von Filmtechnikern zur Verfügung. Aber wir dürfen entscheiden, wann wir zeichnen.

Orte sehen zu jeder Tageszeit anders aus. Am frühen Morgen und am späten Nachmittag sind die Schatten besonders dynamisch, mit schrägem Lichteinfall. Am Mittag gelingt die Darstellung von Sonnenhitze und Schattenflächen unter Bäumen. Dämmerung und Goldene Stunde (kurz nach Sonnenaufgang und kurz vor Sonnenuntergang) haben ihren ganz eigenen Zauber.

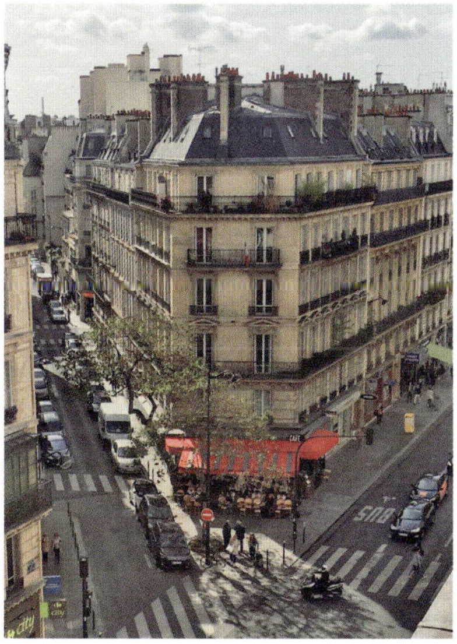

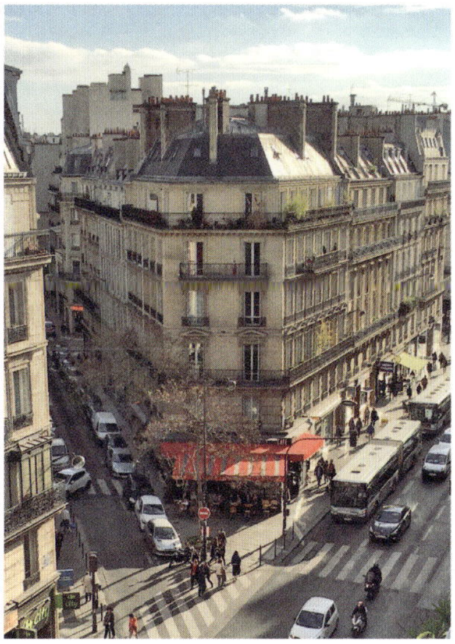

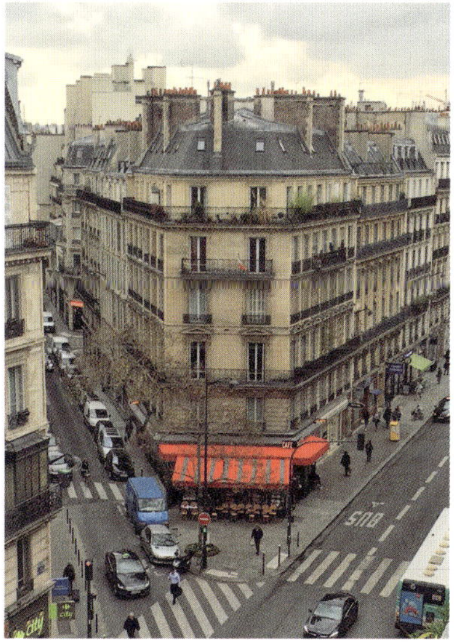

Experimentieren Sie damit, dasselbe Motiv zu verschiedenen Tageszeiten zu zeichnen. Machen Sie sich bewusst, dass jede Skizze eine ganz eigene Atmosphäre einfängt.

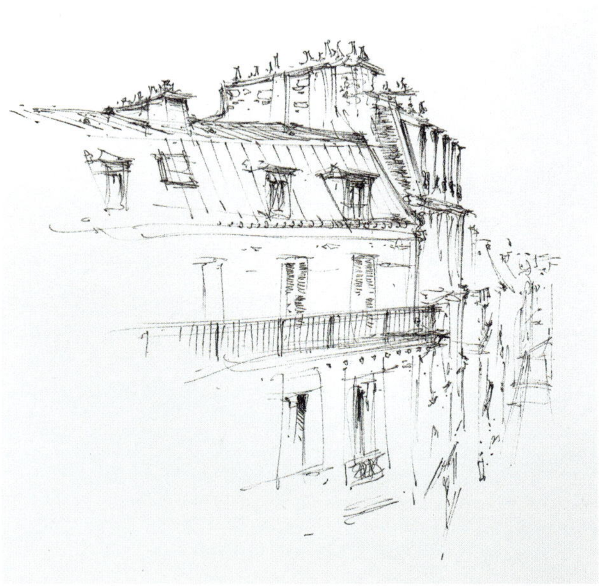

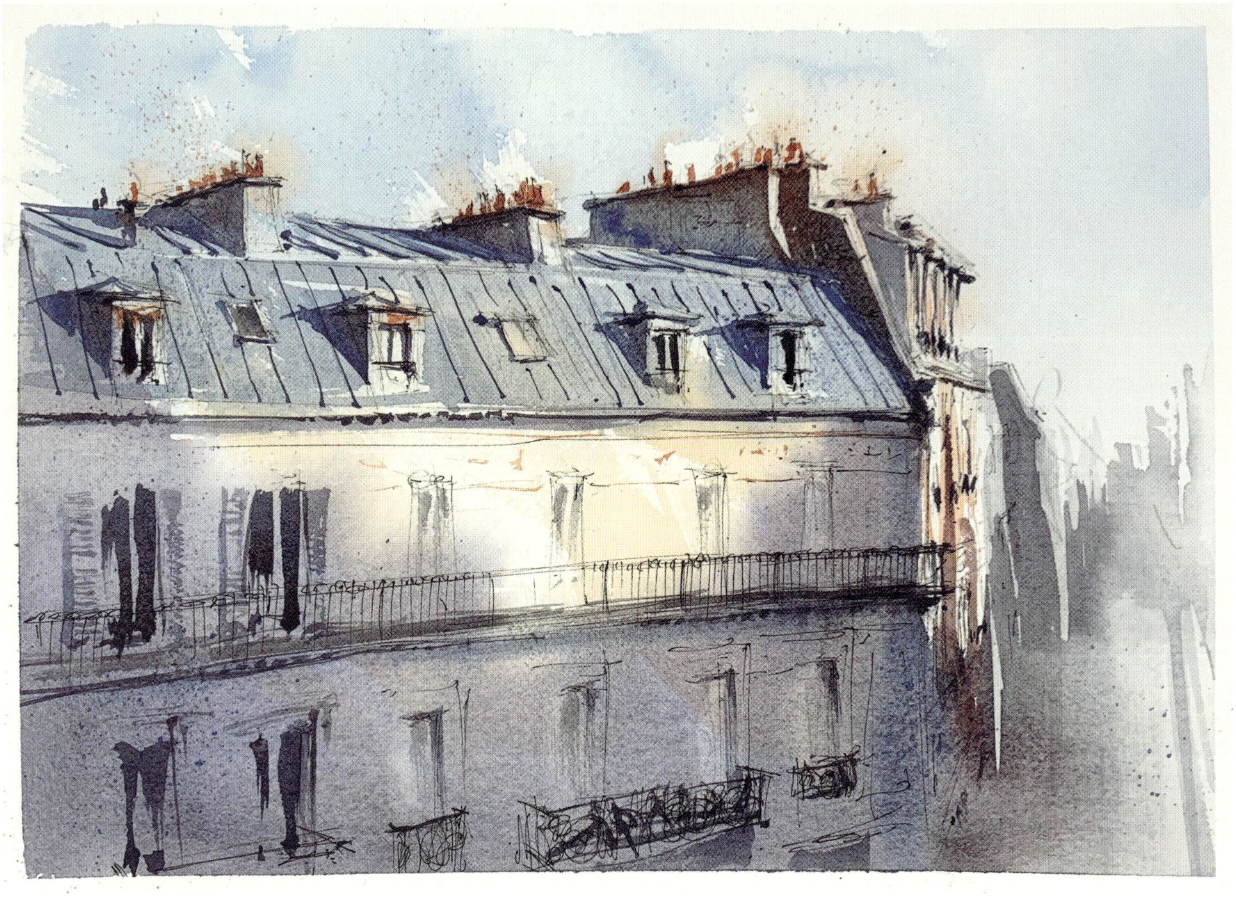

Wer

Ich vertrete den Ansatz, unbelebte Objekte als Lebewesen anzusehen. In der Architektur hat jedes Gebäude ein Wesen mit einer einzigartigen Persönlichkeit: alt und grauhaarig, jung und stolz, scheu und geheimnisvoll. Bauwerke zu vermenschlichen ist eine wunderbar spielerische Methode, Skizzen mit Leben zu erfüllen. Sobald Sie eine Persönlichkeit zeichnen, statt nur Ziegel, Stein und Fenster, hauchen Sie Ihrer Zeichnung Leben ein. Jede Linie, jeder Pinselstrich ist inspiriert von dem Wesen, das Sie porträtieren. In Kapitel 7 (Seite 103) gehe ich näher auf die Vermenschlichung von Architektur ein. Auf Stillleben lässt sich das Konzept ebenfalls übertragen. Mehr dazu in Kapitel 5 (Seite 69).

Eigentlich können Sie diese Vorstellung auf alles anwenden, was Sie zeichnen. Berge sehen wie schlafende Riesen aus, Bäume haben verschiedenste Persönlichkeiten. Es geht darum, diese Charaktere festzuhalten und alles um Sie herum als Personifizierung mit einzigartigen Eigenschaften zu begreifen.

Unser Fragenkatalog ist ein mächtiges Werkzeug. Mit der Zeit werden Sie sich des dazugehörigen Prozesses bewusster werden. Üben Sie, diese Fragen in Ihre Arbeit einzubauen, und Ihre Bilder werden eine neue Qualität erreichen.

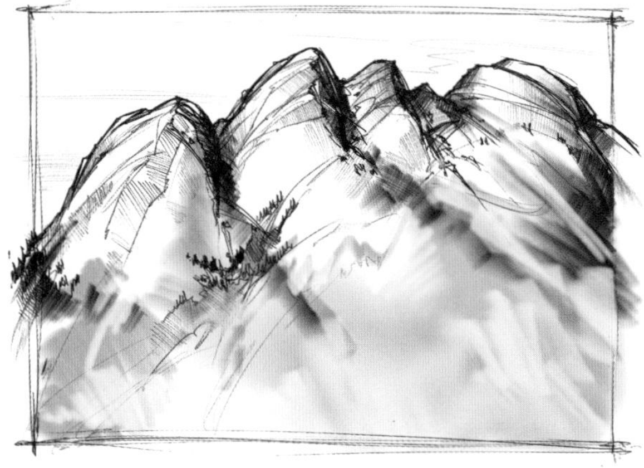

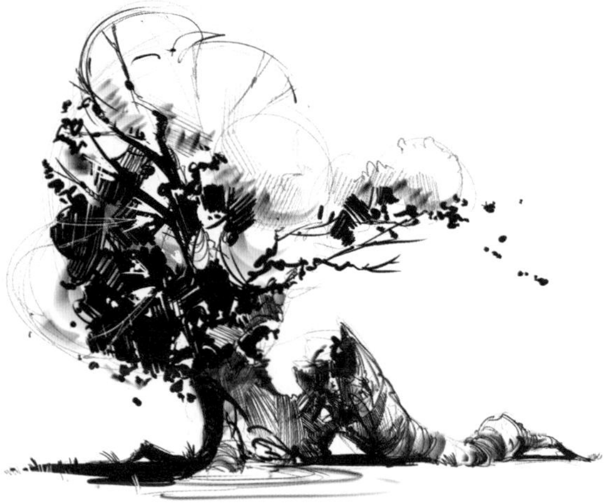

LICHT IN EINEM BILD EINFANGEN

Beim Zeichnen ist der hellste Farbwert, der uns zur Verfügung steht, das Weiß des Papiers. Bei einer Schwarz-Weiß-Zeichnung nutzen Sie das Weiß des Papiers für die Darstellung der hellsten Flächen und das Tiefschwarz der Tinte für die der tiefsten Schatten. Alles andere variiert in verschiedenen Grautönen.

Die Grauwerte der Schatten lassen sich gut mit Bleistiften unterschiedlicher Härtegrade darstellen. Harte Bleistiftminen wie H und 2H kann man für helle Schattierungen verwenden, während weichere Minen wie 3B und 6B bei der Ausarbeitung dunklerer Bereiche zum Einsatz kommen.

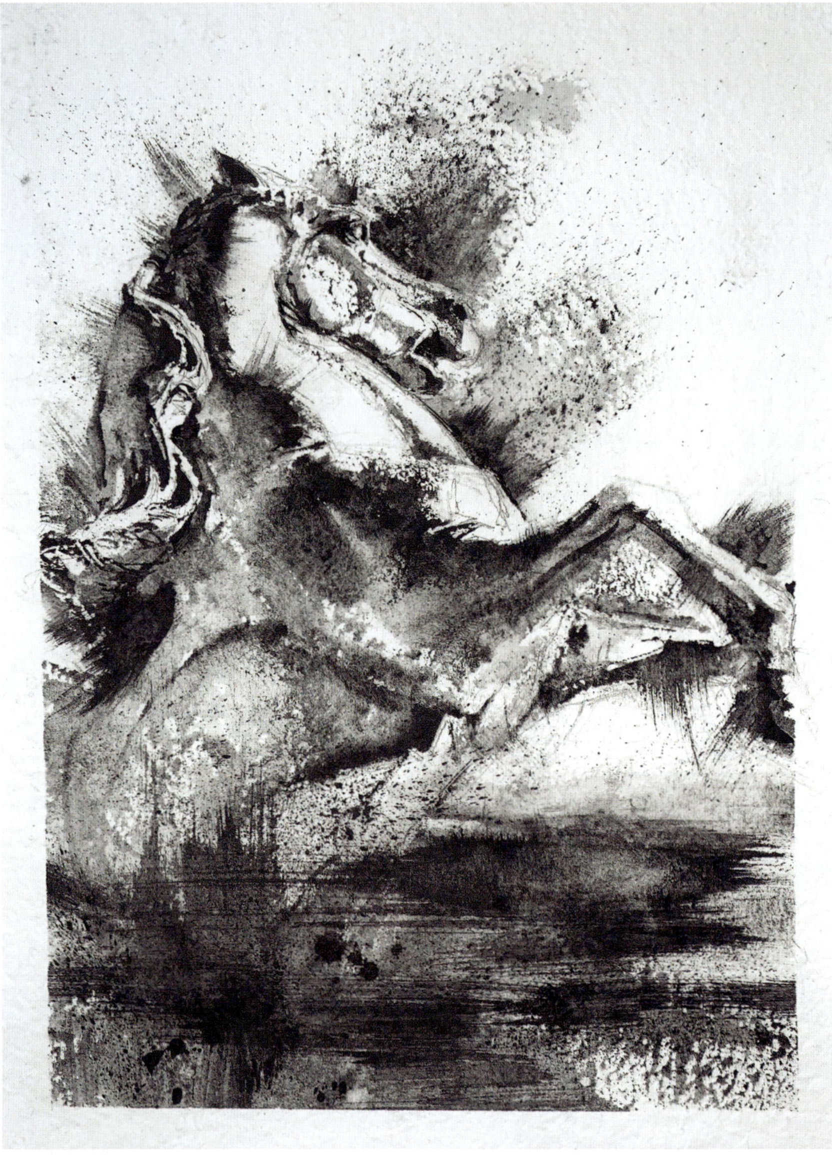

Für dieses Bild eines *Cheval Marin* habe ich Tinte und Graphit verwendet.

Licht einfangen

Wenn ich Licht male, bekomme ich Gänsehaut. Dabei vereinigen sich alle in den vorherigen Kapiteln beschriebenen Techniken.
Um auf dem zweidimensionalen Blatt die Illusion von Tiefe zu schaffen, sind Licht und Schatten, neben linearer und atmosphärischer Perspektive, die wichtigsten Mittel.

Die Zeichnung eines einfachen Würfels kann nichtssagend aussehen. Doch mit einer Lichtquelle, die Schatten erzeugt, schaffen wir eine Illusion von Volumen und Tiefe.

Dasselbe gilt für die Darstellung komplexerer Motive. Auch wenn wir beim Zeichnen eines Gebäudes Perspektive und Fluchtpunkte perfekt definieren, alle gewünschten Details hinzufügen und wunderbare Farben wählen, wirkt unsere Zeichnung ohne starke Lichtquelle und Schatten flach. Dieses letzte Element ist besonders entscheidend, weil unser Auge Form und Volumen von Objekten anhand von Licht und Schatten wahrnimmt.

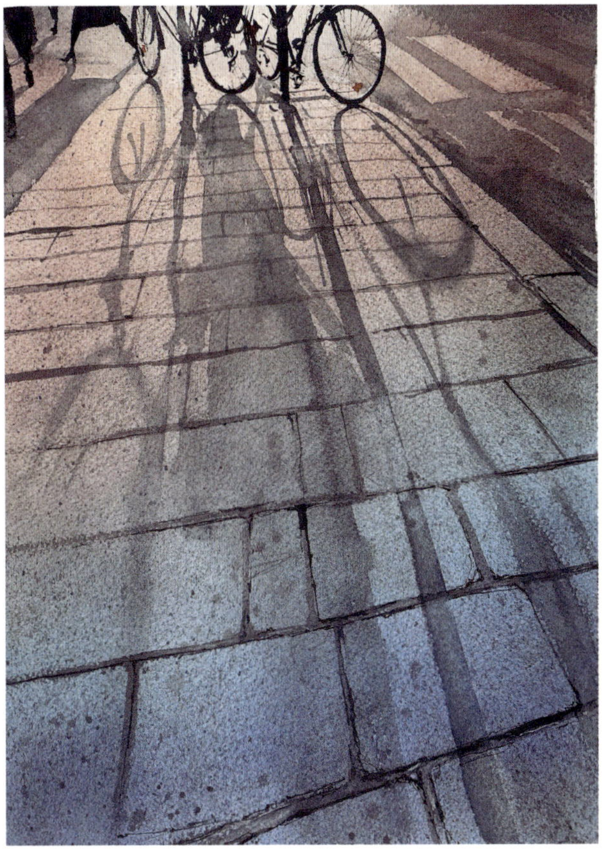

Mit Abstufungen von warmen und kühlen Farben, verbunden mit langen Winterschatten, kann man Licht ausgezeichnet abbilden.

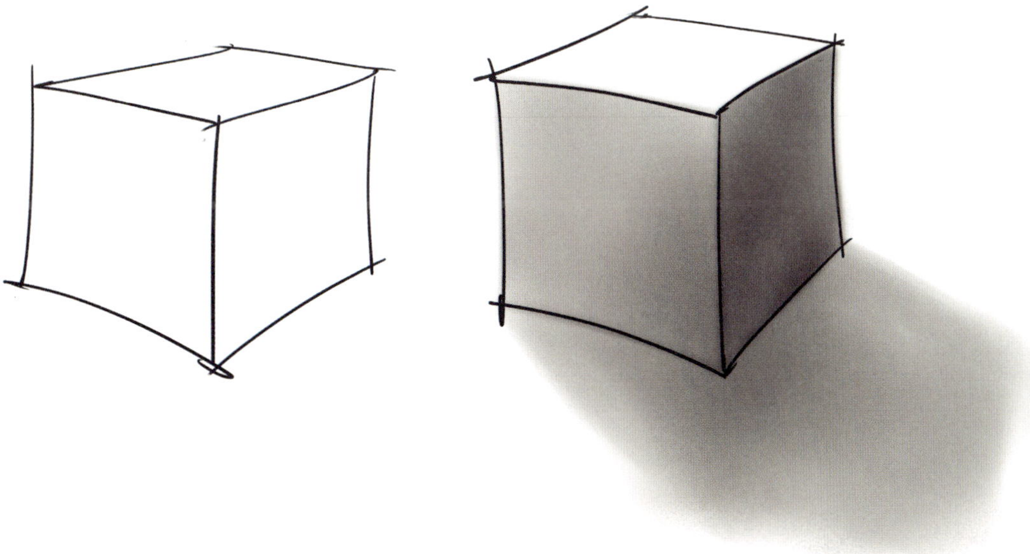

Kreuzschraffur

Bei der Kreuzschraffur werden Lagen paralleler Linien übereinandergelegt und so mit Tinte oder Bleistift Schattierungen erzeugt. Probieren Sie verschiedene Techniken aus, um herauszufinden, was zu Ihrer Skizze passt.

Sie können mit der Schraffur einen Baumstamm schattieren, um Volumen zu erzeugen, oder einer Straße mehr Ausdruck und Richtung verleihen.

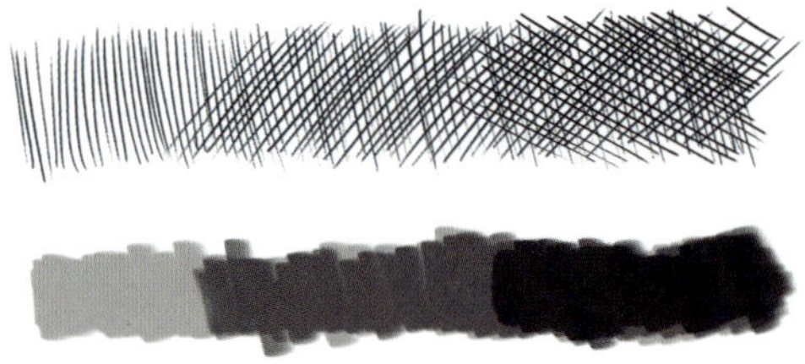

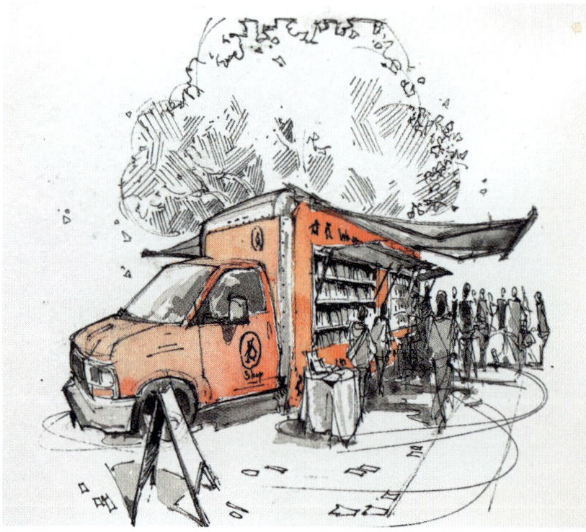

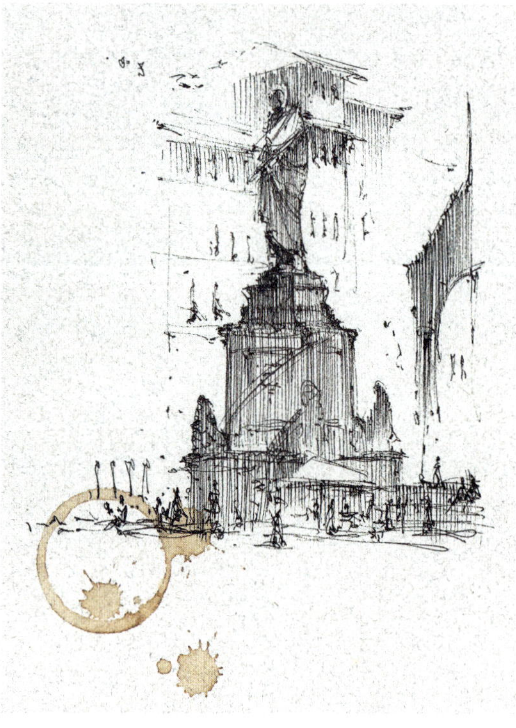

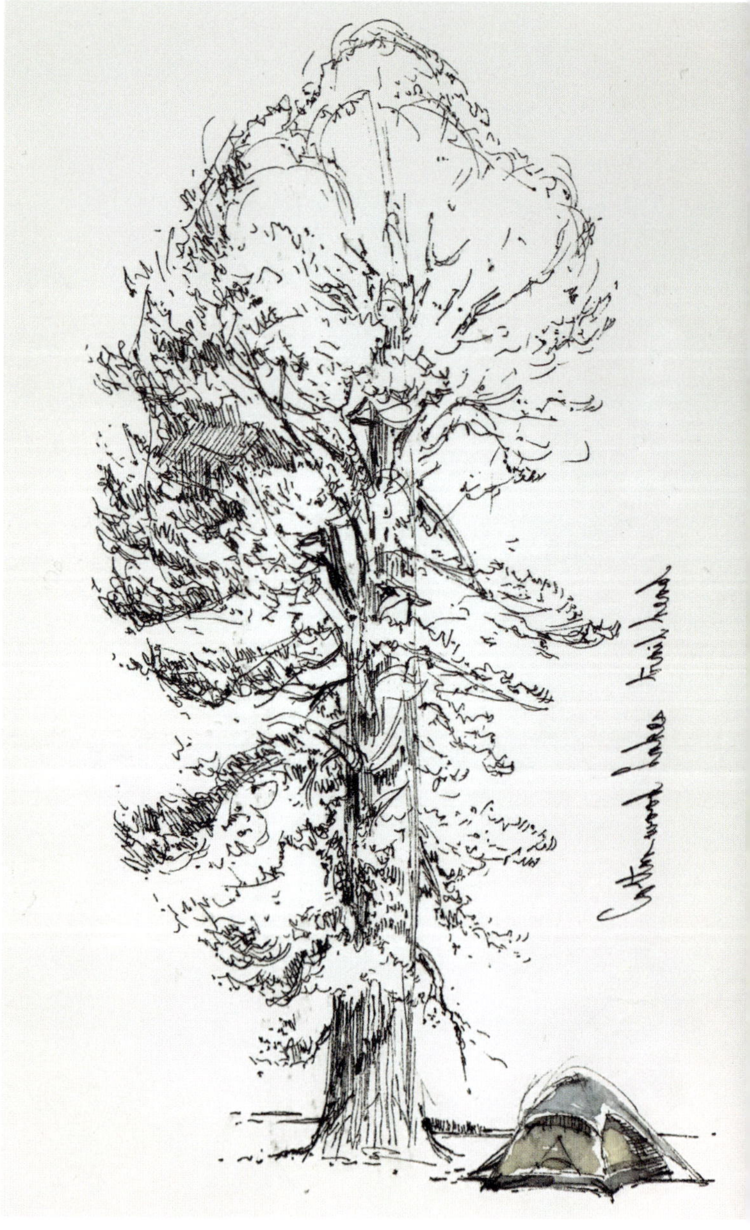

Der Lichteinfall

An einem hellen Tag kommt das Sonnenlicht aus einer Richtung und wirft Schatten folglich in die andere. Nichts lässt Ihr Bild falscher aussehen, als wenn der Schatten des Schornsteins darauf in eine andere Richtung fällt als der einer Person.

Es scheint offensichtlich, dass alle Schatten immer in dieselbe Richtung fallen müssen. Dennoch liegt hier ein verbreiteter Fehler. Die Sonne bewegt sich, und je länger wir an einem Ort zeichnen, desto größer ist die Gefahr, dass sich Schatten einschleichen, die nicht zueinander passen.

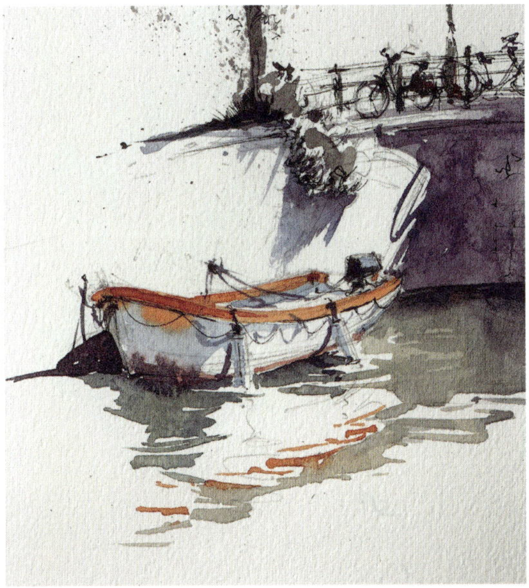

Auf diesem Bild einer ruhigen Ecke in Amsterdam kommt die Sonne von oben rechts ins Bild. Alle Schatten und hellen Bildteile müssen dies widerspiegeln. Tinte und Aquarellfarbe.

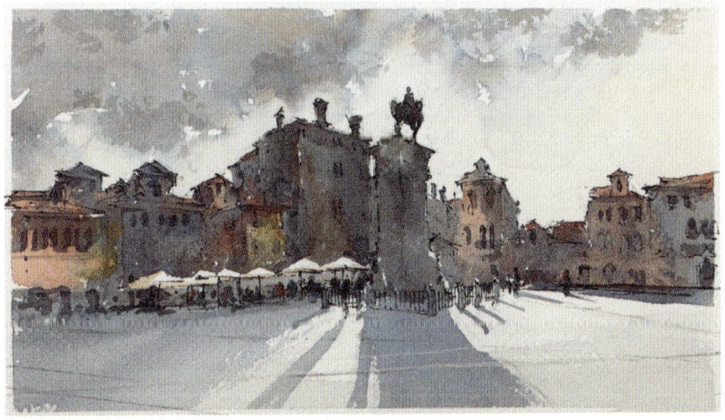

Abendstimmung in Venedig. Ein Wolkenbruch war gerade vorüber, und die Sonne kommt unter den Wolken hervor. Ich wählte einen Standpunkt, der die Statue mit ihrem Schatten in aller Dramatik zeigt.

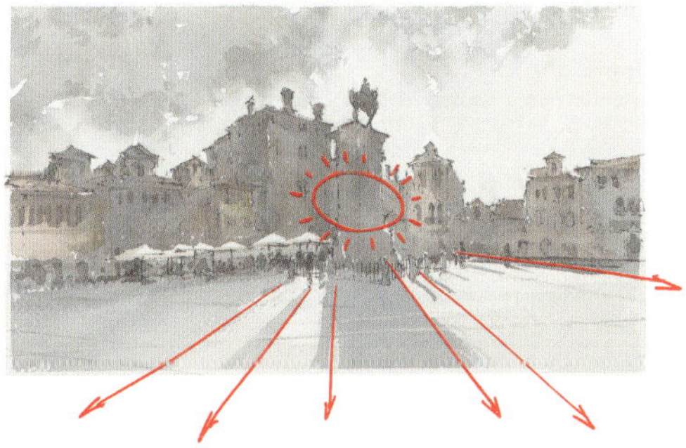

Auch Schatten unterliegen den Regeln der Perspektive. In dieser Ansicht entstehen die Schatten alle aus der Sonne als einzige Lichtquelle.

> ***„Verliere nie diesen ersten Eindruck aus dem Blick, der dich berührt hat.“***
>
> —JEAN-BAPTISTE-CAMILLE COROT

Fotofinish

Oft ist es das Licht, das mir an einer bestimmten Szene gefällt. Bevor ich richtig mit dem Skizzieren beginne, mache ich ein Foto, um den Augenblick der Inspiration festzuhalten. Zwar darf ich mein Motiv beim Malen verändern, aber mit ein paar Schnappschüssen kann ich wählen, wann und wie stark der Schatten dargestellt sein soll. Die Fotos sorgen also für eine konsistente Darstellung von Licht und Schatten.

DETAILS

Was soll in einer Skizze enthalten sein und was nicht? Eine heikle Frage, denn wir neigen dazu, uns in Kleinigkeiten zu verzetteln. Früher zeichnete ich sehr detailliert. Doch je mehr ich auf diese Weise arbeitete, desto steriler wirkten meine Bilder. Dann erkannte ich, dass mir weder der Prozess gefiel noch das Ergebnis.

Die Detailtreue eines Bildes ist ein Frage des persönlichen Geschmacks. Bei der Entwicklung meines Stils merkte ich, dass ich mit mehr Lockerheit impressionistischer wurde und das Leben zurück in meine Bilder holte. Skizzieren machte mir so mehr Freude, und deshalb erwachten meine Bilder auf dem Blatt zum Leben.

Die Details einer Szene stellen für uns eine Gelegenheit dar, die Dinge auf eine kalligraphische, poetische Weise zu zeigen. Sie fordern uns nicht auf, die Wirklichkeit nur abzuzeichnen.

Skizzierprozess

1 | Zeichnen Sie ein paar einfache Kringel auf das Papier. Für sich genommen mögen sie bedeutungslos sein. Doch wie einzelne Noten auf einem Blatt ergeben einzelne Schnörkel, die aufeinander abgestimmt sind, eine Symphonie.

> ***„Es sind nicht die gespielten, sondern die nicht gespielten Noten."***
>
> —MILES DAVIS

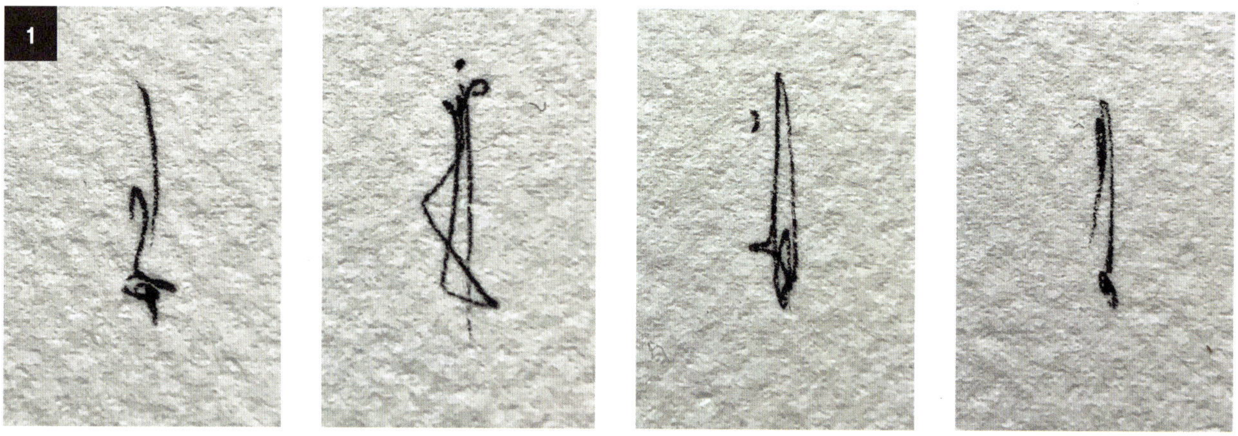

1

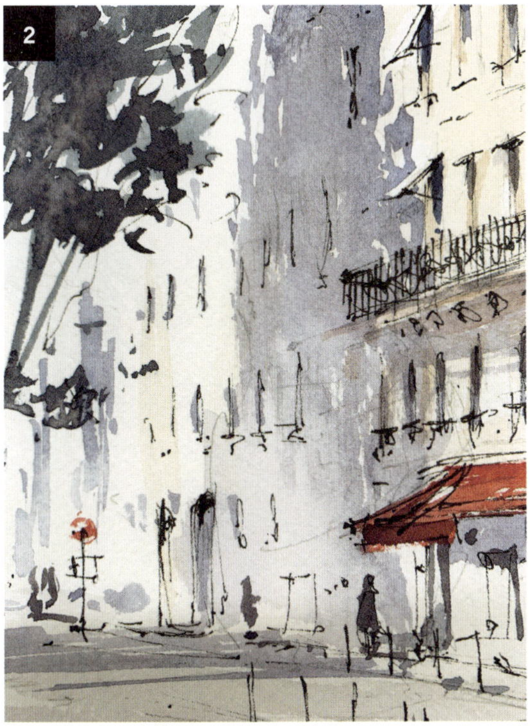

2 | Wenn wir Architektur zeichnen, werden wir irgendwann mit der Frage konfrontiert, wie man Fensterreihen an einer Fassade darstellen soll. Aber Fenster müssen gar nicht absolut rechtwinklig sein. So lange sie sich am richtigen Platz befinden, ist ein Schlenkern mit dem Stift genug und der Betrachter erkennt sie. Skizzieren Sie ein Gebäude und zeigen Sie Fenster als Krakel.

3 | Diese Methode kann man zu einer Art Stenografie für das Skizzieren von Objekten entwickeln. In meinem Beispiel habe ich nur die Essenz des Baumes gezeichnet - ohne die einzelnen Blätter. Nehmen Sie sich die Freiheit, Dinge anzudeuten, anstatt alles dogmatisch zu erklären. Ihre Skizze ist ein Dialog, kein Vortrag.

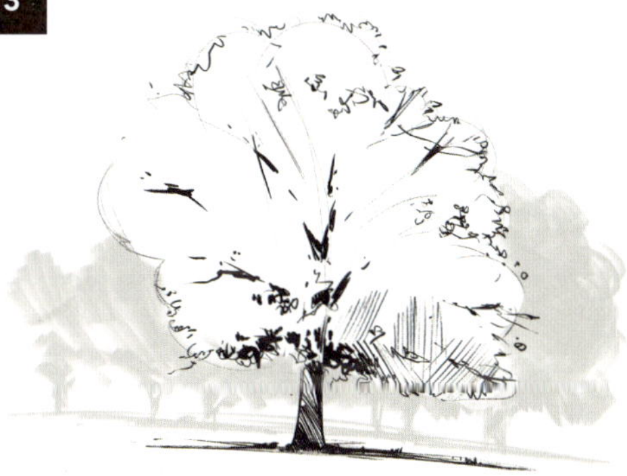

Schnelle Inspiration

Entwickeln Sie Ihre eigene Handschrift für Ihre Bilder. Ich lasse mich gerne von handgeschriebenen Noten inspirieren. Geht Ihr Motiv mehr in Richtung Beethoven oder Chopin? Finden Sie die beste Sprache für die Stimmung, die Sie zeigen wollen. Finden Sie die Musik in Ihrem Bild.

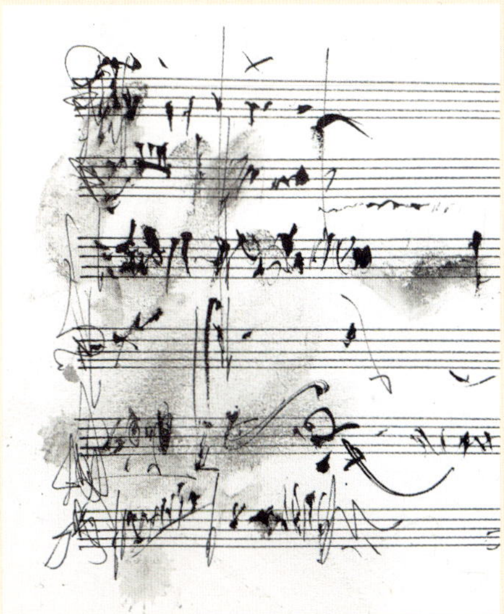

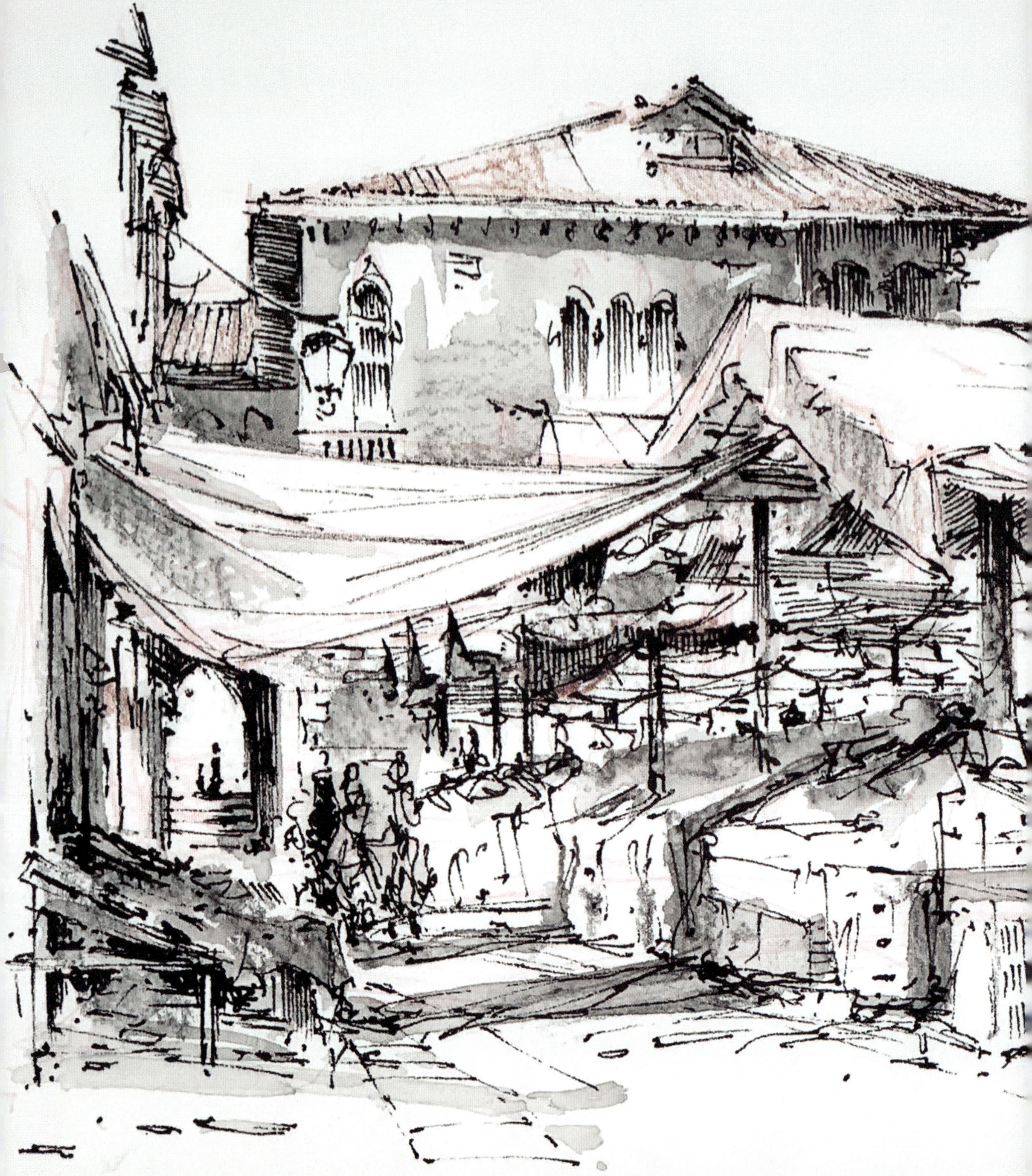

3

KOMPOSITION

Sie bildet das Herzstück unseres Schaffens. Sie ist Ausgleich und Harmonie, Rhythmus und Fluss. Die Komposition einer Skizze oder eines Gemäldes ist das, was den Betrachter anzieht. Sie führt seinen Blick durch das Bild, offenbart die Geschichte und ihre Details. Eine gute Komposition ist die Voraussetzung für ein einladendes Bild mit echter Tiefe.

EINE GESCHICHTE ERZÄHLEN

Mit der Komposition führt man den Blick des Betrachters über das Bild. Wenn wir ein Gemälde anschauen, nehmen wir es nicht im Ganzen auf. Wir gehen auf eine ganz bestimmte Weise vor, wie beim Lesen eines Textes. Unsere Augen gleiten in einer dynamischen Abfolge über das Bild, sehen zuerst einen Bereich und dann die nachgeordneten, weniger detailreichen Schwerpunkte, kehren aber immer wieder zum Hauptmotiv zurück. Bei sehr guten Kompositionen wandern unsere Augen im Bild umher, erschließen sich Details, entdecken Geheimnisse. Wir haben die Macht, einen Betrachter hereinzubitten und ihn behutsam herumzuführen.

Es gibt zwei wirkungsvolle Mittel, die endlose Variationen zulassen und Ihre Skizzen auf eine neue Ebene heben. Die erste ist die Drittel-Regel, die zweite das Nutzen von Details und Kontrasten, um den Schwerpunkt zu bestimmen. Eine Geschichte wird erzählt, und ein Gespräch zwischen dem Bild und dem Betrachter entwickelt sich. Einzelheiten, auf die der Maler verzichtet hat, werden vom Betrachter ergänzt, so wie alte Freunde gegenseitig ihre Sätze beenden.

Als erstes fällt unser Blick vermutlich auf die rote Markise des Cafés (1).

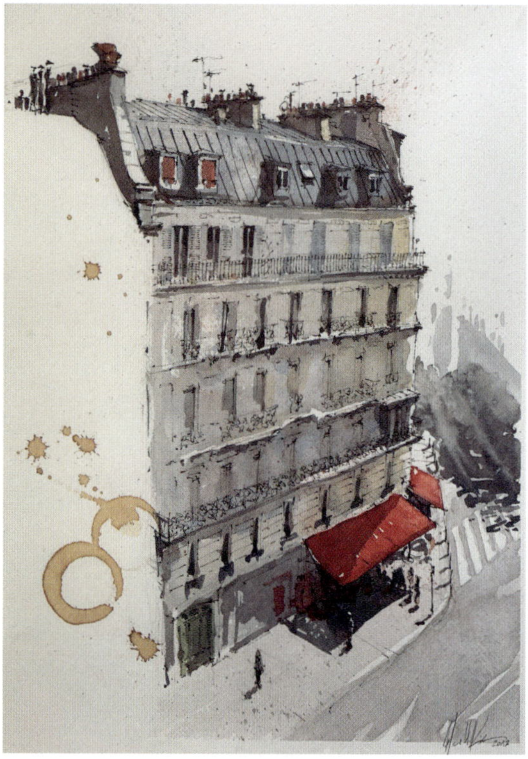

1

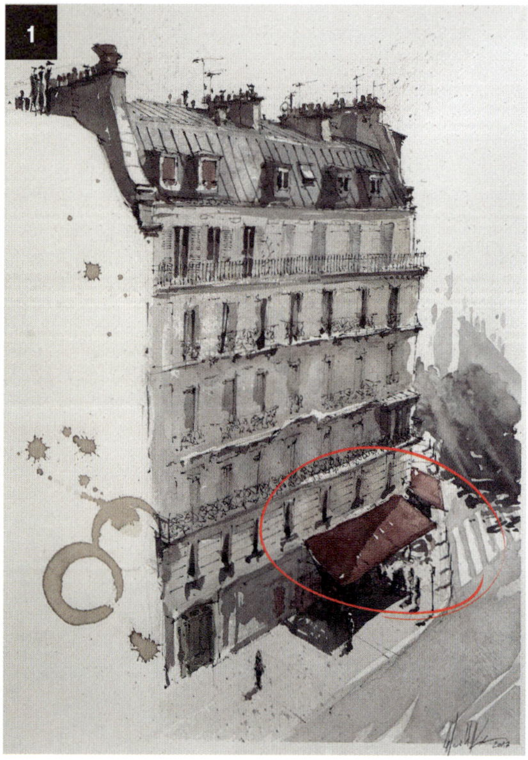

2

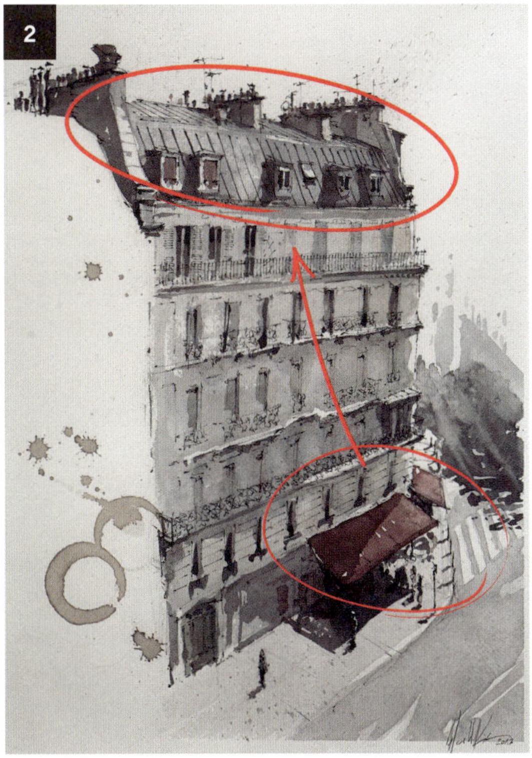

3

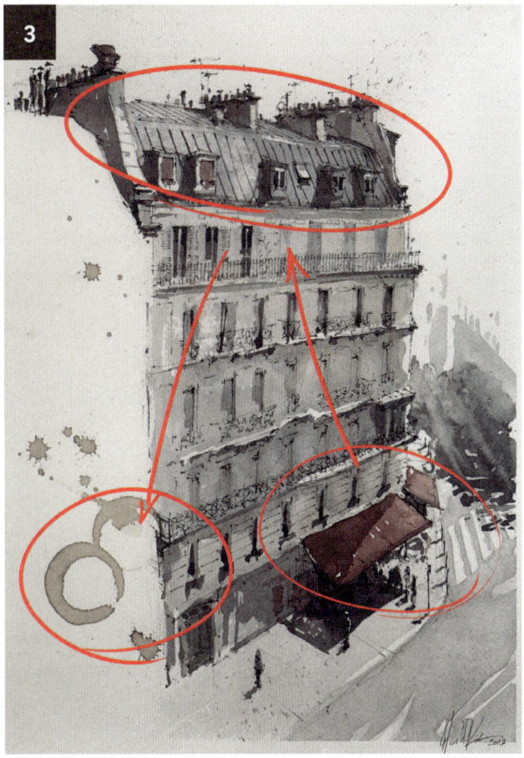

4

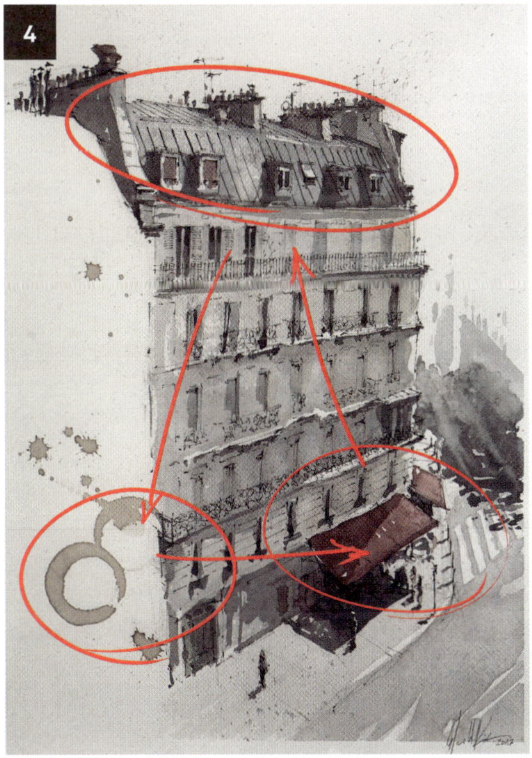

Von diesem Hauptmotiv aus wandert er hinauf zum Dach (2).

Dann fallen uns die Kaffeeflecken auf (ja, sie sind beabsichtigt) (3).

Unsere Augenbewegung bildet auf dem Weg über das Bild ein Dreieck. Wir kehren zurück zum Café und bemerken die Menschen, die sich hier versammelt haben (4).

Von hier aus befassen wir uns mit den weniger wichtigen Details: den Fenstern in der Fassade, der Straße, die in die Ferne führt, dem Fußgängerüberweg und den beiden orangefarbenen Fenstern in der Mansarde.

DIE DRITTEL-REGEL

Bei der Drittel-Regel wird das Blatt vertikal und horizontal in drei Teile geteilt, wobei sich vier interessante Schnittpunkte ergeben. In einer asymmetrischen Bildaufteilung befindet sich das Hauptmotiv verschoben zur Mitte auf einem der vier Punkte. Dennoch ist das Bild harmonisch. In dieser auf natürliche Weise angenehmen Komposition wandern die Augen zum Motiv und erforschen von dort aus den Rest des Bildes.

Ein asymmetrischer Bildaufbau regt einen Dialog zwischen der Zeichnung und dem Betrachter an, eine mühelose Bewegung, die mit einem symmetrisch aufgebauten Gemälde schwerer zu erzielen ist.

Sobald Sie sich mit der Drittel-Regel vertraut gemacht haben, werden Sie sie überall wiedererkennen: auf Film- und Werbeplakaten, in der klassischen Kunst und in der Fotografie.

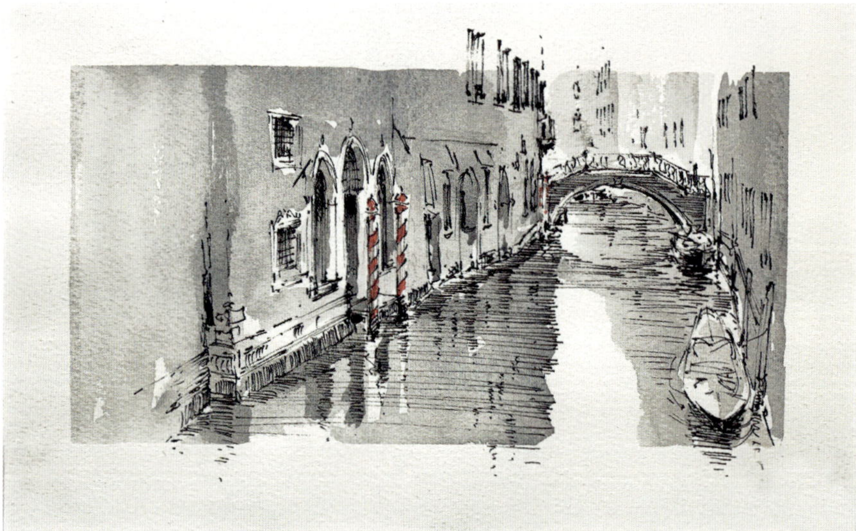

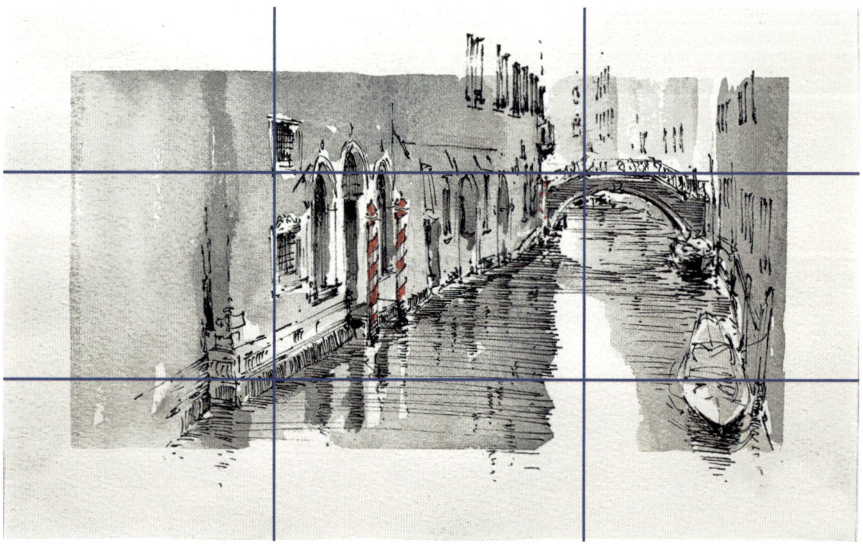

KONTRAST UND DETAILS

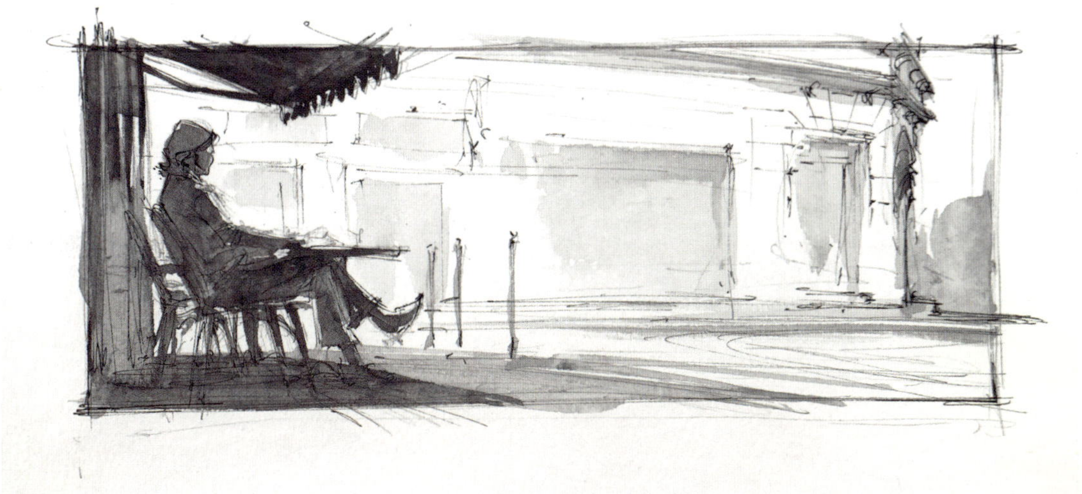

Ein weiteres wirksames kompositorisches Mittel ist die Vorstellung, dass der Blick von dem Bereich mit dem größten Kontrast und den meisten Einzelheiten angezogen wird. Wenn die Details überall gleich verteilt sind, weiß das Auge nicht, wo es zur Ruhe kommen soll. Wählen Sie also einen Schwerpunkt und konzentrieren Sie alle Details dort. Der Rest des Bildes darf weniger ausgearbeitet und impressionistischer sein.

Kontraste können Hell und Dunkel, aber auch Farben sein.

Details und dunkle Schatten auf dem Dach ziehen den Blick an, während der Hintergrund verhalten und diffus ist.

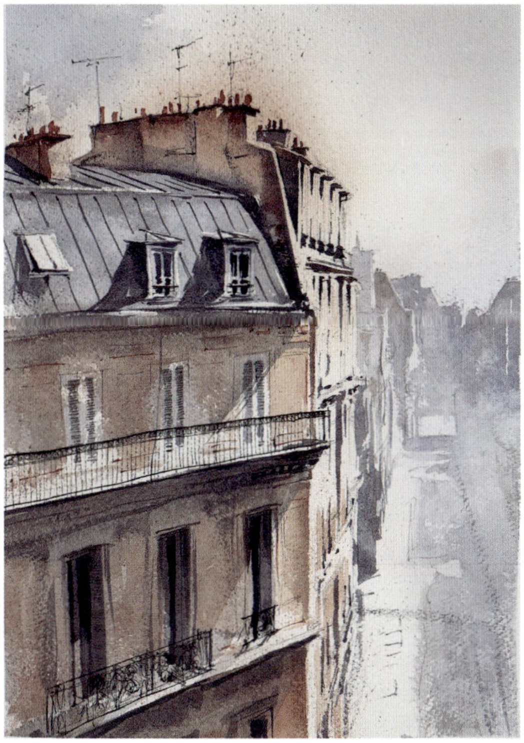

Wenn wir diese beiden Bausteine zusammenfügen und die Drittel-Regel auf Kontrast und Details anwenden, entsteht eine wahrhaft dynamische Komposition. Gemeinsam sind sie ein wirkungsvolles Mittel, um unser Bild mit Leben und einer Geschichte zu erfüllen. In Kapitel 6 (Seite 80) erläutere ich, wie diese Prinzipien in der Landschaftsmalerei Anwendung finden.

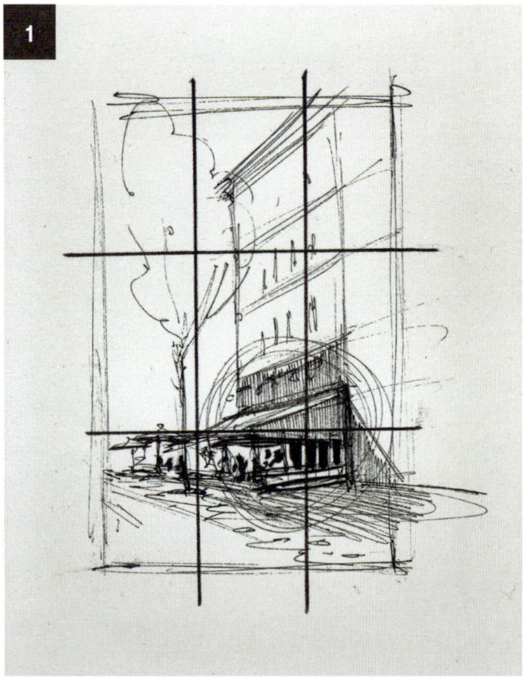

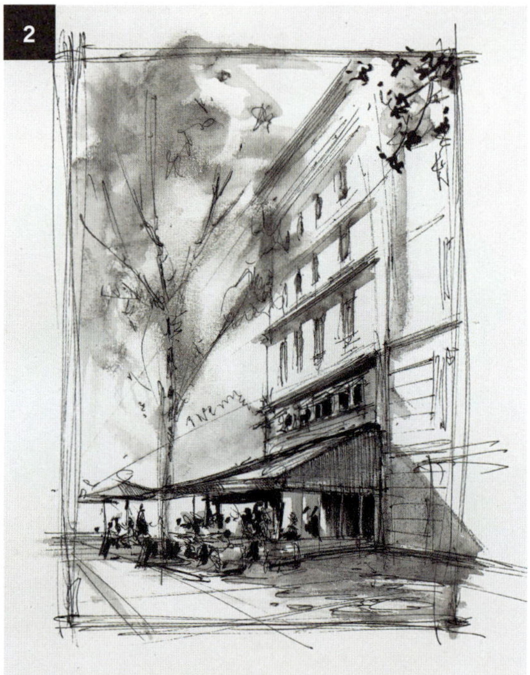

Skizzierprozess

1 | Nehmen Sie sich die Zeit, um Ihre Komposition in einer schnellen Thumbnail-Skizze auszuarbeiten. Legen Sie ein Gitter nach der Drittel-Regel aufs Papier. Ich wollte den Betrachter zum Café lenken, deshalb befindet es sich im Bereich unten rechts. Der Baum steht auf einem weiteren Schnittpunkt und bildet ein harmonisches Gegengewicht zum Gebäude.

2 | Anhand dieser vollständigeren Skizze entscheide ich, wo die meisten Details sein sollen. Alles Interessante und Bewegte – Stühle,Tische, Menschen – platziere ich unter der Markise des Cafés. Den Rest der Skizze halte ich eher vage. Zur Betonung verdunkle ich die Schatten rings um das Café. Für die Markise wähle ich strahlendes Rot. Die Kontraste von Farbton und -wert stellen klar, wohin sich das Auge wenden soll.

3 | Die letzte Skizze verbindet alle Elemente. Die Anwendung der Drittel-Regel, die Wahl eines Zentralbereichs mit Konzentration auf Details und stützenden Kontrasten macht deutlich, wo der Fokus in dieser Skizze liegt und verspricht ein gut komponiertes Bild.

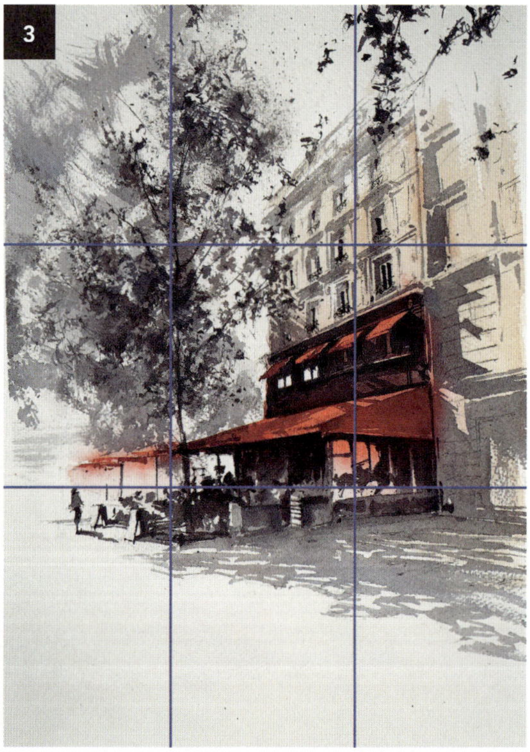

THUMBNAIL-SKIZZEN

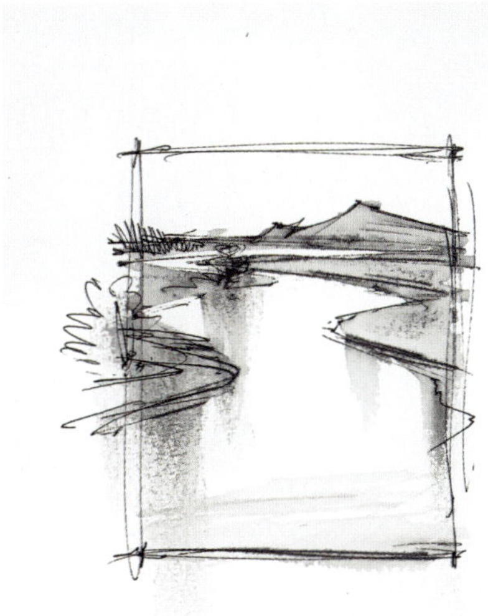

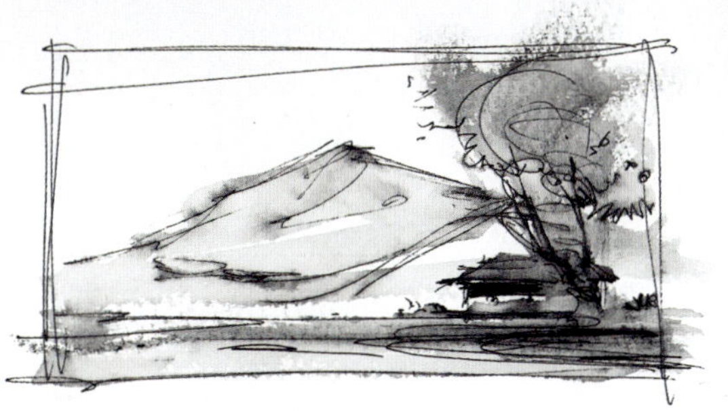

Eine Thumbnail-Skizze ist eine kleine Studie, die angefertigt wird, um viele der Elemente auszuarbeiten, aus denen sich das spätere Bild zusammensetzt. Die Skizzen werden dabei schnell erstellt und sind ideal, um in das Motivthema einzutauchen.

Thumbnail-Skizzen sind in vielerlei Hinsicht nützlich. Sie sind eine Generalprobe, ein visualisierter Denkprozess und die erste Planungsstufe. Sie lehren uns in wenigen Minuten jede Menge über unsere Skizze. Wir arbeiten die Komposition aus, die Perspektive, wie Licht und Schatten die Form unseres Motivs definieren und legen den Fokus fest. Angesichts des geringen Aufwands für diese Skizzen können wir, wenn uns unsere Komposition oder der gewählte Blickwinkel nicht gefällt, ohne Weiteres von vorn anfangen.

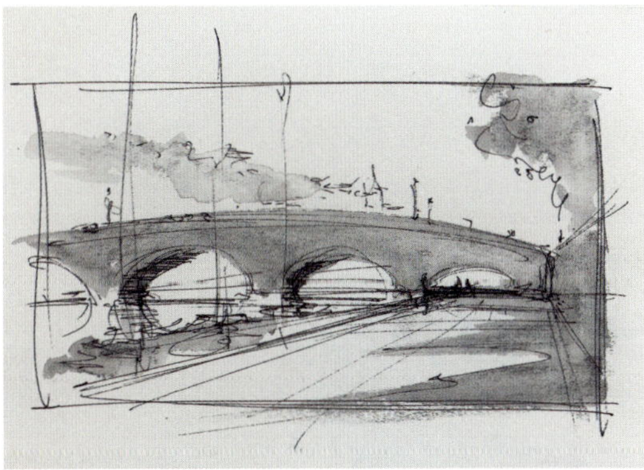

Ein weitverbreiteter Fehler beim Skizzieren ist es, sich zu viel vorzunehmen. Um eine Szene festzuhalten, setzen Sie sich einfach hin und skizzieren Sie ohne nachzudenken das nebenstehende Gebäude, die Menschen an der Bushaltestelle gegenüber, die Baumreihen, die aus Ihrem Blatt herauslaufen. Und mit einem Mal ist das Papier zu Ende. Das ist die Künstlerversion eines sich schleichend ausweitenden Einsatzes, und es ist ratsam, ein paar Minuten für eine Thumbnail-Skizze zu opfern, um die Lage im Griff zu behalten.

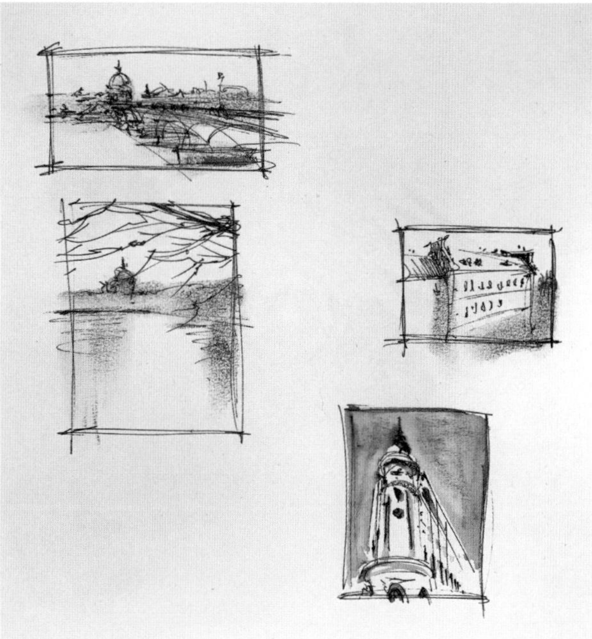

Für Thumbnail-Skizzen habe ich ein kleines Skizzenbuch mit billigem Papier dabei. Da es keinen großen monetären Wert besitzt, kann ich es ohne schlechtes Gewissen nutzen und ihm ganz einfach meine Ideen anvertrauen, ohne dass meine Skizzen hübsch sein müssen. Ich zeichne darin mit einem günstigen Füller, den ich in Bewegung halte. Auf präzise Messungen verzichte ich. Wenn eine Linie nicht genau da ist, wo sie hingehört, ziehe ich einfach eine neue, bis ich die Form finde. Der Trick besteht darin, rasch zu arbeiten.

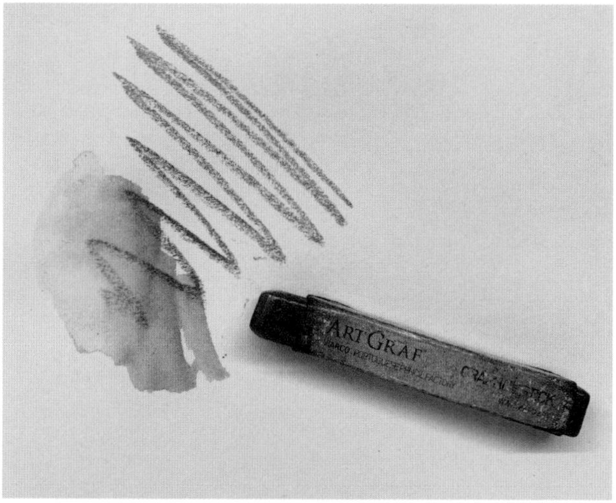

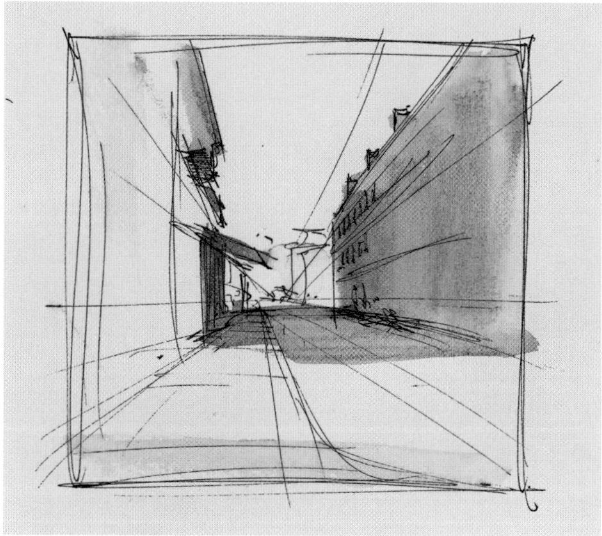

Außerdem verwende ich für tiefe Schatten ein wasserlöslichen Graphitkreidestäbchen. Die Verbindung von Tinte, Graphit und Papier gibt mir drei Farbtöne, die ausreichen, um mir die Formen, die Position von Licht und Schatten und die grundlegende Perspektive zu zeigen.

Sobald ich meine Thumbnail-Skizze habe, ziehe ich einen Rahmen um sie, der die Komposition festlegt, was ich einbeziehe und was nicht. Sich schleichend ausweitende Einsätze sind so im Keim erstickt. Der Rahmen lässt sich auch auf ein größeres Blatt übertragen für die eigentliche Skizze.

EINEN DIALOG FÜHREN

Unsere Skizzen können viele Formen annehmen und dabei Meditation, Therapie, Erkundung, Reportage oder Dokumentation sein. Sie sind außerdem Kommunikation. Wir müssen nicht immer an den Betrachter denken, wenn wir skizzieren. Es nicht zu tun, ist manchmal besser. Aber für mich sind Zeichnungen Dialoge. Sie teilen jemandem etwas mit, auch wenn dieser Jemand Jahre später wir selbst sind.

Vor diesem Hintergrund können wir die hinzugelernten Mittel nutzen, um mit unseren Skizzen unsere Gedanken und Gefühle mitzuteilen. Ohne das Wissen um diese Zusammenhänge erschaffen wir vielleicht ungewollt etwas, das nur verwirrt oder überfordert. Doch ausgerüstet mit diesen Kenntnissen sind wir frei, einen angeregten Dialog in Gang zu setzen.

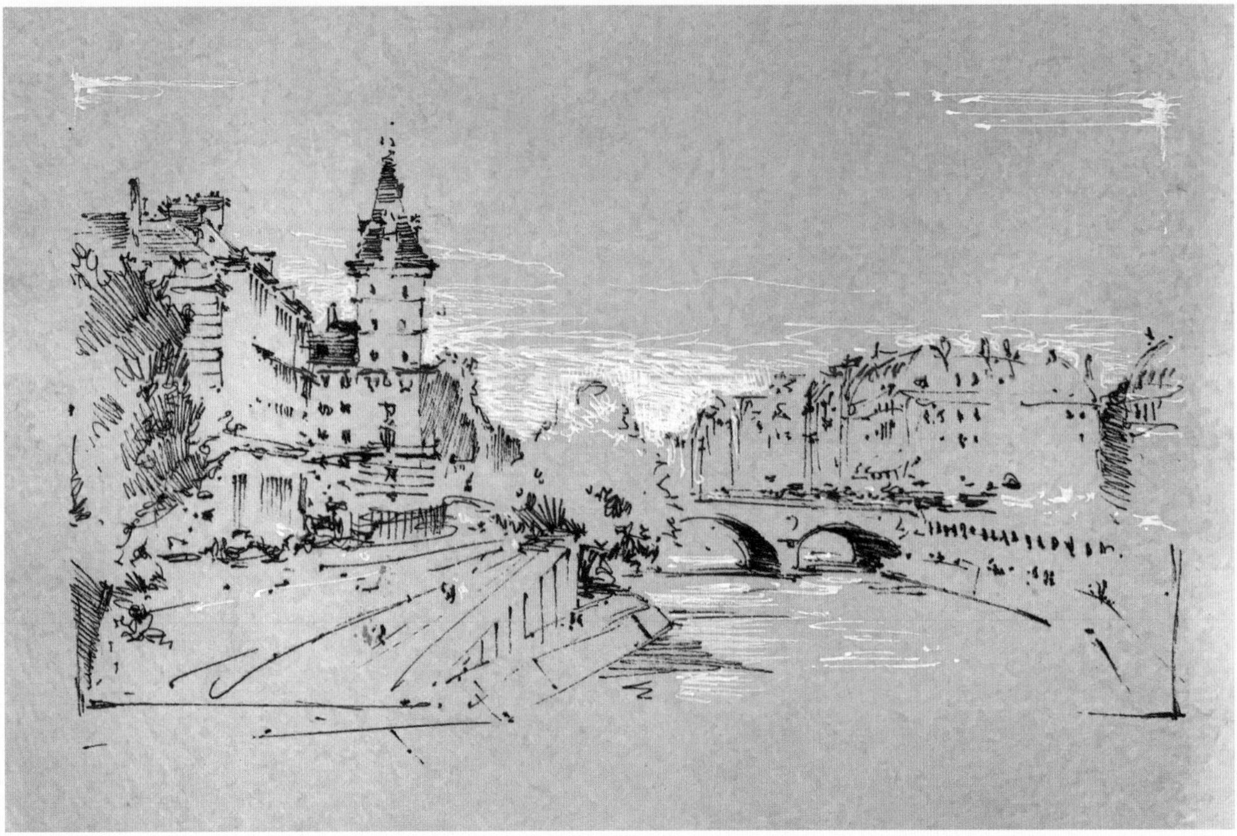

Pont Saint-Michel, Paris. Dadurch, dass Überflüssiges ausgelassen und nur das skizziert wird, was zum Erzählen der Geschichte erforderlich ist, wird der Betrachter zum Mitwirkenden. Tinte und weißer Gelstift auf teegefärbtem Papier.

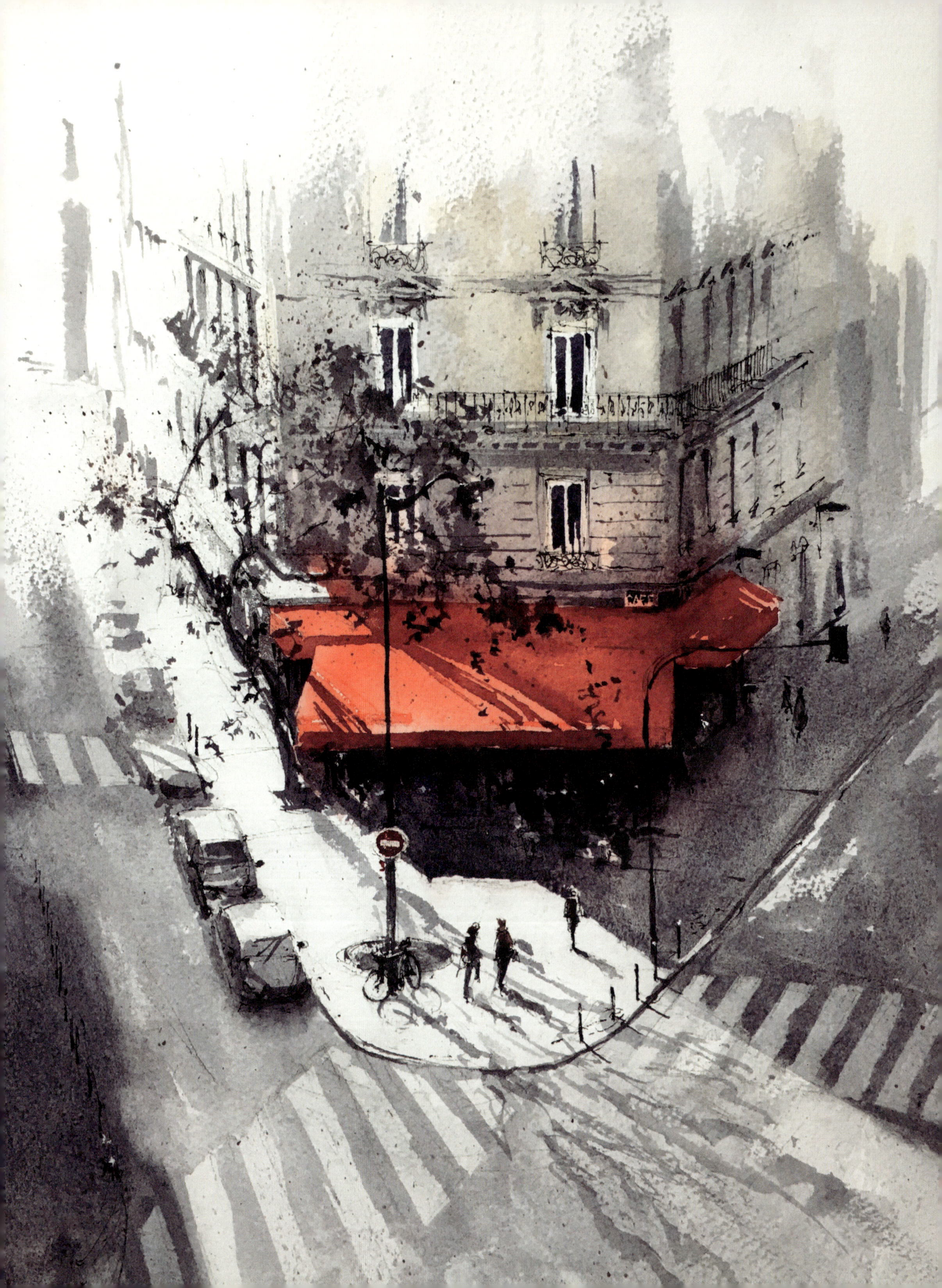

4

PERSPEKTIVE

Sie verleiht dem Kunstwerk Struktur. Man kann bei einem Klavier in die Tasten hauen und Lärm verursachen, aber erst wenn man etwas über Akkorde und Melodie weiß, wird daraus Musik. Dasselbe gilt in der bildenden Kunst. Farbspritzer und entfesselter Ausdruck können großartig sein, doch mit etwas Kenntnissen über zugrundeliegende Struktur und Perspektive beginnen unsere Bilder zu singen.

GRUNDLAGEN

Die Linearperspektive ist das Grundgerüst der Architekturzeichnung, und diese Grundlage müssen Sie beherrschen. Regeln zu brechen ist in Ordnung, aber Sie brauchen ein Fundament, auf das Sie bauen können.

Wir alle haben das gleiche Skelett. Unsere Knochen und Schädel sind individuell kaum unterscheidbar. Es sind Muskulatur und Fleisch, Stimmung und Ausdrucksweise, Frisur und Kleidung, die uns einzigartig machen. Gleiches gilt für die Perspektive beim Zeichnen. Die zugrundeliegende Struktur, die Linearperspektive, mag die gleiche sein, aber womit wir sie füllen, ist einzigartig – Linienführung und Pinselstrich, Textur- und Farbwahl, Licht- und Schattendarstellung. Diese einzigartigen Zutaten sind es, die unserem Bild Persönlichkeit geben.

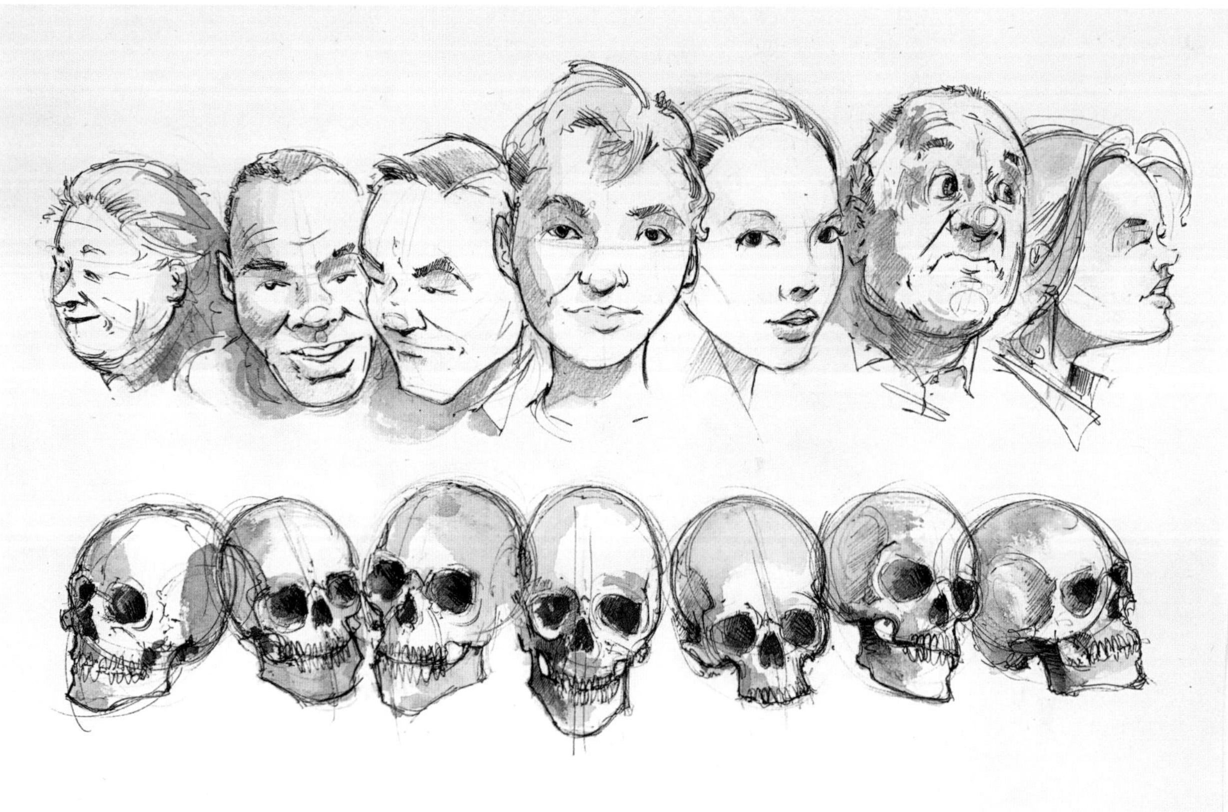

LINEARPERSPEKTIVE

Es gehört zu den schwierigsten Aufgaben eines Künstlers, ein dreidimensionales Objekt auf einem zweidimensionalen Blatt darzustellen. Unser Gehirn gibt das einfach nicht her. Zum Glück gibt es Mittel, mit denen wir uns behelfen können. Das beste Werkzeug zur Darstellung von Tiefe auf Papier ist die Linearperspektive.

Es macht mir Spaß, die Illusion von Tiefe auf dem Blatt herzustellen. Mit Licht und Schatten kann man Volumen herausarbeiten. Farbtöne und -werte verbildlichen Entfernungen. Aber wenn wir Innenräume oder Architektur skizzieren wollen, ist die Linearperspektive das beste Mittel, um dem Bild Tiefe zu verleihen.

Beim Skizzieren sind zwei Arten von Perspektive wichtig: die Linear- und die Luftperspektive. Erstere verdanken wir den Künstlern der Renaissance, zweitere vor allem Leonardo da Vinci. Bei der Linearperspektive geht es, wie der Name schon sagt, um Linien. Die Luftperspektive hat mehr zu tun mit Farbtönen und -abstufungen (mehr zu diesem Thema in Kapitel 6, Seite 84). Beide kommen zum Einsatz, um für den Betrachter die Illusion einer dritten Dimension zu erschaffen.

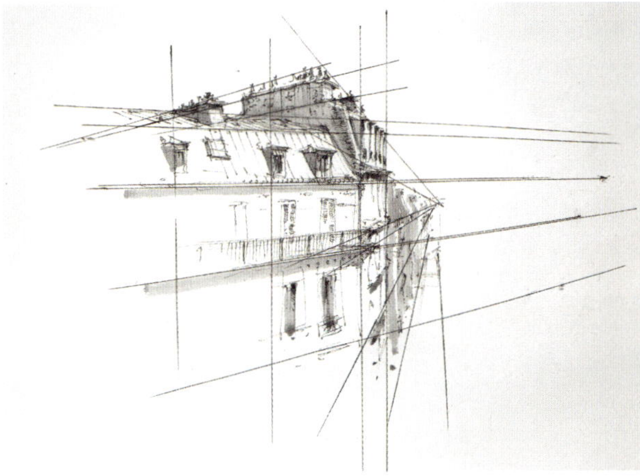

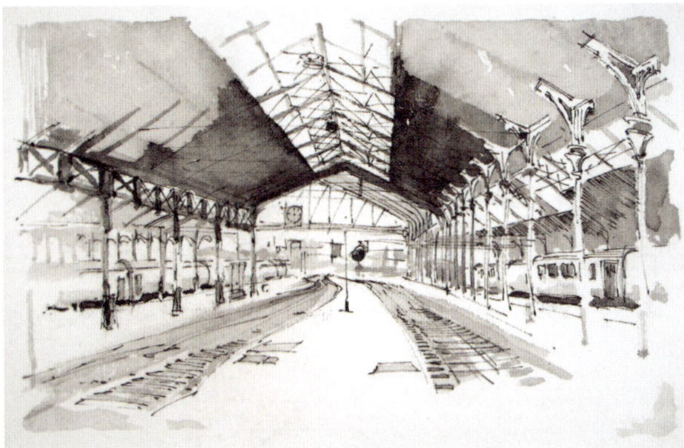

Linearperspektive: Tiefe durch zusammenlaufende Linien

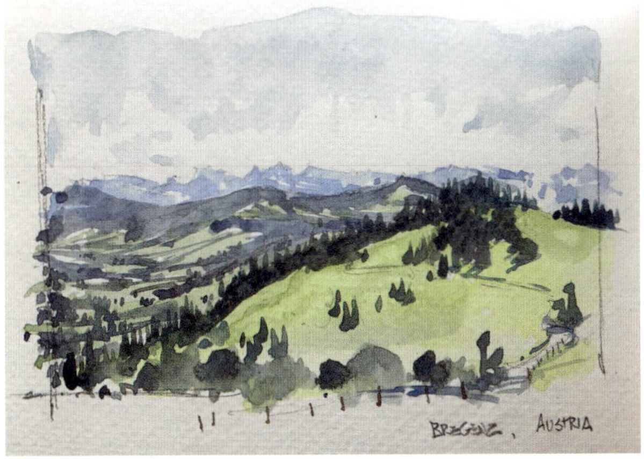

Luftperspektive: Tiefe mit Farben

In diesem Bild erzeugt die Linearperspektive auf dem flachen Papier Tiefe. Unterhalb von Farben, Tintenstrichen und Tönungen erfüllt die Perspektive ihre Funktion als Skelett. Es gibt Vorder-, Mittel- und Hintergrundelemente als weiteres Mittel, um Tiefe zu erzeugen. Doch die Linearperspektive schenkt uns diese zusammenlaufenden Linien, die alle zu Punkten führen, die in der Ferne liegen.

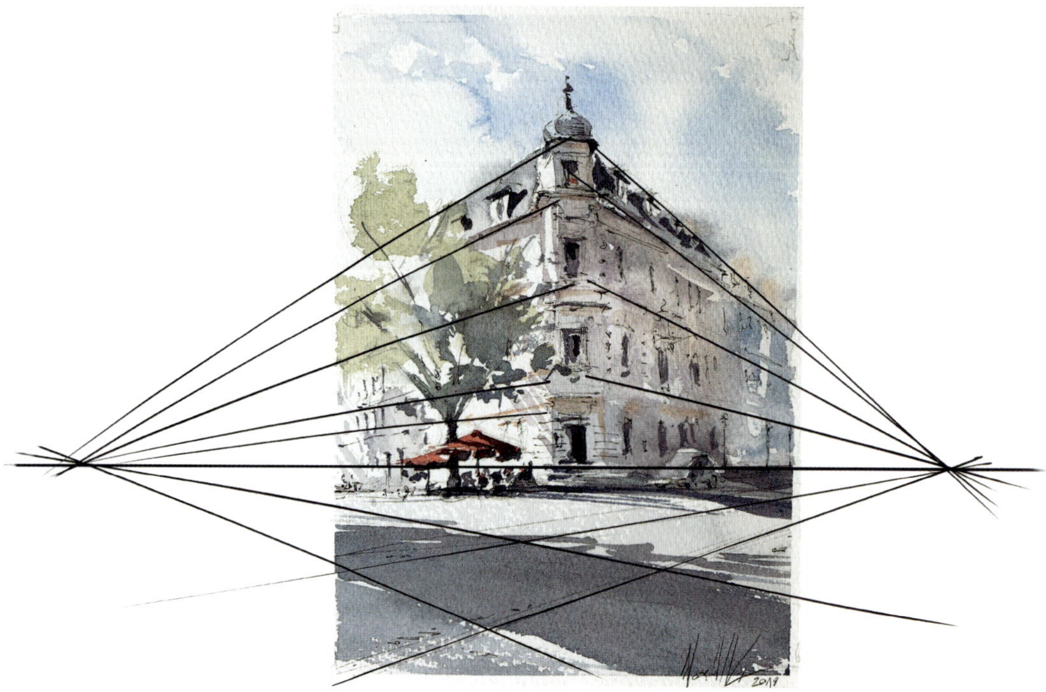

Die Horizontlinie

Die Horizontlinie ist eine waagerechte Linie, die der Augenhöhe entspricht. Diese beiden Begriffe sind austauschbar. Die Horizontlinie stellt den Horizont an sich dar. Wenn man am Strand steht und über das Meer dorthin blickt, wo es auf den Himmel trifft, sieht man den Horizont: eine scharfe, klare Linie. Ähnlich verhält es sich in jeder anderen offenen Landschaft wie etwa in der Wüste. In der Stadt ist es schwerer, die Horizontlinie zu finden, weil Gebäude den Blick verstellen, aber der Horizont ist trotzdem vorhanden. Ein paar Kniffe helfen uns, ihn zu finden.

Zentralperspektive

Sie bedient sich eines Fluchtpunkts auf der Horizontlinie, in dem die Bildgeraden zusammenlaufen und scheinbar im Horizont verschwinden.

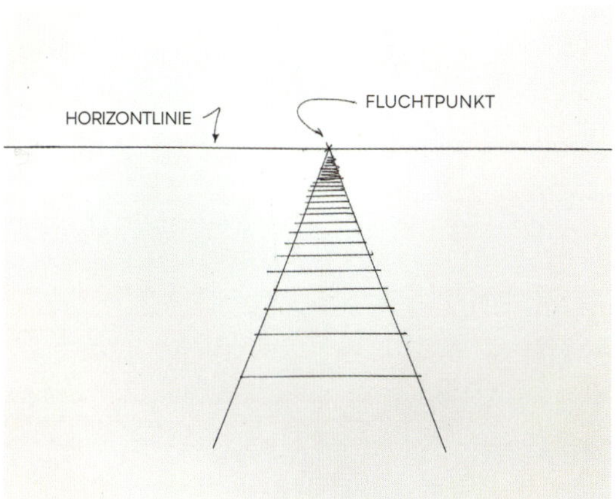

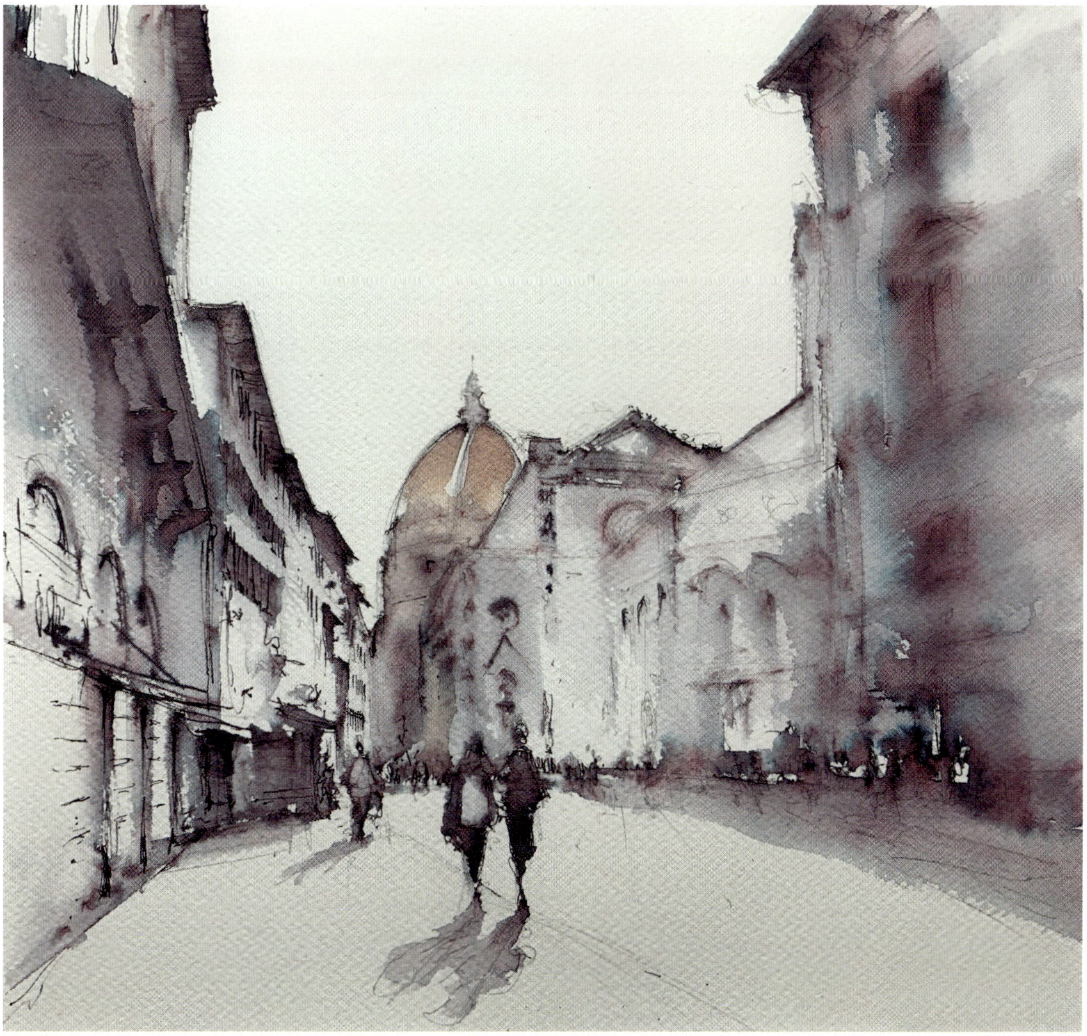

Um perspektivisches Zeichnen zu lernen, beginnen Sie am besten mit einfachen Linien und Formen.

SKIZZIERPROZESS

1 | Zeichnen Sie eine Horizontlinie mit einem Fluchtpunkt darauf und unterhalb der Linie ein Quadrat.

2 | Von jeder Ecke des Quadrats ziehen Sie eine gerade Linie zum Fluchtpunkt. Damit bringen wir bereits etwas Tiefe in das Bild ein.

3 | Zeichnen Sie jetzt ein zweites etwas kleineres Quadrat hinter das erste, dessen Ecken auf den Bildgeraden zum Fluchtpunkt liegen. Nun haben wir etwas, was wie ein Würfel aussieht. Diese Form wurde in der Zentralperspektive skizziert und scheint Raum einzunehmen.

4 | Wiederholen Sie den Vorgang mit Quadraten, Rechtecken und komplexeren Formen über, unter und auf dem Horizont. Führen Sie von jeder Form Bildgeraden von den Ecken bis zum Fluchtpunkt.

1

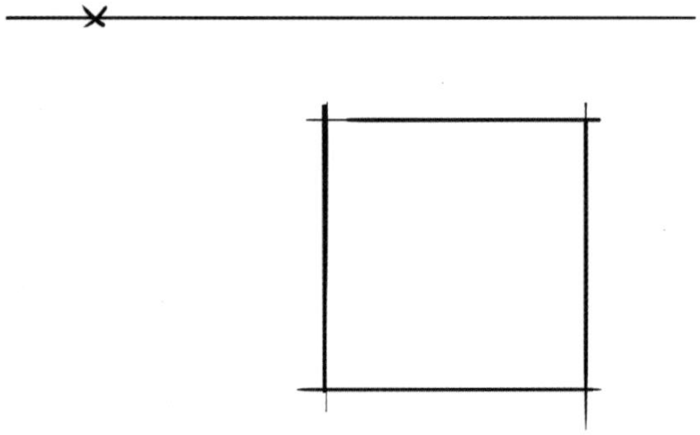

2

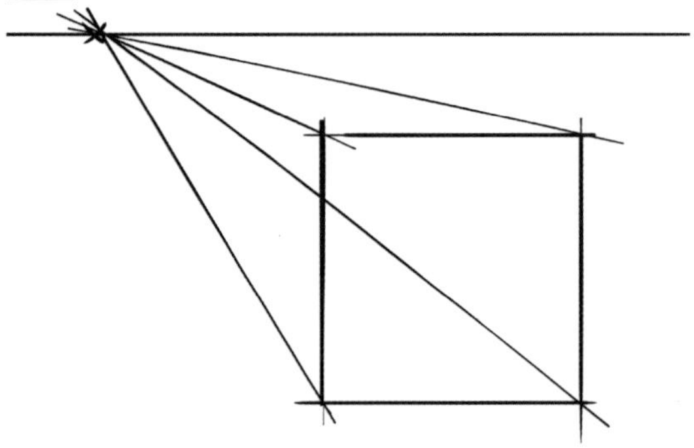

3

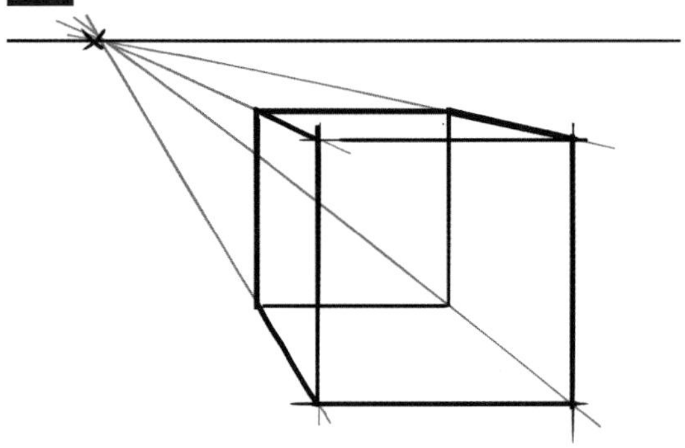

4

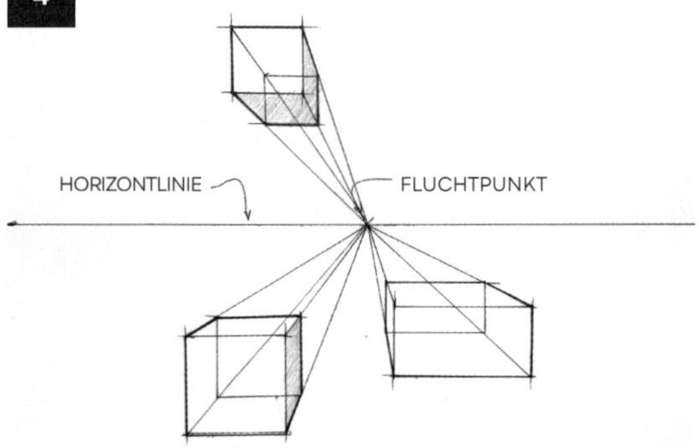

Meist ist das Erste, was ich auf das Papier bringe, eine Horizontlinie. Ihr folgen rasch einige Bildgeraden, die wie Strahlen von einem Fluchtpunkt ausgehen.

Sobald wir diese Geraden als Hilfsmittel haben, können wir vertikale und horizontale Linien hinzufügen, um die Vorstellung zu erzeugen, man blicke eine lange Straße hinunter. In diese Grundstruktur, die aussieht wie eine Straßenflucht, lässt sich eine Straßenszene rasch hineinskizzieren. Dann kann man Einzelheiten wie Türen, Fenster und Menschen ergänzen. Beleben Sie die Szene mit beliebig vielen Einzelheiten.

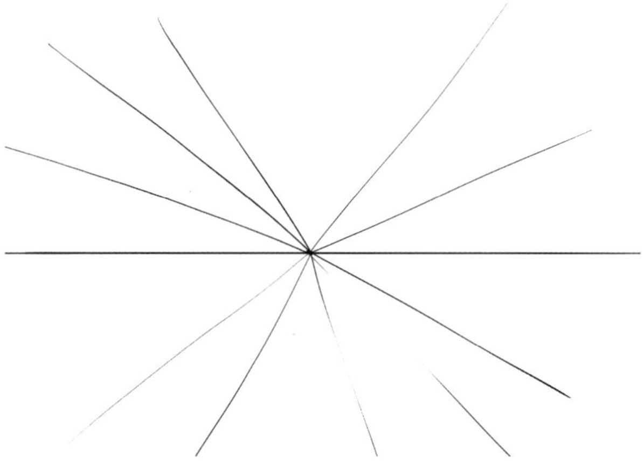

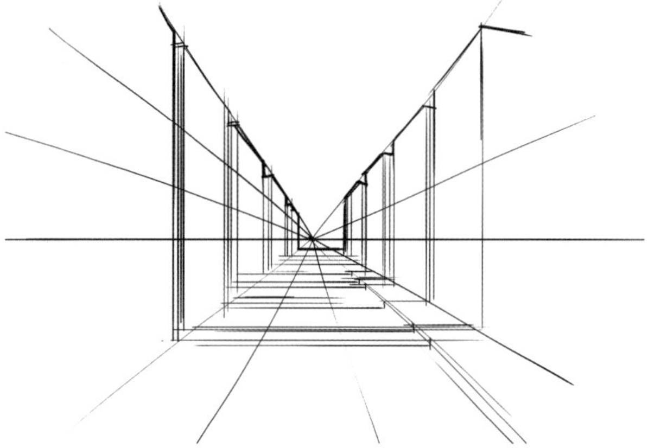

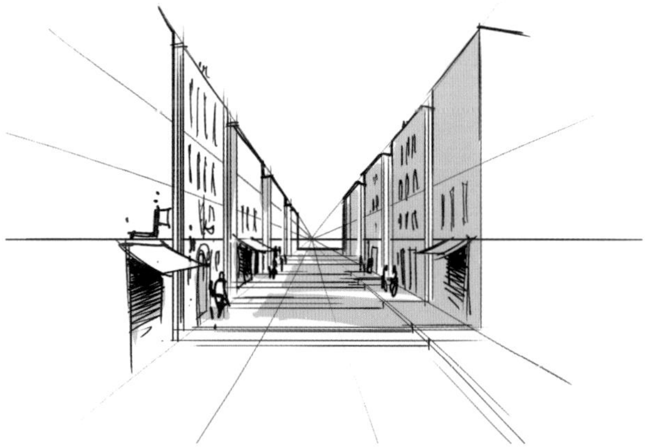

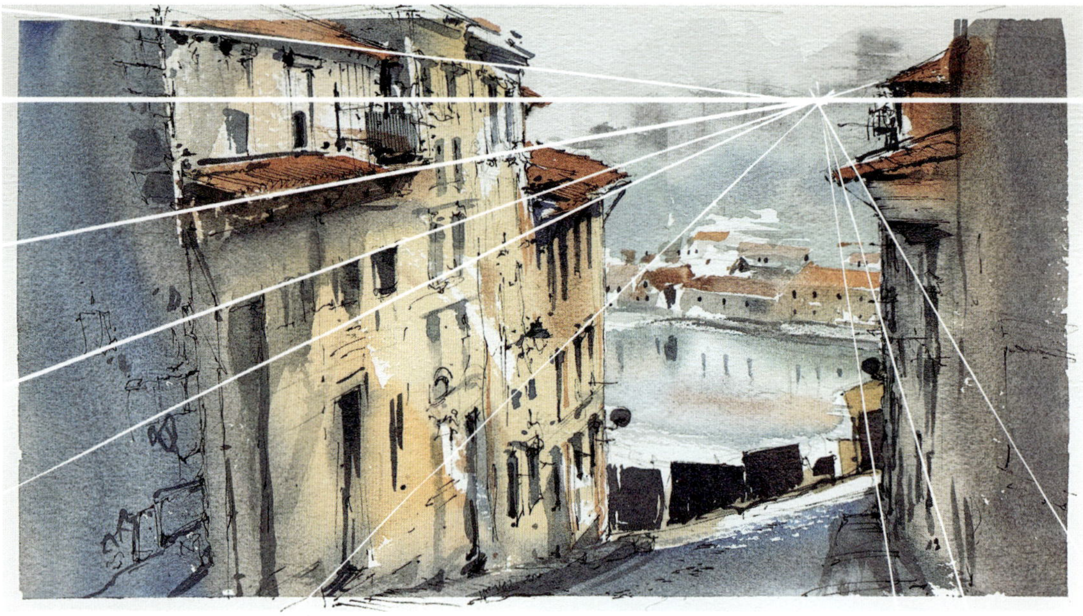

Diese Szene in Porto, Portugal nutzt die Linearperspektive. Der Blick wird hinunter zum Fluss gelenkt, folglich ist der Horizont weit oben auf dem Blatt.

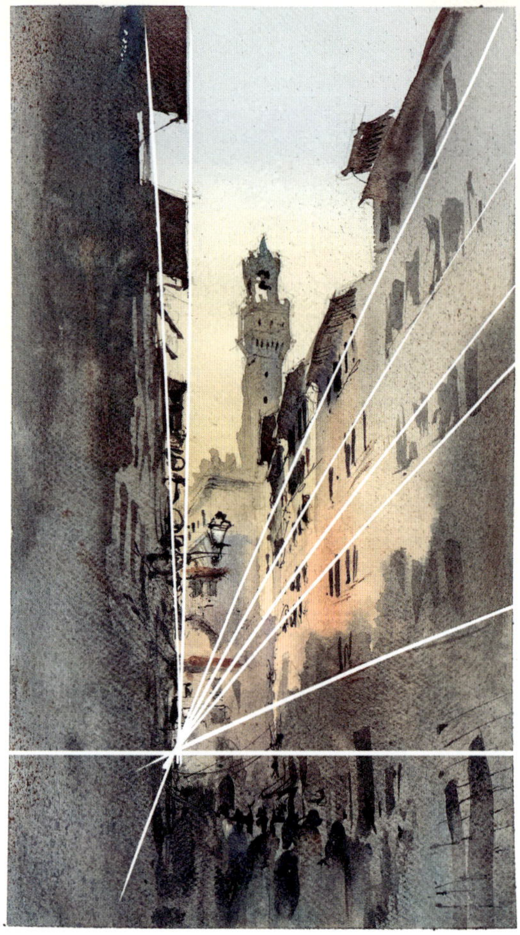

Die Ansicht dieser Straße in Florenz, Italien gründet auf der Linearperspektive. Alle Dach-, Fenster- und Balkonlinien orientieren sich zum Fluchtpunkt hin.

Ein einzigartiger Blick

Die Linearperspektive ist ein gutes Werkzeug, wenn der Blick einer langen Straße folgt. Sie eignet sich für die breiten Boulevards in Paris und für Städte wie New York City, San Francisco und Chicago, die eine Schachbrettplanung aufweisen. Außerdem ist sie nützlich, um etwa die Gänge in einem Supermarkt oder die Regalfluchten in einer Bibliothek zu skizzieren.

Zweipunktperspektive

Weil sie zwei Fluchtpunkte nutzt, macht sie viel mehr Spaß - sie ist eine dynamischere Art, Formen dreidimensional abzubilden.

SKIZZIERPROZESS

1 | Beginnen Sie wieder mit der Horizontlinie. Diesmal setzen Sie jedoch nicht einen, sondern zwei Punkte auf den Horizont, einen links und einen rechts. Zeichnen Sie eine einzelne vertikale Linie als Kante eines Würfels.

2 | Führen Sie vom oberen und vom unteren Endpunkt der Linie je eine gerade Linie zu beiden Fluchtpunkten.

3 | Fügen Sie zwei weitere vertikale Linien parallel zur ursprünglichen hinzu.

1

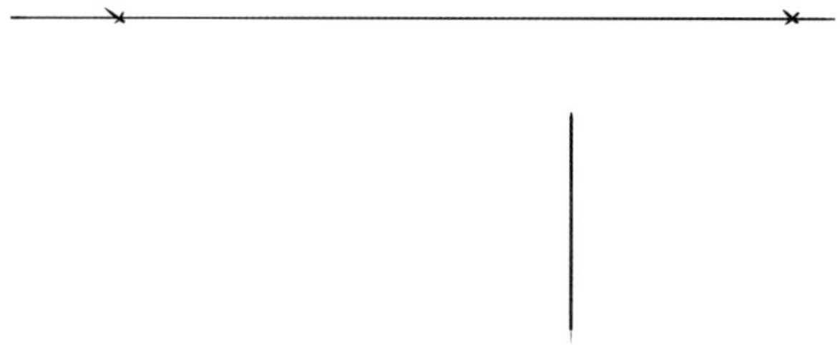

2

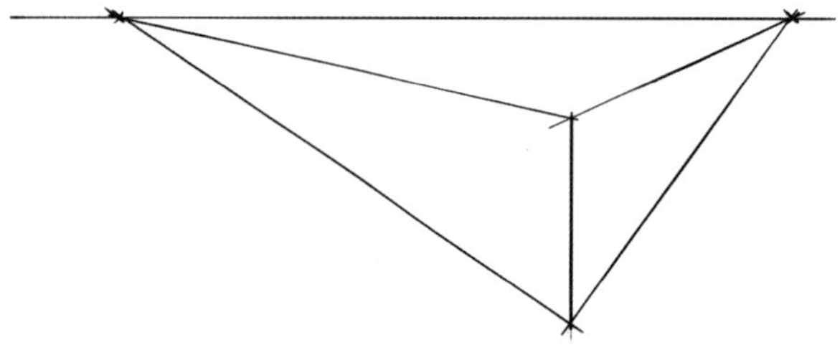

3

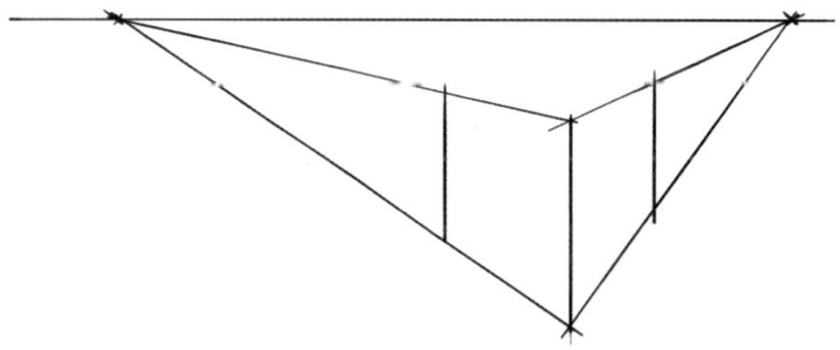

4 | Verbinden Sie erneut den jeweils oberen und unteren Endpunkt der Vertikalen mit den Fluchtpunkten.

5 | Fügen Sie Schatten hinzu, um Volumen darzustellen.

Nun haben wir einen Würfel, der dreidimensional wirkt. Seine perspektivische Darstellung ist perfekt, weil wir alle unsere Bildgeraden zu den Fluchtpunkten geführt haben.

Die Grundform des Gebäudes unten ist ein Würfel gesehen aus der Zweipunktperspektive. Alle Dach-, Fenster-, Gauben- und Gesimslinien enden in einem der beiden Fluchtpunkte.

4

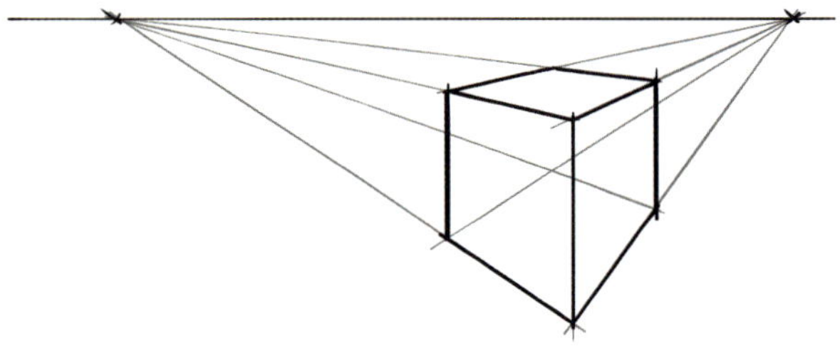

5

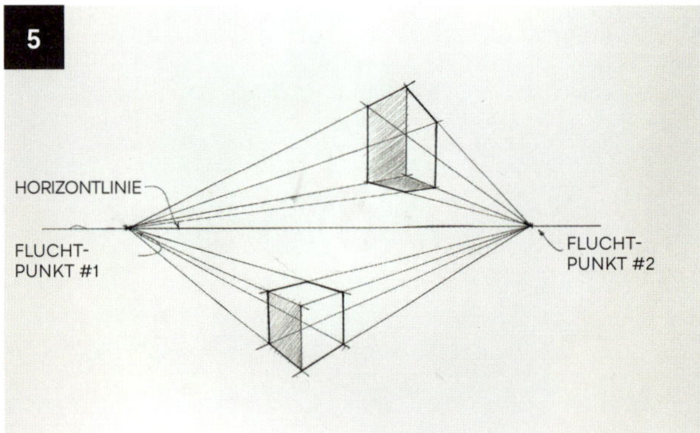

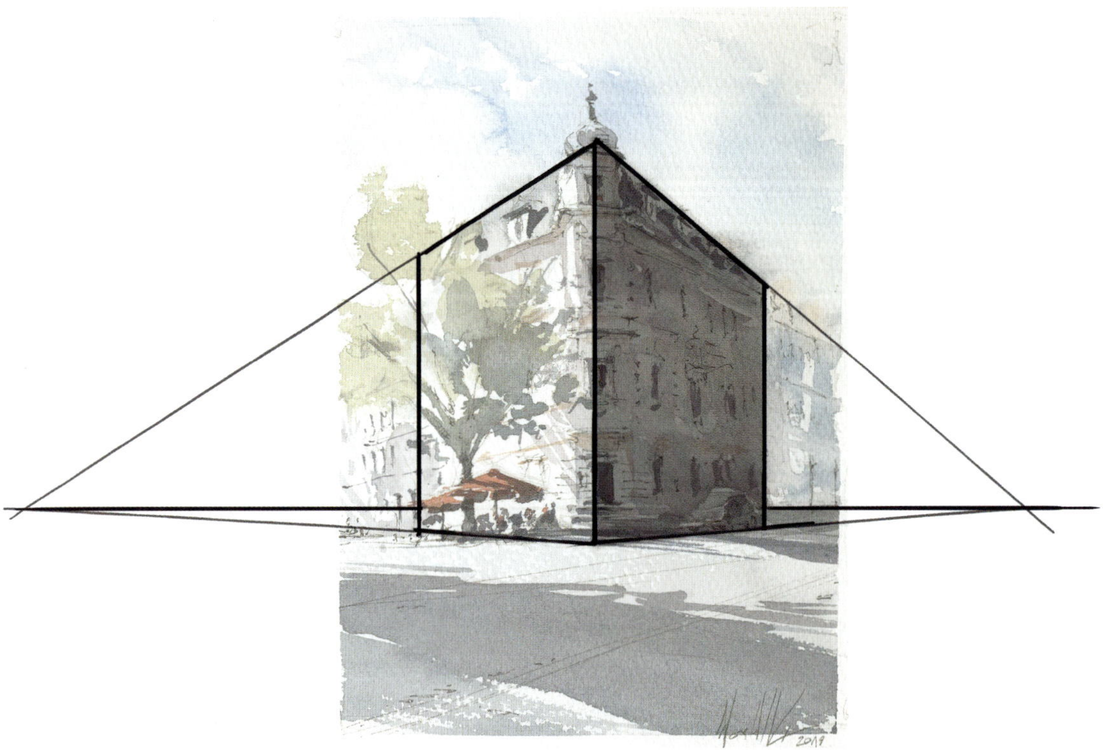

Dreipunktperspektive

Mit der Linear- und Zweipunktperspektive kommen wir bei unseren Skizzen schon sehr weit, aber erst ein dritter Fluchtpunkt bringt uns in die Nähe dessen, was das Auge tatsächlich sieht.

Der dritte Punkt befindet sich jedoch nicht auf der Horizontlinie wie seine Kollegen, sondern hoch oben oder weit unten irgendwo in der Nähe des Mittelpunktes der Erde. Die Projektion mit drei Fluchtpunkten kommt ins Spiel, wenn wir hohe Bäume in einem Wald zeichnen oder Pfeiler einer Kathedrale, die hoch hinaufreichen. Diese Objekte laufen an einem Punkt weit oben zusammen.

Beim Zeichnen von Gebäuden, Szenen im Freien oder Innenräumen ist die Dreipunktperspektive sinnvoll, um aufragende Objekte darzustellen, die sich nach oben von uns entfernen. Wenn wir auf Straßenhöhe stehen und an einem Bauwerk hinaufsehen, dann ist das oberste Geschoss weiter von uns entfernt als das unterste. Hier reicht eine Zweipunktperspektive möglicherweise nicht aus. Um die Höhe zu vermitteln, kann es erforderlich sein, einen dritten Fluchtpunkt einzuführen.

Möglicherweise ist er schwer darstellbar und befindet sich außerhalb Ihres Blattes, ganz im Zenit, unmittelbar überkopf, oder im Nadir, tief im Boden.

Beim Skizzieren brauchen Sie keinen astronomischen Kompass. Es genügt, sich diese Vorstellung bewusst zu machen und einen Punkt anzustreben, auch wenn wir nicht wissen, wo genau er sich befindet.

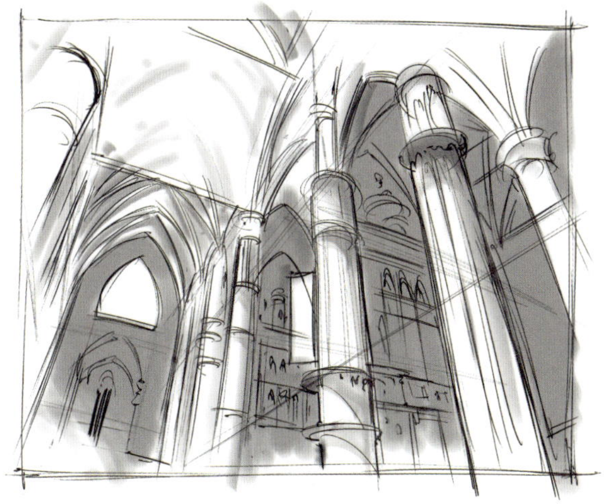

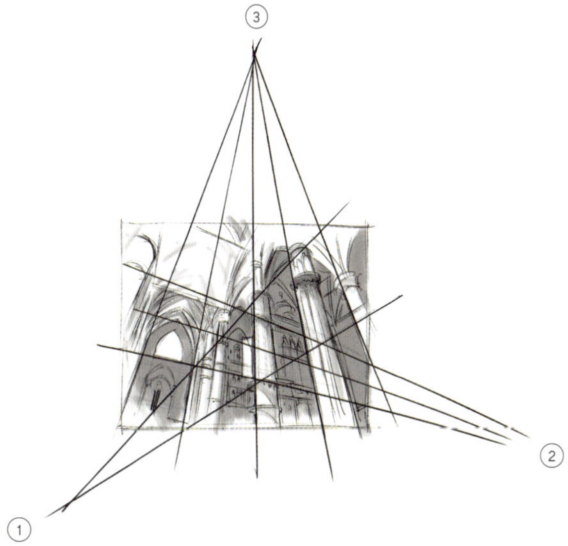

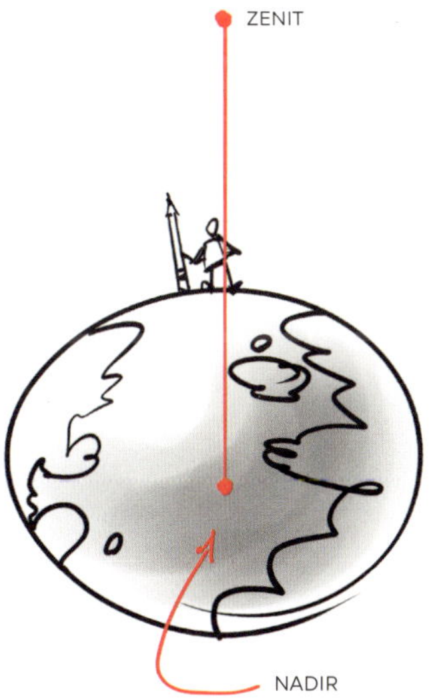

Perspektive auf eine Straßenkurve

Dieses Bild ist an einem Wintertag in Mailand, Italien entstanden. Spannend fand ich hier die warmen Farben, die schäbigen Details des Gebäudes und wie das Licht die Farben mit wachsender Entfernung dämpft.

Auf den ersten Blick scheint es sich hier um die Zentralperspektive zu handeln. Man meint, alle Gebäude laufen auf einen Punkt irgendwo im Hintergrund zu.

Doch weil die Straße eine Linkskurve macht, hat jedes Gebäude einen eigenen Fluchtpunkt. Nur die Horizontlinie haben sie gemeinsam.

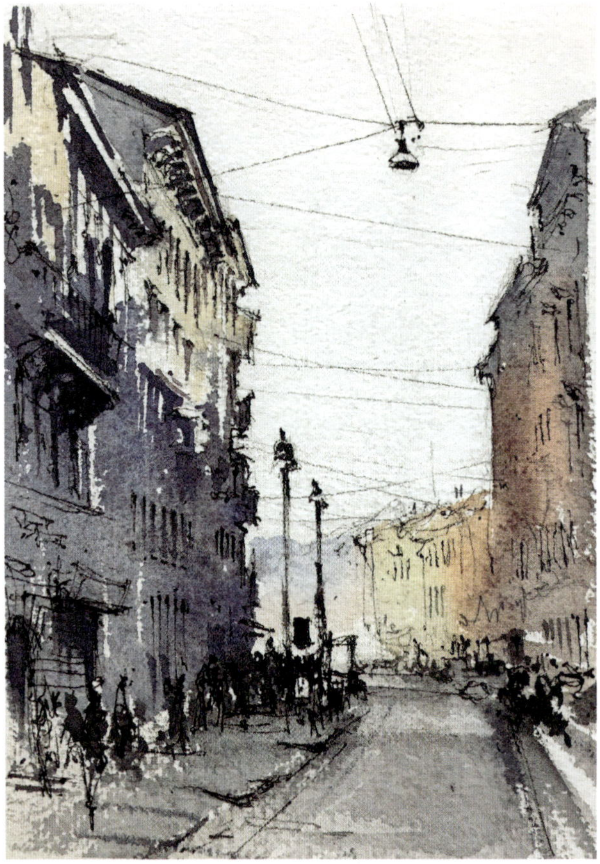

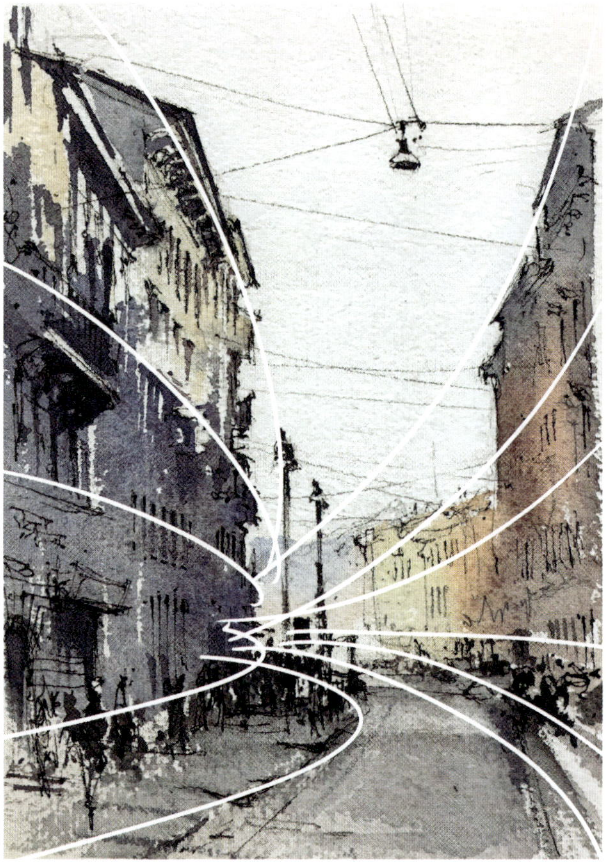

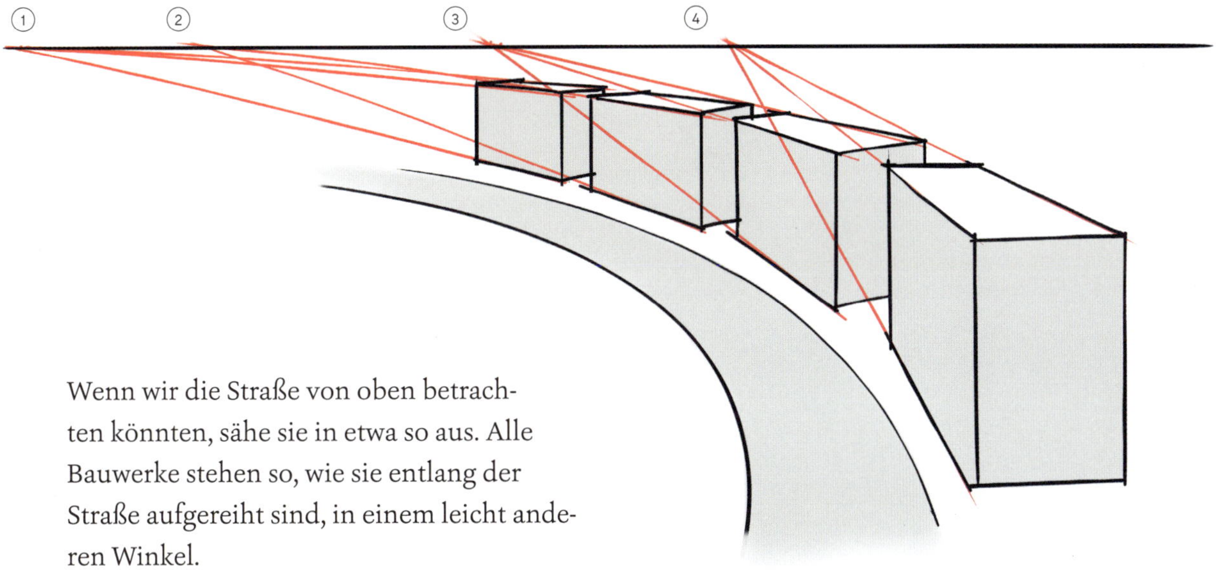

Wenn wir die Straße von oben betrachten könnten, sähe sie in etwa so aus. Alle Bauwerke stehen so, wie sie entlang der Straße aufgereiht sind, in einem leicht anderen Winkel.

EIN GERÜST BAUEN

Manche Künstler wollen sich nicht mit den Regeln der Perspektive befassen, weil sie ihrer Ansicht nach ihre Kunst einschränkt und Steifheit bewirkt. Doch Perspektive ist die Grundlage für Bauzeichnungen jeder Art. Sie verleiht Struktur und allem, was folgt, eine angemessene Form. Sie beschränkt unseren kreativen Ausdruck nicht, sondern sorgt vielmehr für das solide Gerüst, das unserer Zeichnung Flügel verleiht.

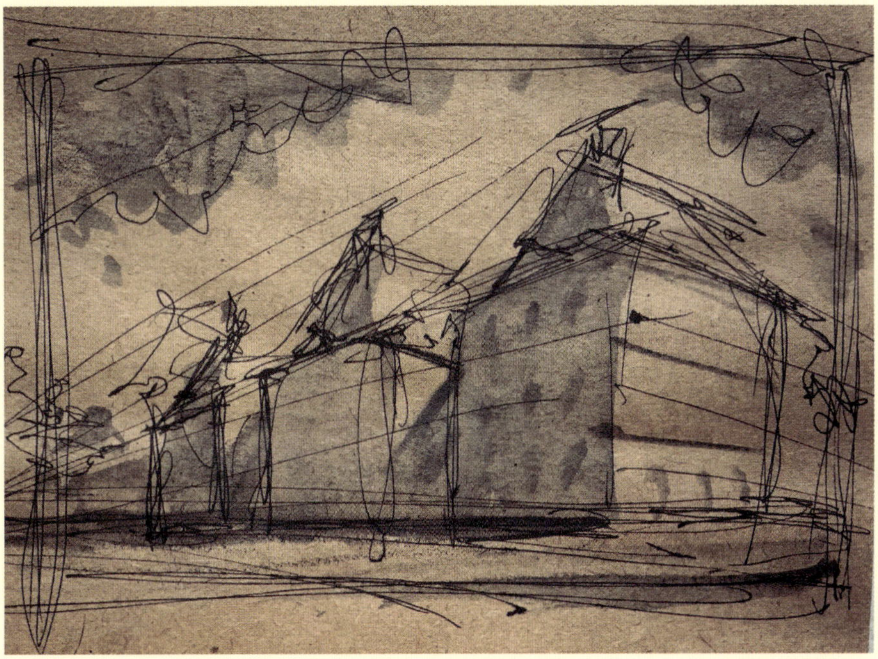

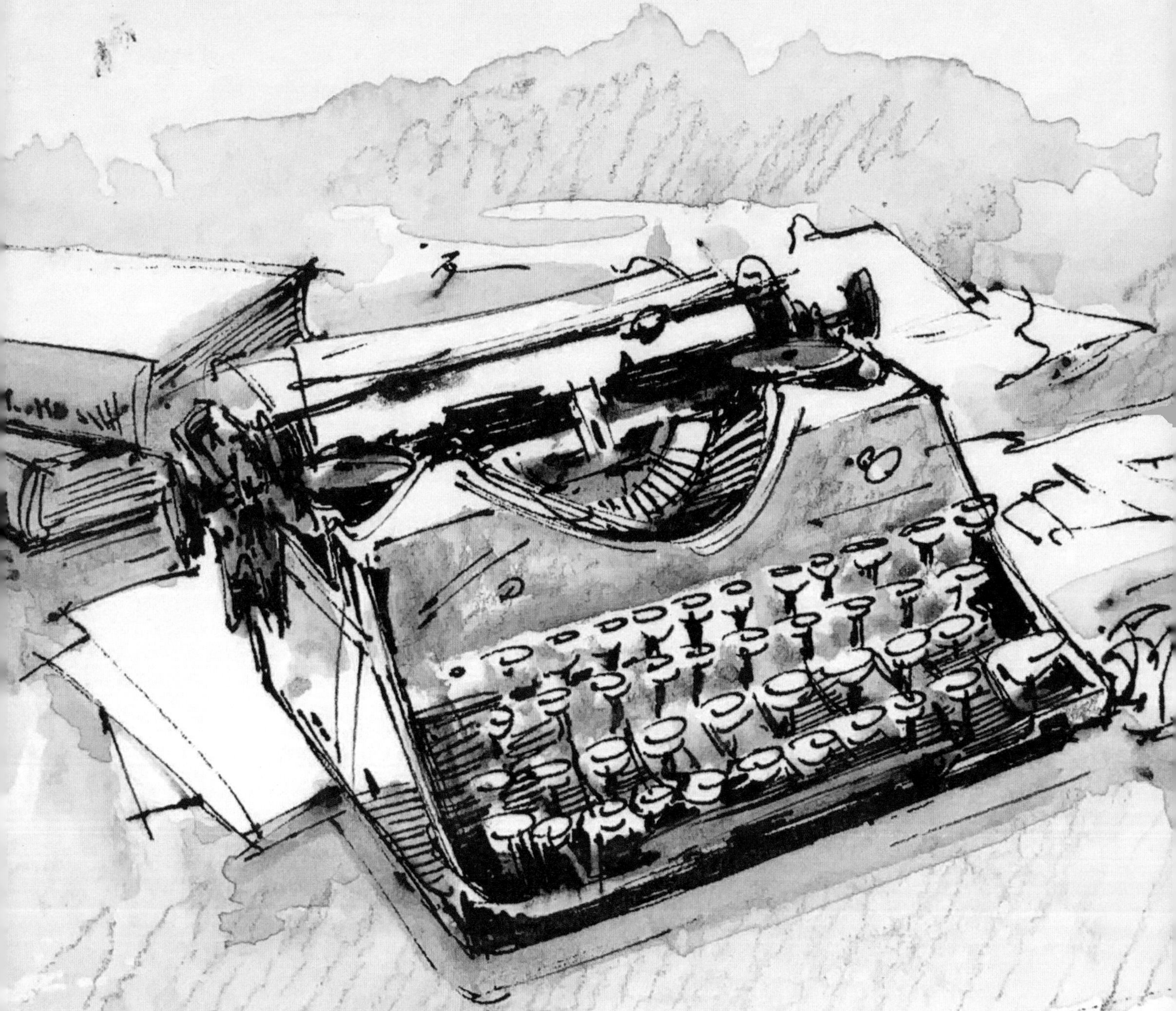

5

STILLLEBEN

Vergleicht man das Mischen von Pigmenten und das Anlegen von Farbflächen mit dem Üben von Tonleitern, dann ist das Skizzieren und Malen eines Stilllebens wie das Spielen einer Sonate. Es ist zwar noch keine Symphonie, doch mit einer Sammlung schön arrangierter Objekte zurechtzukommen, kann auf dem Weg zum Künstler verborgene Türen öffnen.

EIN SICHTBAR GEMACHTES GEDICHT

Ich war immer ein wenig allergisch gegen Stillleben, fand sie langweilig. Mir fehlte die Geschichte. Auf Französisch heißen sie *nature morte* - tote Natur. Ich habe den Sinn darin einfach nicht verstanden.

Seit ich Stillleben gesehen habe, die mir gefallen, wie die von Henri Fantin-Latour oder Olga Abramova, ändere ich meine Meinung allmählich. Sie sind kurz gefasste Poesie, Ausdruck von Rhythmuns und Harmonie, sparsamer Ton und Kontrast.

> ***„Wie Musik die Poesie des Tons ist, sind Bilder die Poesie des Sehens."***
>
> —JAMES MCNEILL WHISTLER

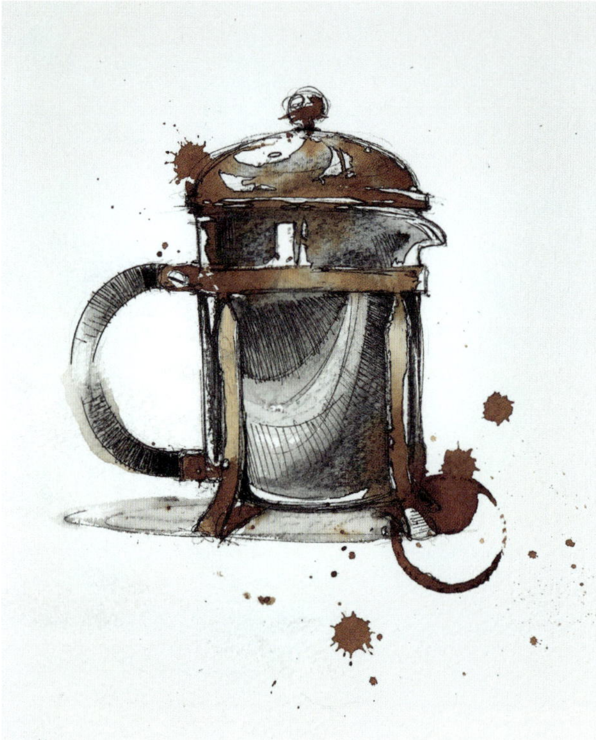

Nicht jedes Stillleben muss eine Schale mit Früchten sein. Mein französischer Kaffeebereiter, Tinte und Graphit.

EINE NEUE OBJEKTBETRACHTUNG

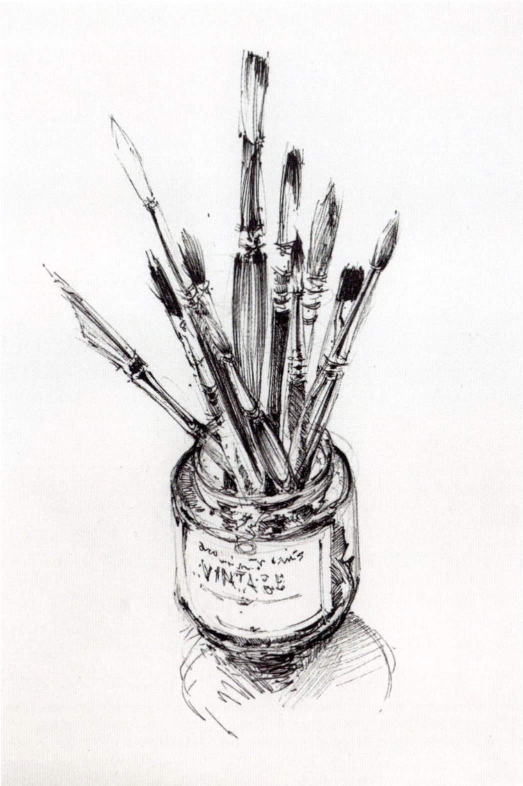

Hier sehen Sie ein Glas mit einigen meiner Lieblingspinsel. Eine einfache Objektgruppe, aber für mich ist sie bedeutsam, und darum geht es bei Stillleben. Der Betrachter muss spüren, was diese Gegenstände ausdrücken, sie wirklich sehen. Diese Pinsel sind wie eine kleine Familie. Jeder ist ein Schauspieler, der auf seinen Auftritt wartet. Hier stecken sie alle die Köpfe zusammen. „Nimm mich! Nimm mich!", scheinen sie zu rufen.

Skizzierprozess

1 | Fangen Sie an mit einer raschen Bleistiftskizze, um die Gesamtform zu finden.

2 | Nehmen Sie einen Füller, aber bleiben Sie bei einer lockeren Strichführung. Sogar in einem Stillleben wollen Sie Energie und Bewegung zeigen.

3 | Das Glas hält alles an seinem Platz und ist dabei von plumper Behäbigkeit. Gleichzeitig jedoch reflektiert und bricht es das Licht.

> ***„Beachtung ohne Gefühl, so stellte ich fest, ist nur ein Bericht."***
>
> —MARY OLIVER

1

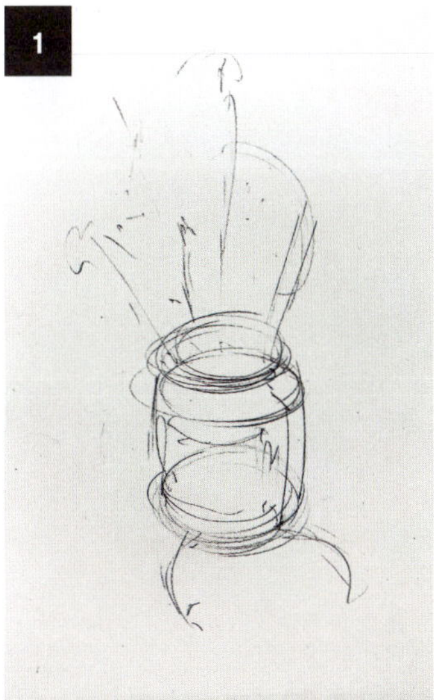

2

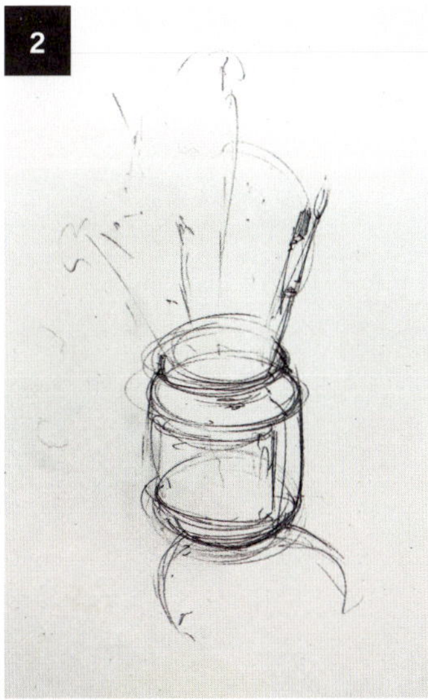

3

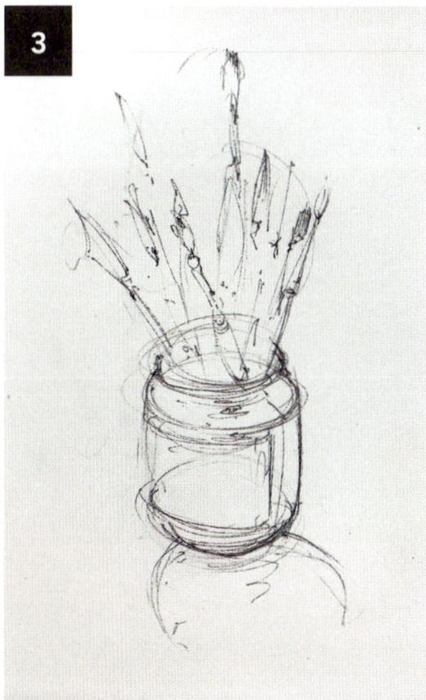

LICHT DARSTELLEN

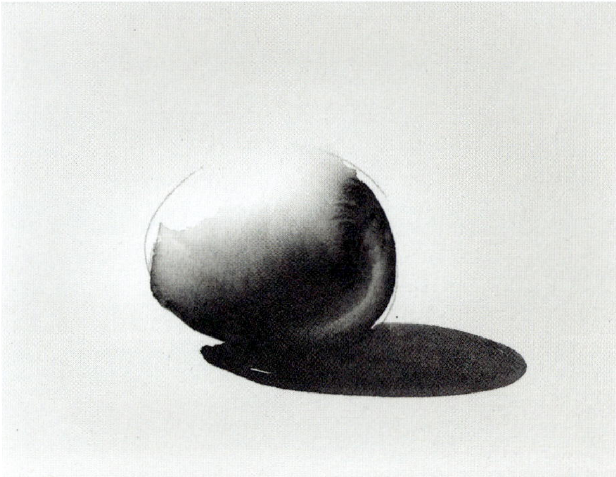

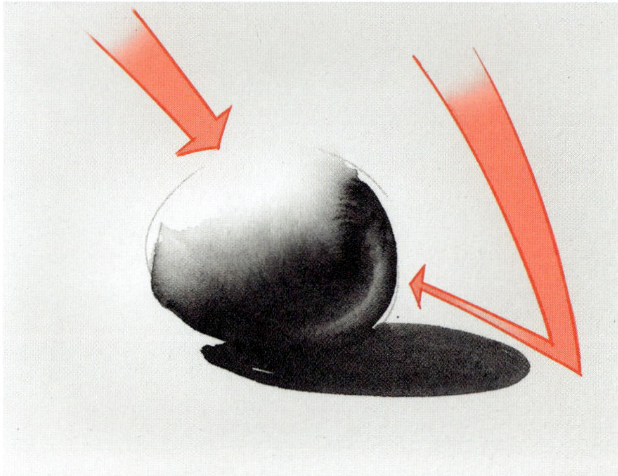

Stillleben eignen sich gut, um Lichtreflexion und -brechung an unterschiedlichen Objekten zu studieren. Wir lernen etwas über Volumina, über die Farbe und Qualität von Schatten.

Wenn Licht auf ein Objekt fällt, entstehen Glanzpunkte, Schatten, tiefe Schatten und eine Reihe von Zwischentönen. Aber Licht prallt auch ab. Es wird von manchen Oberflächen reflektiert, springt zurück und erhellt Schatten auf interessante Weise.

Reflektiertes Licht ist so schön anzusehen, dass es besondere Freude bereitet, es in einer Skizze wiederzufinden. Um diesen Effekt zu erzielen, müssen wir darauf achten, dass sich der dunkelste Schattenbereich nicht auf der Rückseite dieses Balls und am weitesten weg von der Lichtquelle, sondern etwa zwei Drittel um den Ball befindet. Licht prallt vom Untergrund ab, dringt in den dunklen Schatten ein und schafft einen zarten Glanzpunkt.

FARBE HINZUFÜGEN

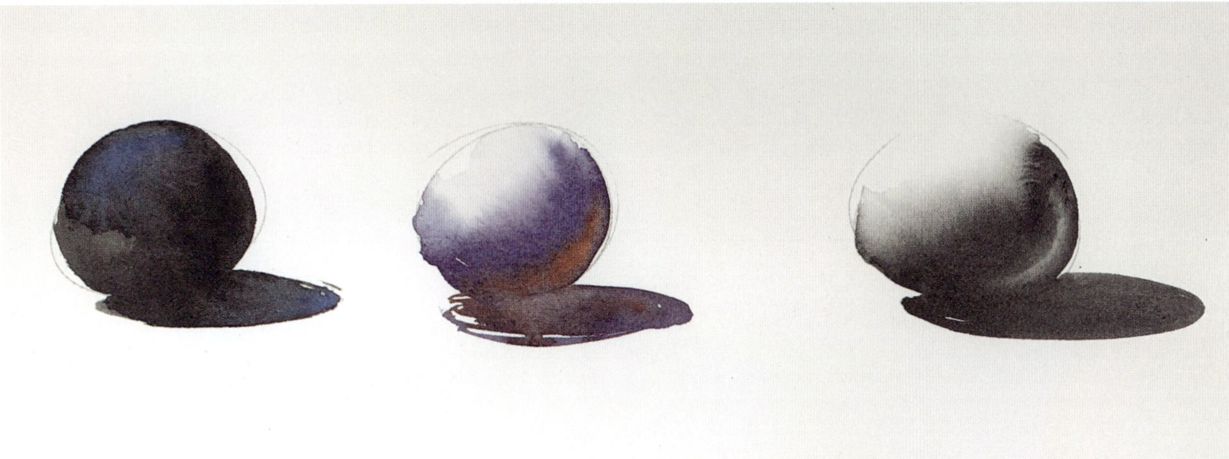

Farbe verstärkt die Wirkung weiter. Das reflektierte Licht weicht in der Farbe oft von der des Objekts ab. Licht, das von einer warmen orangefarbenen Fläche abprallt, wird auch auf ein kaltblaues Objekt orange reflektiert. Warme Farben in kalte Schatten einfließen zu lassen, ist eine Technik, die sich zu üben lohnt.

Das Skizzieren von Stillleben bietet eine gute Gelegenheit zu studieren, wie Licht von Objekten abprallt, reflektiert wird und ihnen Farbe verleiht. So wird es bei Glasobjekten zum Beispiel gekrümmt und gebrochen und erzeugt unerwartete Glanzpunkte in tiefen Schatten.

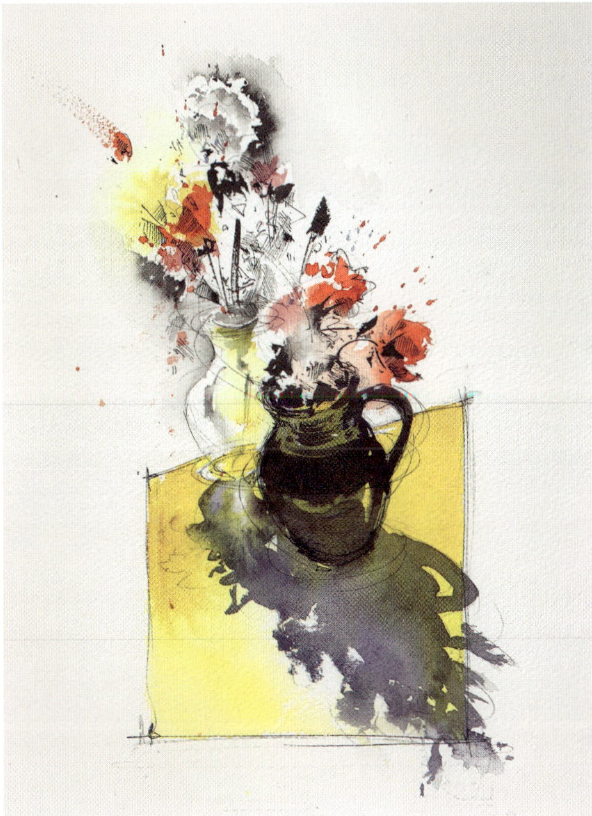

Diese Skizze von zwei Blumenvasen bot zahllose Möglichkeiten, Licht und Schatten einzufangen. Die Texturen der Gefäße aus Keramik und Glas auf einem gelben Tisch weisen verschiedene Reflexe auf. Als Kontrast zum gelben Tisch malte ich den Schatten in einem kühlen Lavendelton.

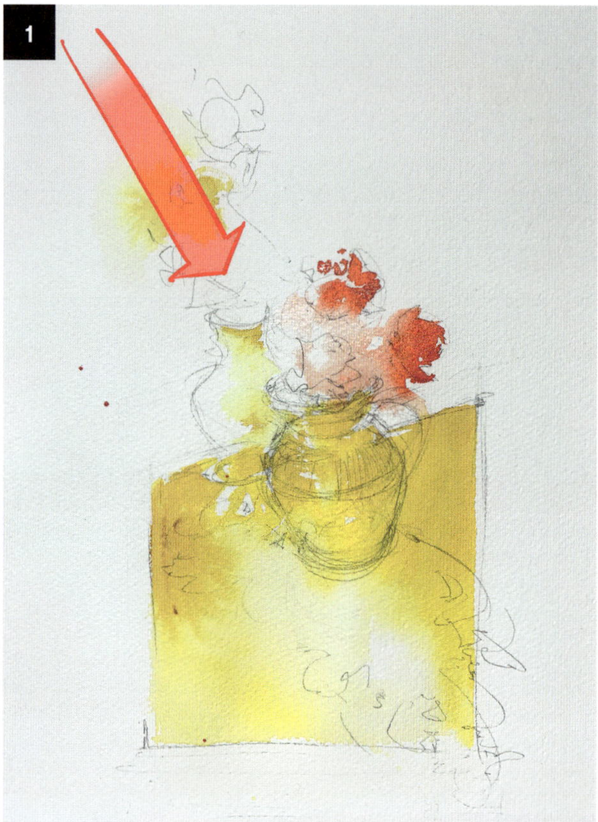

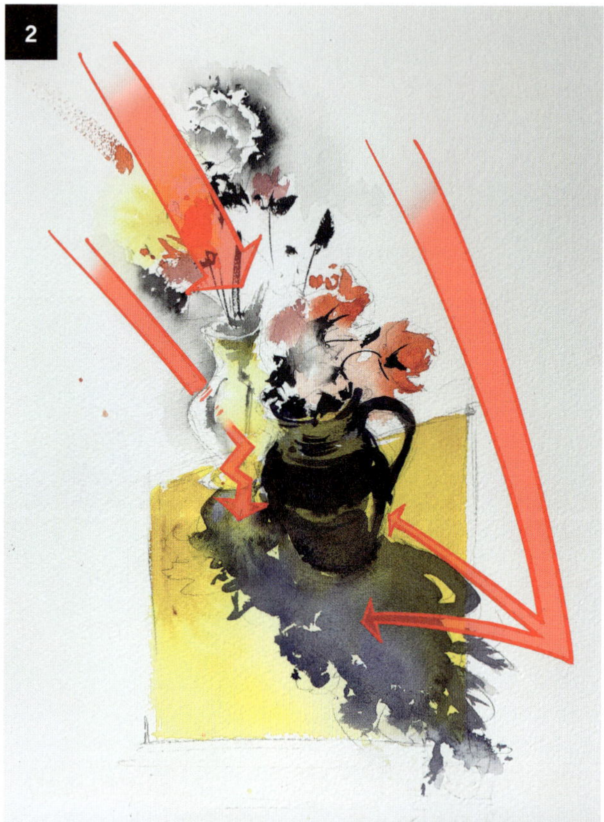

Skizzier- und Malprozess

1 | Nach dem Anfertigen einer freien Skizze von Vasen und Blumen, habe ich den Tisch gelb koloriert. Die Lichtquelle befindet sich oben links hinter den Gegenständen. So entsteht eine Glanzfläche auf dem Tisch, die ich deshalb heller angelegt habe.

2 | Der lavendelfarbige Schatten ermöglicht es, die Farbdichte zu variieren und die Illusion von im Schatten reflektiertem, ihn aufhellendem Licht zu schaffen. Sonnenlicht wird vom Tisch auf die dunkle Vase zurückgeworfen und erzeugt auf ihr gelbe Glanzpunkte. Darüber hinaus bricht sich Licht in der Glasvase. Es scheint durch das Glas und schafft Lichtflecken im Schatten auf dem Tisch.

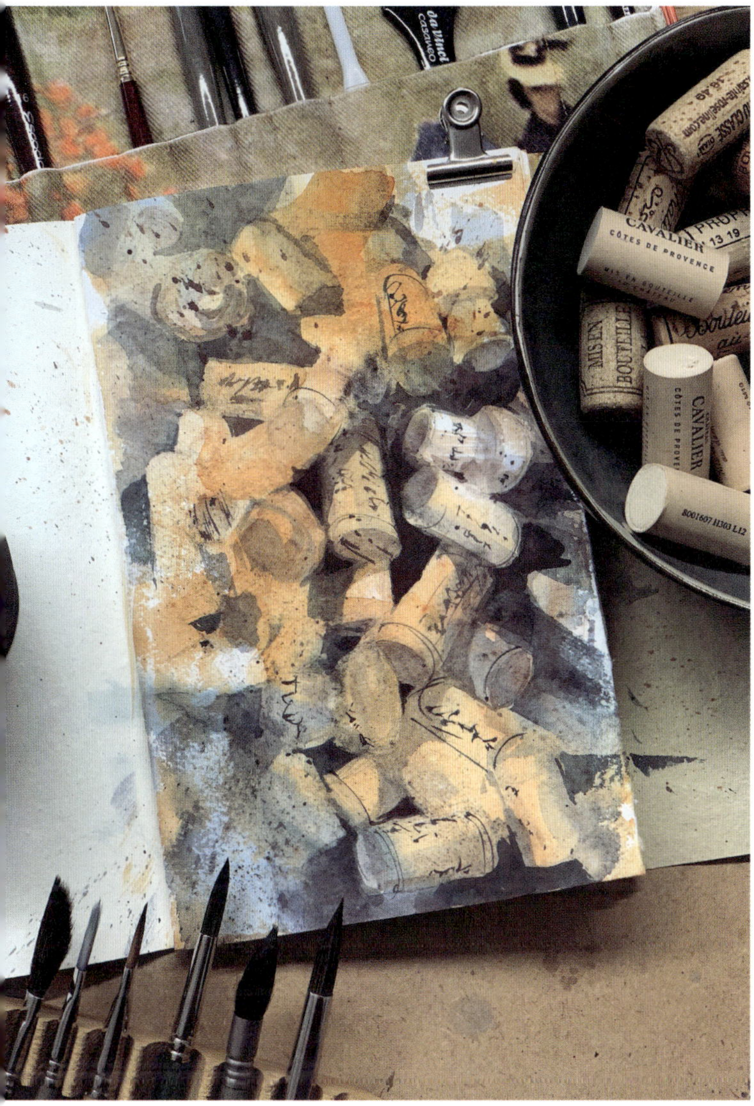

Beim Skizzieren dieser Schale mit Korken konnte ich mit warmen und kühlen Farben spielen, um Tiefe zu erzeugen.

MALEN ALS ÜBERSETZUNG

Beim Skizzieren und Malen sollten wir uns nicht damit begnügen, einfach nur eine Szene wiederzugeben. Vielmehr vermitteln wir ein Gefühl und einen Moment. Falls Sie je wörtliche Übersetzungen von Gedichten aus einer anderen Sprache gelesen haben, wissen Sie, wie leblos sie sein können. Doch in den Händen von jemandem, der Emotionen überträgt, erwacht das Gedicht zum Leben. Machen Sie sich deshalb davon frei, die genaue Farbe finden zu müssen und übertragen Sie lieber Gefühle mit Ihrem Motiv.

Bringen Sie Ihre Emotionen auf das Bild. Sobald Sie Malen als Übersetzen erkennen, werden Ihren Bildern Flügel wachsen.

> ***„Vor allem ist ein Bild das fantasievolle Produkt eines Künstlers; es darf niemals eine Kopie sein.“***
>
> —EDGAR DEGAS

STRUKTUR

Ich zeichne und male vor allem Architektur, aber Auffassungen von Struktur lassen sich ebenso auf Landschaften, Stillleben und die Darstellung von Menschen übertragen.

Auch wenn wir auf zweidimensionalem Papier zeichnen, sollte uns immer bewusst sein, dass wir dreidimensionale Motive abbilden. Wir müssen folglich räumlich denken. Die Umrisse eines Gegenstands abzuzeichnen, mag eine schöne Aufgabe darstellen, doch kann man sich dem Zeichnen besser annähern, indem man die Struktur und das Volumen von Objekten wiedergibt, so wie es ein Bildhauer tun würde.

Hierzu müssen wir in dreidimensionalen Körpern denken. Statt einen Kreis, ein Quadrat oder ein Dreieck zu sehen, sollten wir uns eine Kugel, einen Würfel oder einen Keil vorstellen. Sie sind allgegenwärtig, und wenn man eine Skizze mit Leben erfüllen will, hilft es dabei, sie um sich herum wahrzunehmen

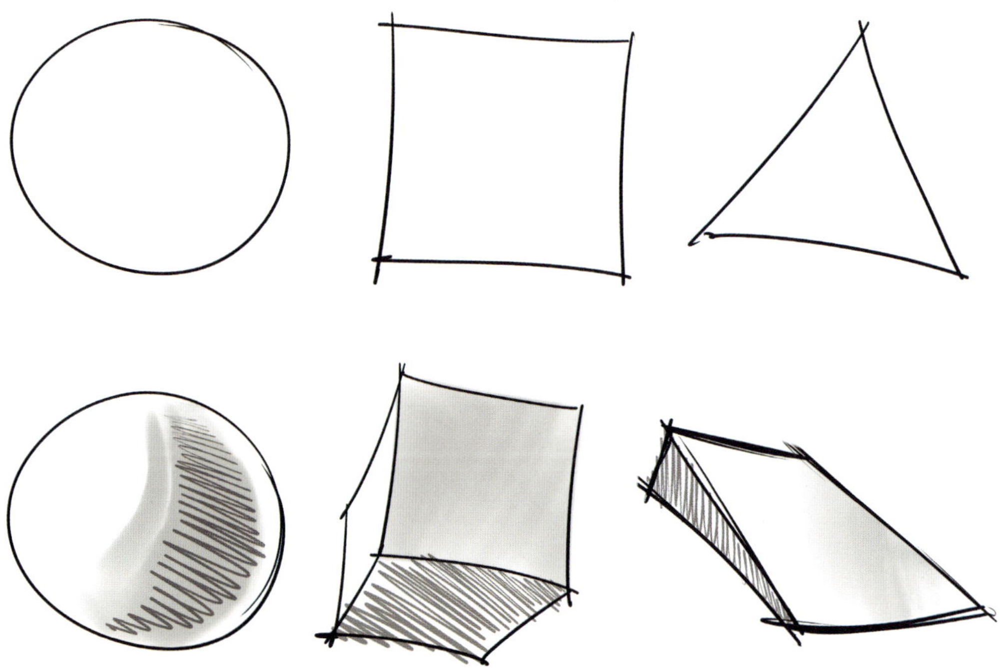

NEGATIVER RAUM

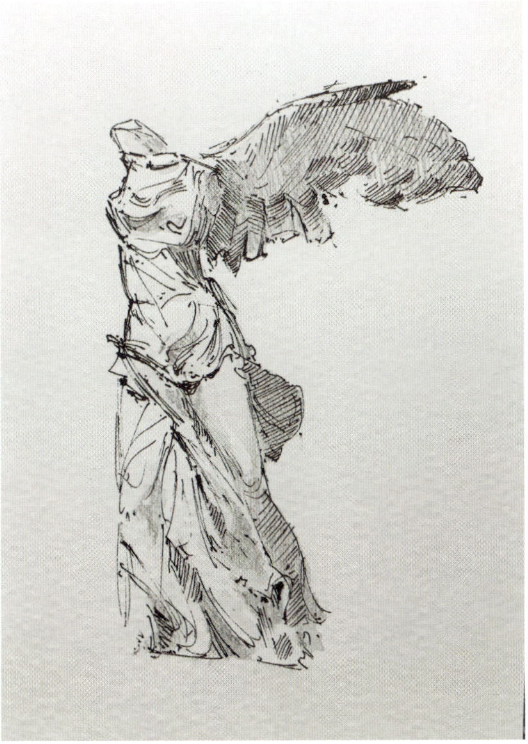

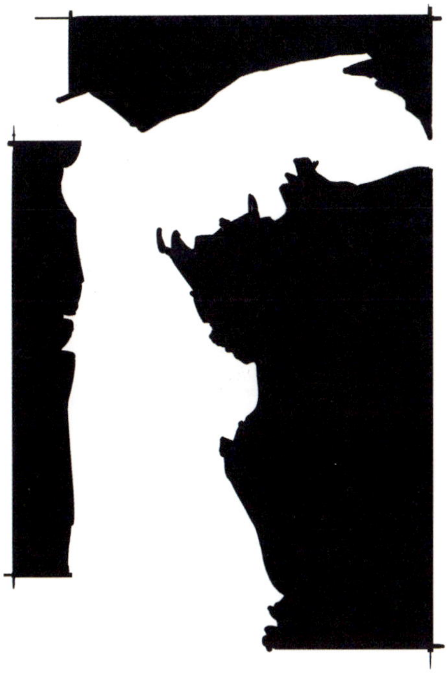

Wenn Sie sich zum ersten Mal mit einem Objekt befassen, das Sie skizzieren wollen, ist es hilfreich, sich zugleich dem Negativraum zu widmen.

Negativraum ist all das, was Ihr Objekt nicht ist.

Stellen Sie sich den Umriss des Negativraums als Definitionshilfe für das Hauptmotiv vor. Wenn Sie die Dachlinie eines Gebäudes zeichnen, ist der Himmel der Negativraum. Beim Skizzieren einer Brücke liegt der Negativraum unter den Brückenbögen.

Haben Sie Ihr Objekt gezeichnet und es kommt Ihnen noch nicht ganz richtig vor, konzentrieren Sie sich auf die Wahrnehmung des Negativraums. Indem Sie bewusst sehen, wie er Ihr Motiv umgibt, erkennen Sie, wie Sie die Proportionen Ihrer Skizze besser ausrichten können.

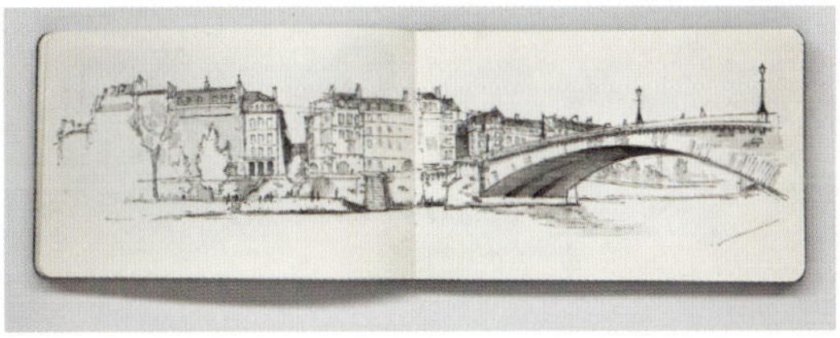

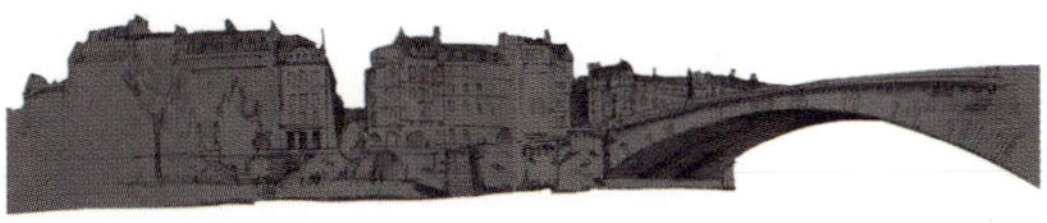

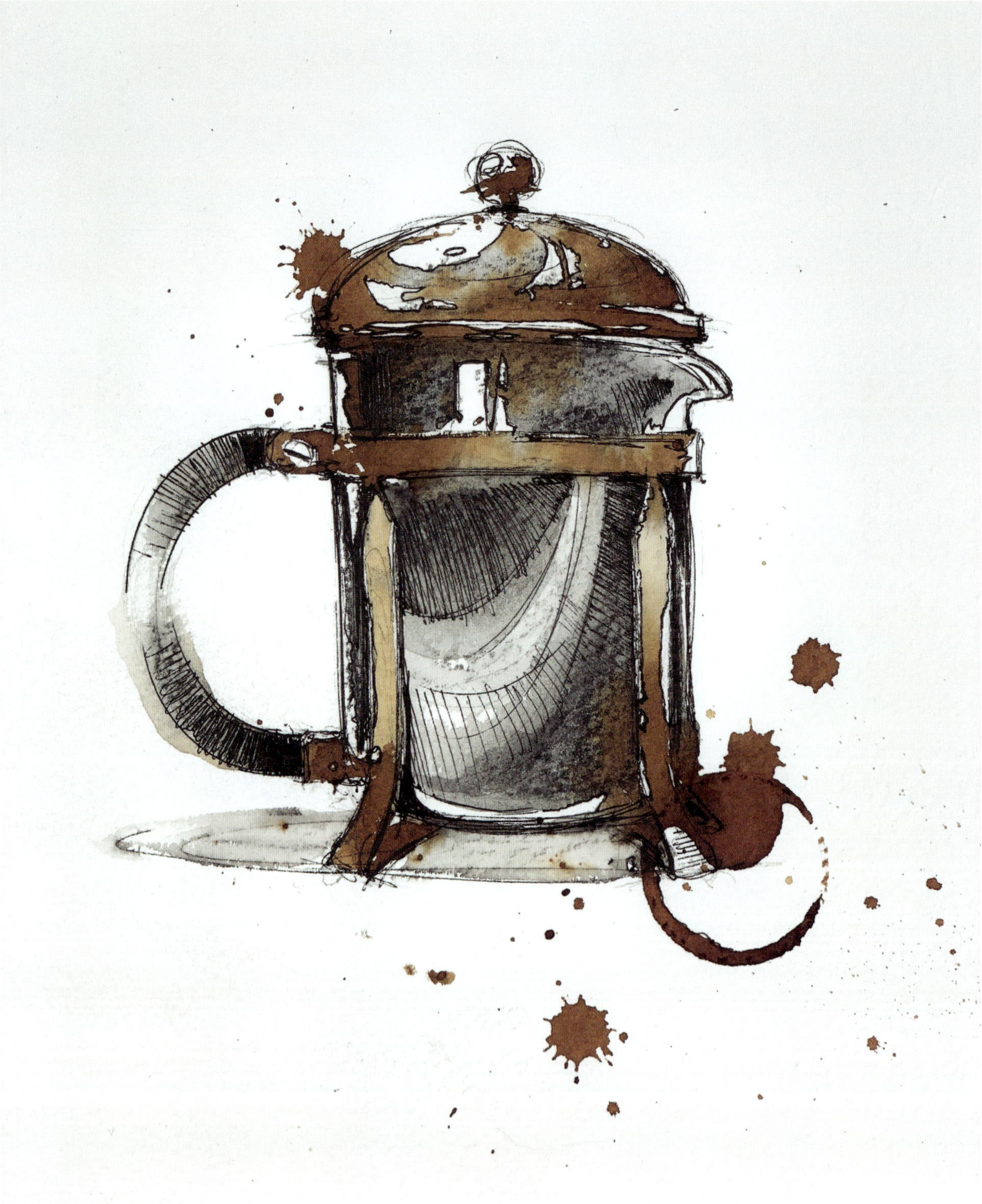

Nicht jedes Stillleben muss eine Obstschale sein. Mein französischer Kaffeebereiter, Tinte und Graphit.

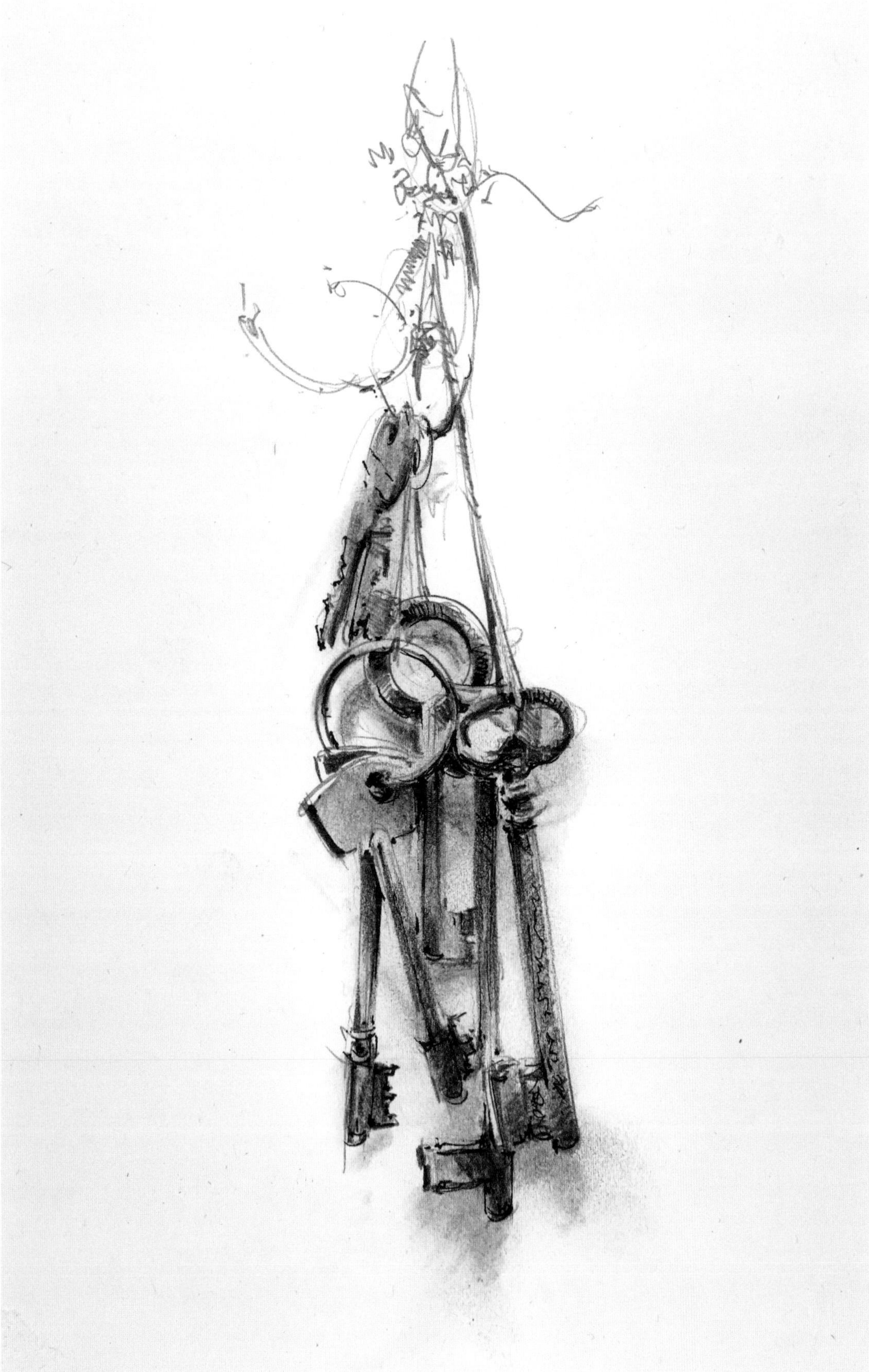

Ein alter Schlüsselbund bietet eine gute Gelegenheit, mit Licht, Schatten und Textur zu spielen. Bleistift und Tinte auf Papier.

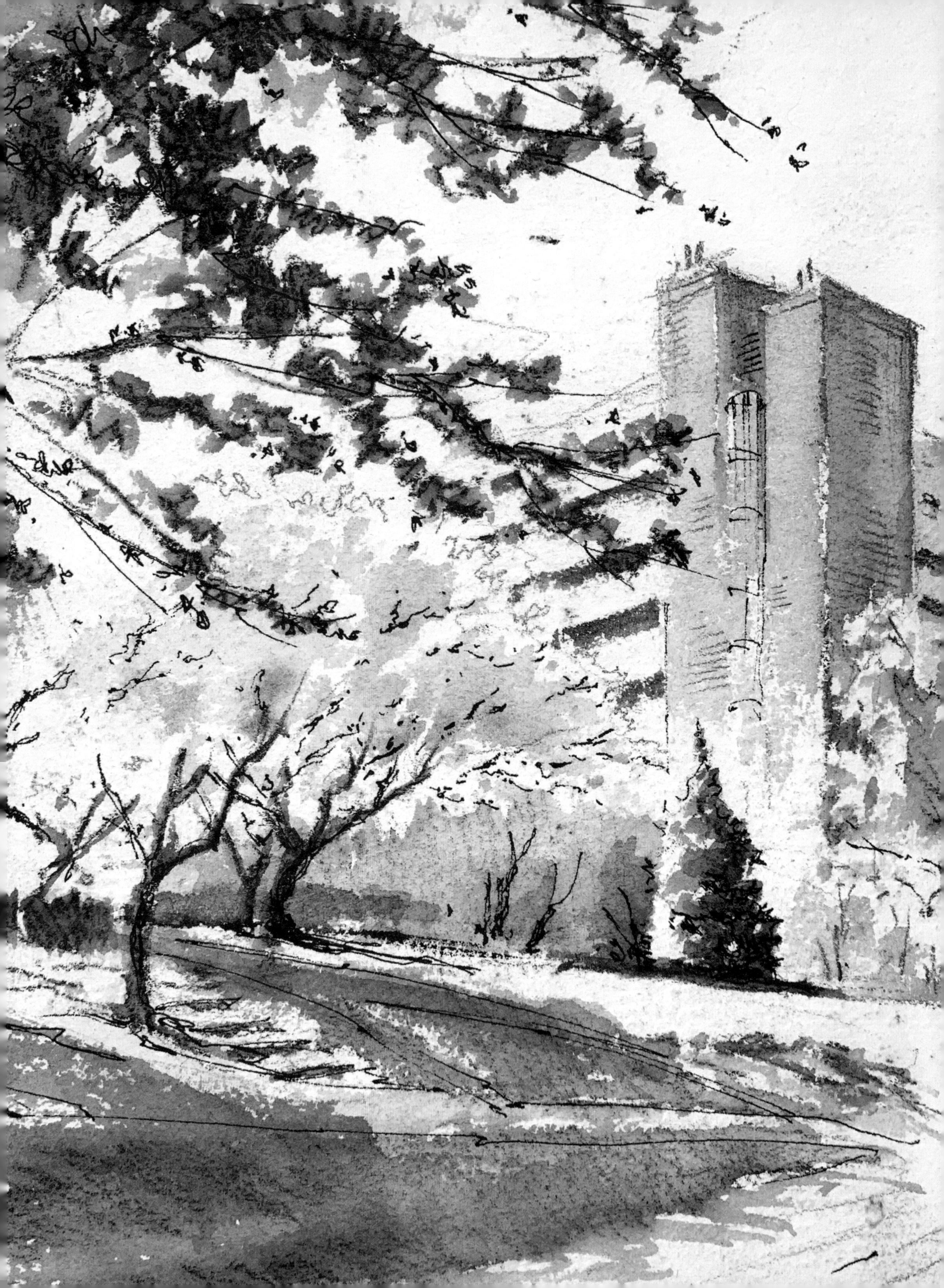

6

LANDSCHAFTEN

Sie sind Welten, in denen wir uns selig verlieren können. Wenn ein Blick uns den Atem raubt, fangen wir das Flüchtige mit Graphit, Tinte und Farbe ein und übertragen es auf das Papier. Wer Landschaften zeichnet, blickt durch sein Skizzenbuch in die Unendlichkeit, hält die Zeit an und fängt Ferne mit dem Stift ein.

LANDSCHAFTSKOMPOSITIONEN

Beim Skizzieren von Landschaften ist Komposition alles. Da ist kein Bauwerk, das in der Linearperspektive den Blick auf sich zieht, und es gibt keinen eindeutigen Fokus. Umso entscheidender ist die Komposition. Nutzen Sie sie, um Ihrer Skizze Klarheit zu verleihen und sicherzustellen, dass die erzählte Geschichte Ihrer Intention entspricht.

Rasche Thumbnail-Skizzen, anhand derer Sie Ihre Skizze später ansprechend komponieren, sind hier ausgesprochen hilfreich.

Bei der Komposition von Landschaften werden dieselben Mittel genutzt wie bei allen anderen Arten von Bildern. Mit der Drittel-Regel und Hell-Dunkel-Kontrasten muss ein Schwerpunkt geschaffen werden (mehr hierzu in Kapitel 3, Seite 47). Stellen Sie mit großen weißen Wolken über dunklen Landschaften ein Gleichgewicht her oder nutzen Sie natürliche vertikale Linien wie Wasserfälle, um Kontraste zu horizontalen Wasserflächen und Felsgebilden zu erzielen. Landschaften lenken unser Auge mit Straßen und Flüssen in und durch das Bild.

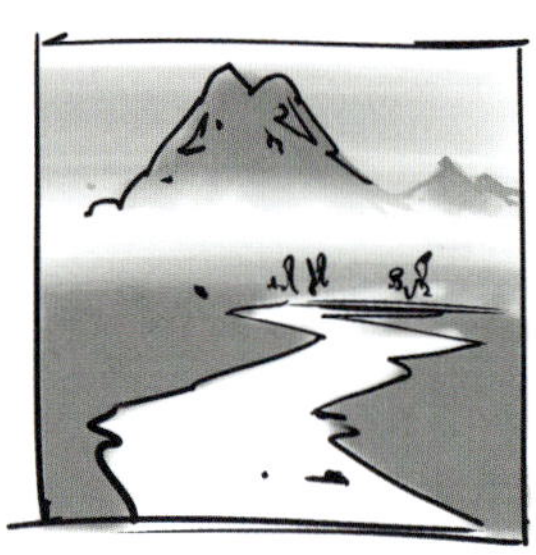
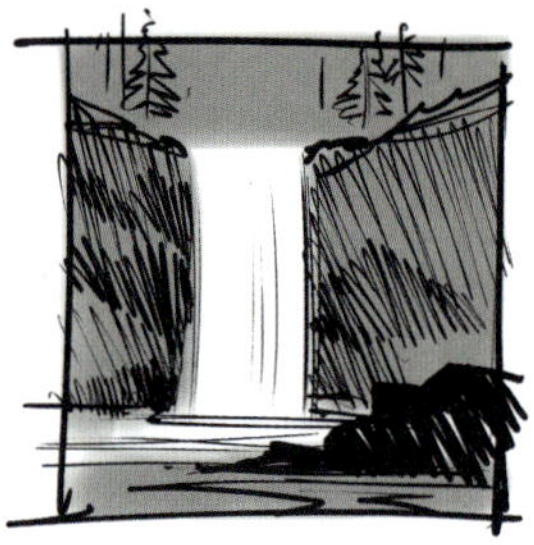
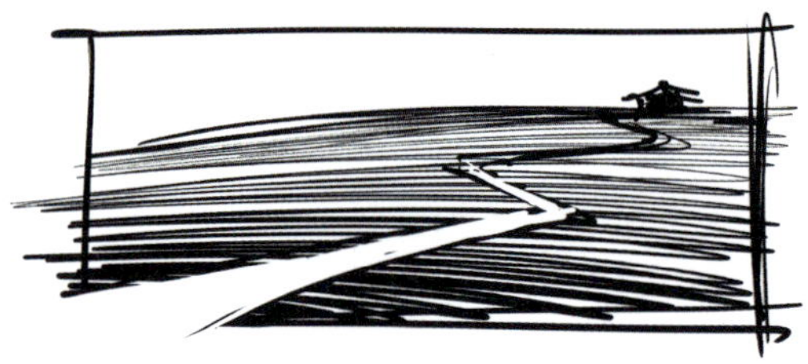
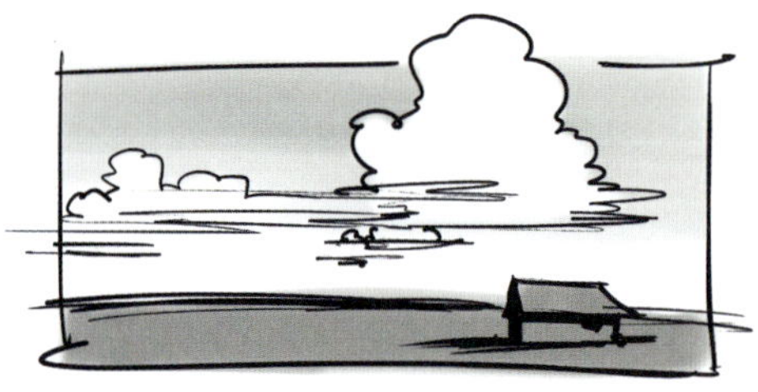
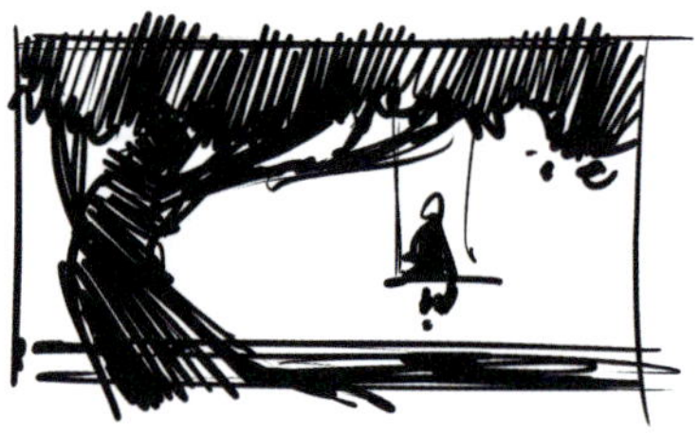
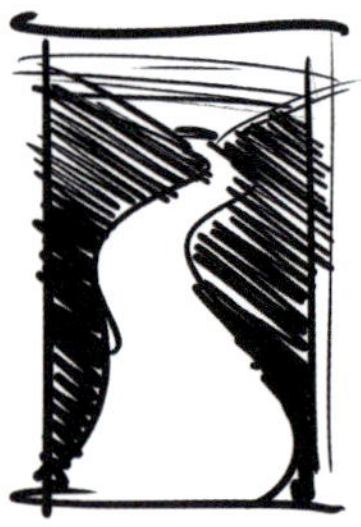

SKIZZIEREN VON LANDSCHAFTEN UND STRICHSTÄRKE

Der Begriff Strichstärke bezeichnet die Dicke einer Linie. Mit einer variierenden Strichstärke kann man Tiefe erzeugen. Objekte im Vordergrund brauchen einen stärkeren Strich, die in weiter Ferne kommen mit einer feineren Linienführung aus.

Verwenden Sie Fineliner mit unterschiedlicher Strichstärke. Füller sind ebenfalls geeignet, vor allem, wenn sie eine flexible Feder haben. Sie sind für die Kalligraphie gedacht, die Linien mit großer Dickenbandbreite erfordert. Mit solchen Stiften lässt sich die Strichstärke auf einfache Weise variieren.

Wechselnde Strichstärken erleichtern es dem Betrachter, das Bild zu lesen, selbst wenn es detailreich und hochkomplex ist. Umgekehrt finden wir uns in einem Bild ohne dieses wichtige Mittel nicht zurecht. Falls Ihnen Ihre Zeichnungen schwer vorkommen, könnte es an der falschen Strichstärke liegen.

Ich skizziere den Vordergrund oft mit dem Füller und wähle für weiter entfernte Elemente Bleistift, dessen Strich von Natur aus leichter wirkt. Mit nur zwei Geräten, Füller und Bleistift, erreiche ich bereits eine grundlegende Luftperspektive.

Neben der Strichstärke ist für die Luftperspektive die Menge der Details wesentlich, die wir in der Zeichnung unterbringen. Objekte in der Nähe sollten mehr Einzelheiten aufweisen als weiter entfernte.

Diese Techniken sind dafür geeignet, die Aufmerksamkeit auf das Bild zu richten und einen Schwerpunkt zu gestalten. Gemeinsam mit den in Kapitel 3 (Seite 47) vorgestellten Mitteln können wir nun alles, was wir über Perspektive und Details wissen, miteinander kombinieren, um den Fokus zu verstärken. Bilder sollten Bereiche mit unterschiedlicher Detaildichte enthalten.

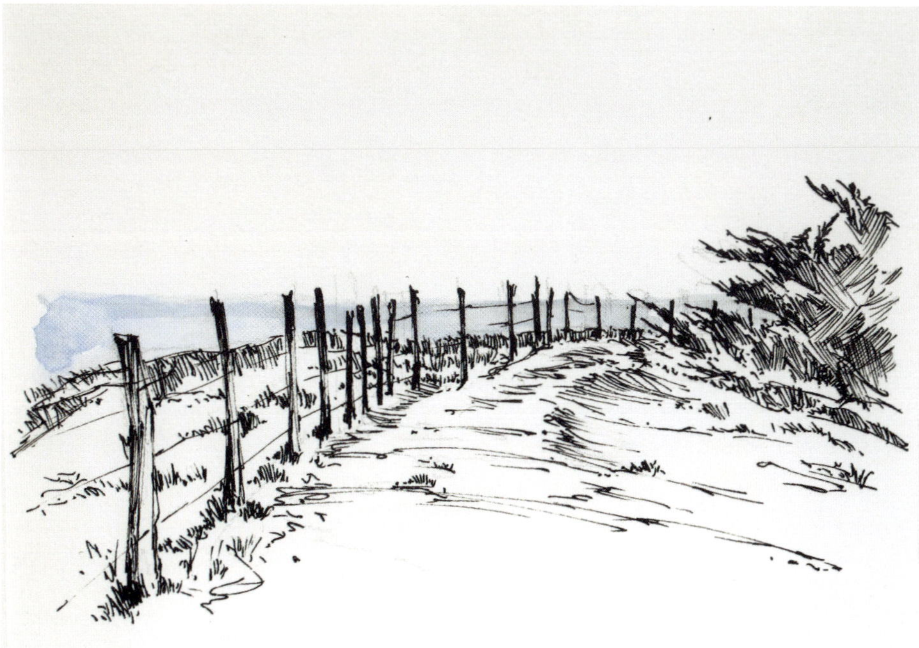

1

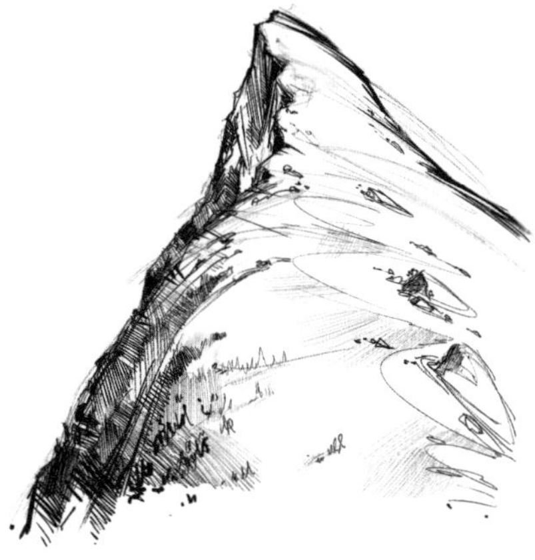

2

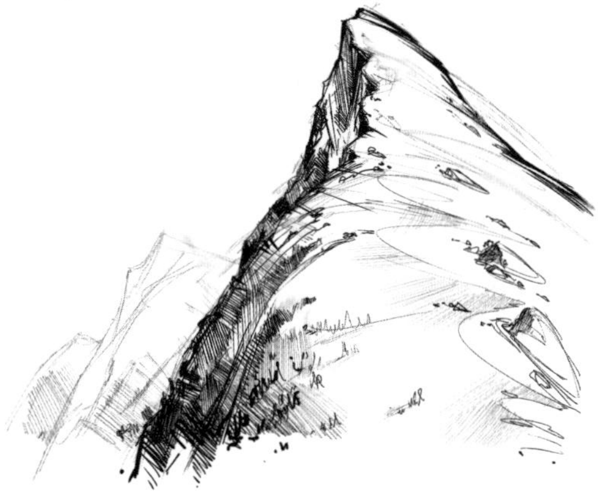

3

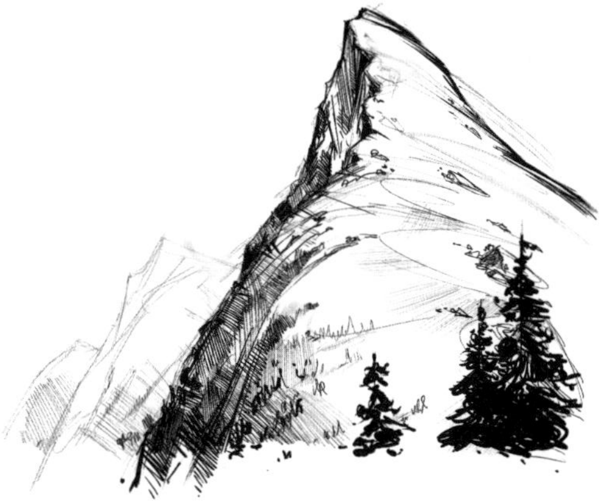

4

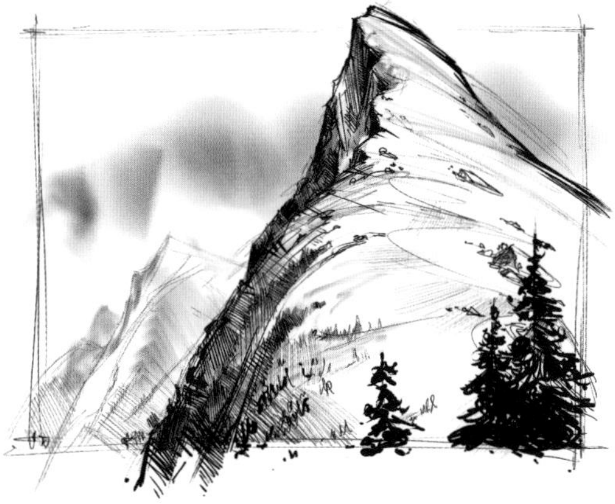

Skizzierprozess

DAS ZEICHNEN EINER BERGSZENE

1 | Skizzieren Sie den Berg im Vordergrund mit Tinte, um ihn hervorzuheben.

2 | Skizzieren Sie die Berge im Hintergrund mit Bleistift. Damit gelingt von Natur aus ein feinerer und hellerer Strich als mit Tinte, und die Berge scheinen in die Ferne zurückzuweichen.

3 | Verwenden Sie einen noch dickeren Strich, um die Bäume im Vordergrund zu skizzieren und noch mehr Tiefe zu erzeugen. Die Bäume sind uns am nächsten und erscheinen so satter und definierter.

4 | Abschießendes Schattieren mit einem weichen Bleistift sorgt für den letzten Schliff

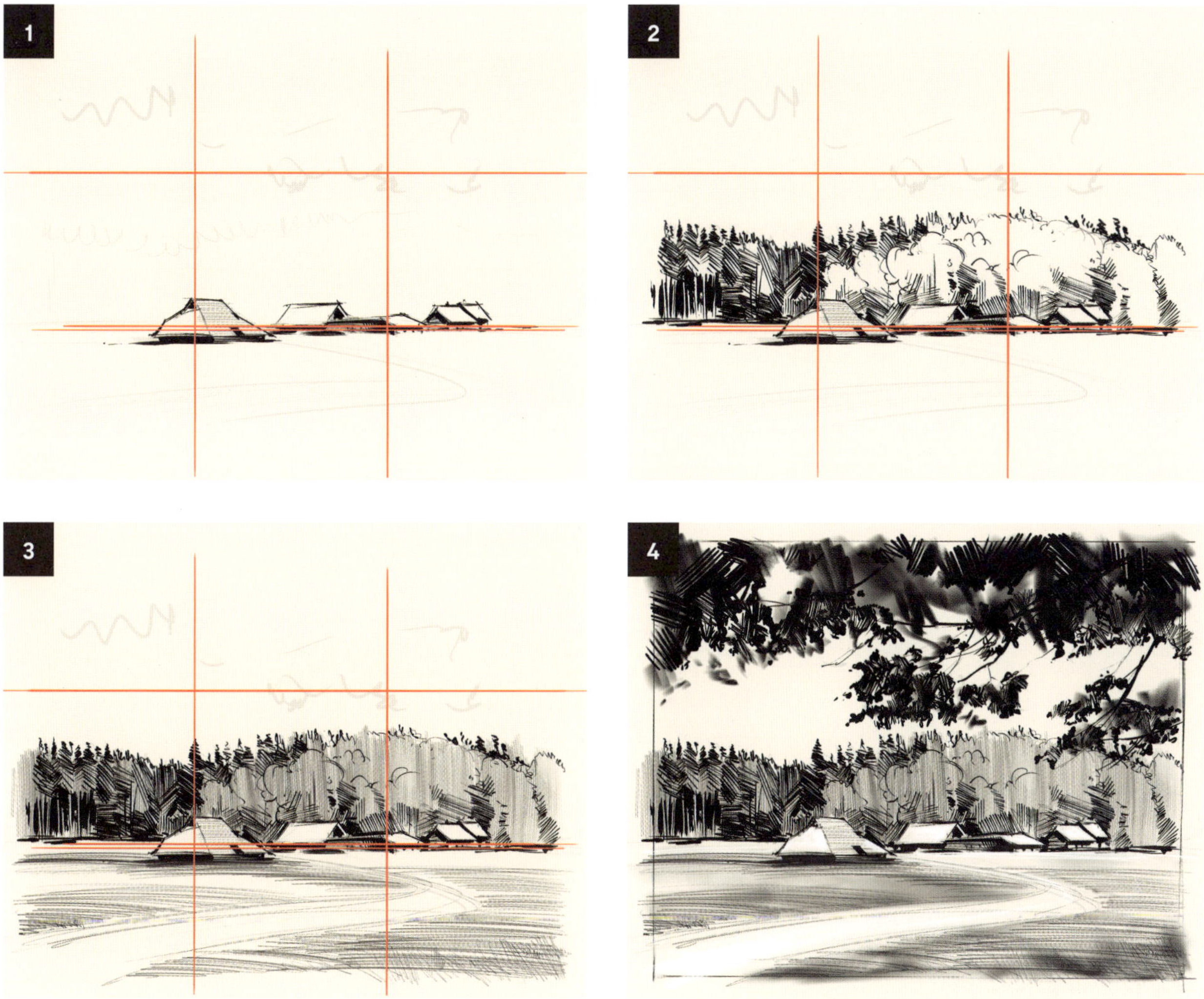

Skizzierprozess

SKIZZIEREN EINER LÄNDLICHEN SZENE

Für diese Skizze des ländlichen Litauens habe ich als Grundlage meiner Komposition die Drittel-Regel angewendet. Die Szene beinhaltet drei horizontale Ebenen: Das untere Drittel ist offenes Feld, im mittleren steht das Gehöft mit dem Wald im Hintergrund, und das obere Drittel besteht aus Himmel und einem Streifen mit Zweigen im Vordergrund.

1 | Das Gehöft wollte ich in den Mittelpunkt stellen und platzierte es deshalb im unteren mittleren Drittel.

2 | Das mittlere Bilddrittel füllte ich im Hintergrund des Gehöfts mit einem dunklen Vorhang aus Wald.

3 | Um den Kontrast zu verstärken und das Gehöft als Schwerpunkt zu erhalten, musste seine Umgebung dunkler sein als es selbst. So heben sich die Gebäude gut vom Hintergrund ab und gehen nicht in den Bäumen verloren.

4 | Die Zweige im Vordergrund im oberen Bilddrittel dienen als eine Art Theater-Bühnenportal und rahmen das Bild ein.

Die Schattierung dient dazu, um alles miteinander noch einmal in den Fokus zu bringen. Die Schwärzung der Zweige im Vordergrund reduziert ihren Detailreichtum. So wird die Aufmerksamkeit wieder auf das Gehöft gelenkt, das nun die hellste Fläche der Komposition ist.

LUFTPERSPEKTIVE

Die Landschaftsmalerei ist eine gute Gelegenheit, Farbtönungen und -schichten für die Luftperspektive einzusetzen.

Neben der Linearperspektive ist die Luftperspektive eine wirksame Methode, um Tiefe zu erzeugen. Je weiter ein Objekt von uns entfernt ist, desto schwächer wird seine Farbe und kippt ins Blau. Am deutlichsten wird dieses Phänomen bei einer Bergkette, die sich am Horizont verliert. Diese Zusammenhänge können wir uns zunutze machen.

Beim Aquarellieren sollte man helle Farben und Farbtöne zuerst und dunklere Flächen zuletzt anlegen. Aufgrund der Transparenz heller Farben überdecken dunklere Farbwerte die helleren. Wenn wir eine Landschaft betrachten, ist der hellste Bereich am weitesten von uns entfernt. Beim Skizzieren und Aquarellieren muss man sich also von hinten nach vorne vorarbeiten, sprich, mit dem Hintergrund beginnen und den Vordergrund zum Schluss bearbeiten.

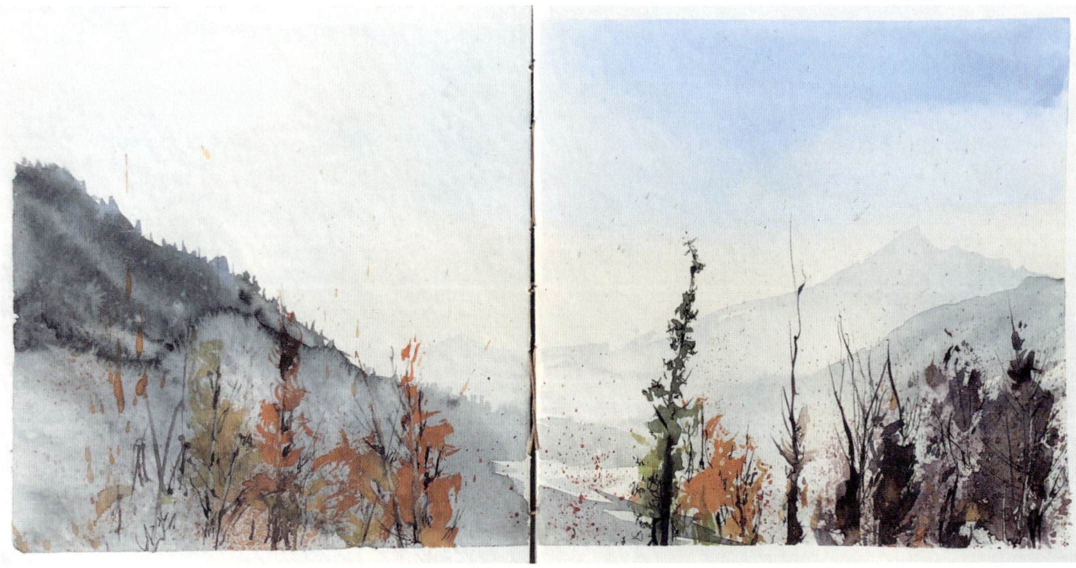

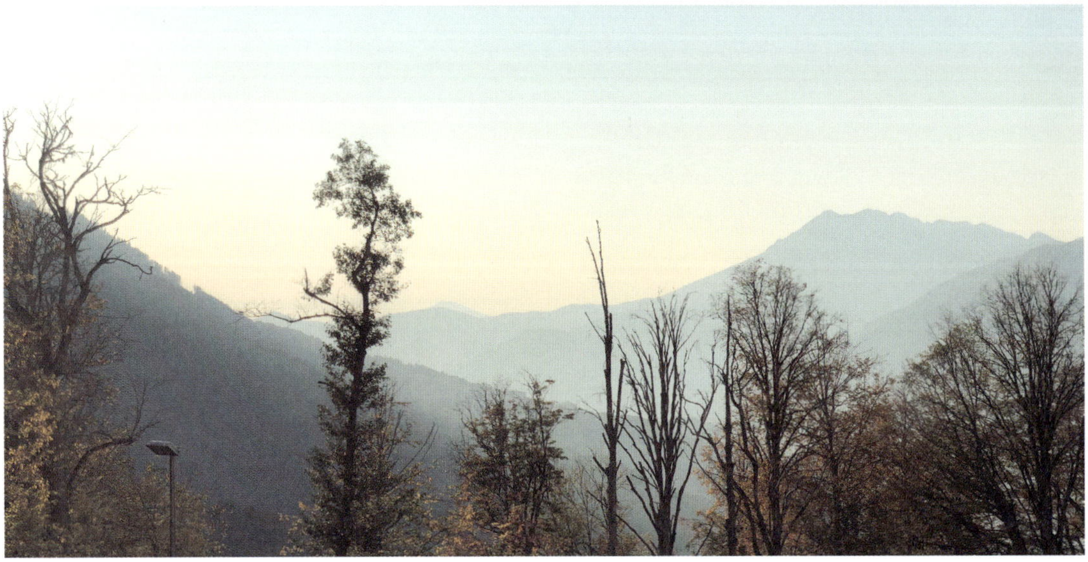

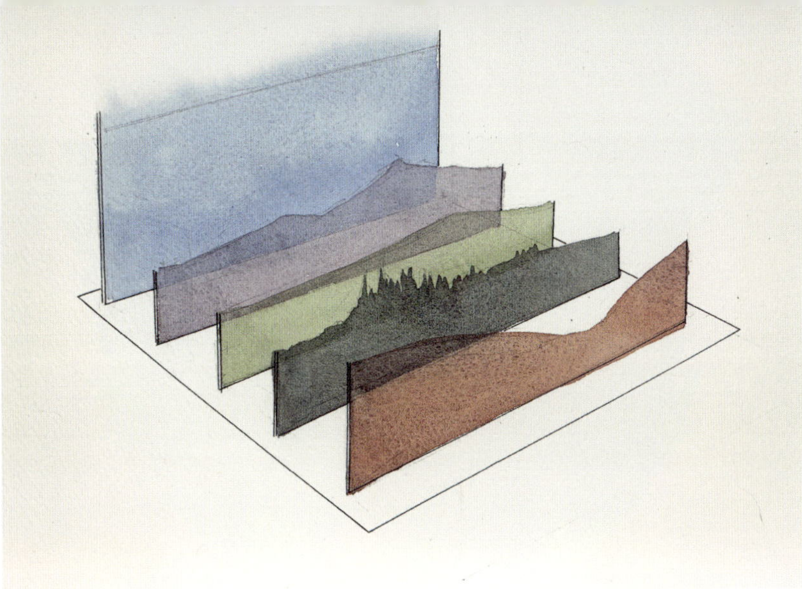

In der Landschaftsmalerei geht man in Ebenen vor. Arbeiten Sie sich vom Hintergrund zum Vordergrund vor, von Hell nach Dunkel, von kalten zu warmen Farben.

Eine Szene wie diese lässt sich mit fünf Farben realisieren: Blau, Violett, Hellgrün, Dunkelgrün und Braun. Diese Farben können sich abhängig vom Sujet verändern, doch der Grundgedanke bleibt, beim Malen von kühlen Farben im Hintergund zu warmen im Vordergrund gelangen.

Der Einsatz kühler und warmer Farben erzeugt bereits Tiefe, doch wenn wir die Textur unserer Farben anpassen, gelingt die Illusion noch besser. Kühle Hintergrundfarben mit verwaschenen Rändern wirken unscharf und suggerieren Entfernung. Die warmen Farben der Vordergrundelemente haben scharfe Kanten.

Die Ränder einer Farbfläche verwischt man mit einer Nass-in-Nass-Technik (mehr dazu in Kapitel 9, Seite 125). Indem man das Papier befeuchtet und dann antrocknen lässt, kann man die Kanten kontrolliert verwischen. Die Technik eignet sich für weit entfernte Berge. Wenn wir uns dann den Elementen im Vordergrund zuwenden, nutzen wir wärmere Farben und erhalten auf trockenem Papier scharfkantige Motive.

Mit der Kombination von Farbtemperatur und Kantendefinition haben wir alles, was wir brauchen, um eine überzeugende Luftatmosphäre zu schaffen.

Die Illusion von Tiefe entsteht, wenn man sich von kühlen Hintergrund- zu warmen Vordergrundfarben vorarbeitet. Die Tiefe verstärkt man, indem man die Ränder der Farbflächen verwischt.

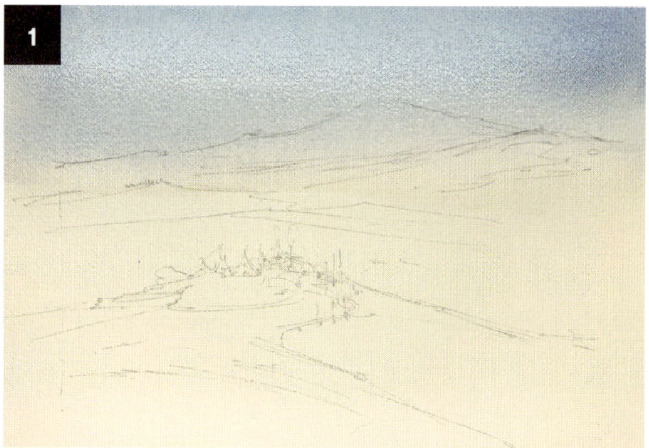

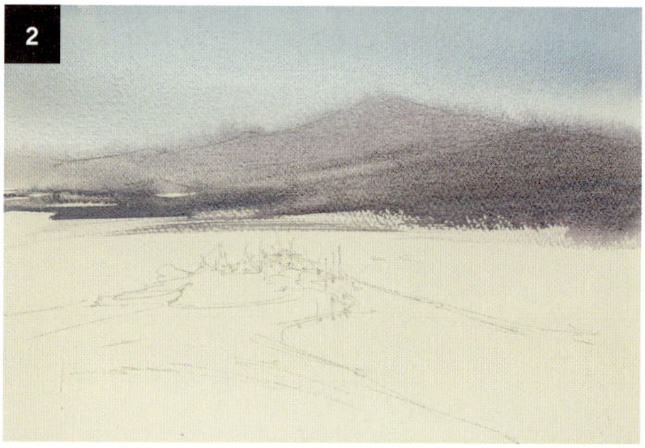

Skizzier- und Malprozess

1 | Skizzieren Sie die Szene zart mit dem Bleistift und blenden Sie Hügel, Bäume und andere wichtige Partien der Landschaft dabei zunächst aus. Der hellste Teil einer Komposition ist für gewöhnlich der Himmel. Deshalb beginnen wir mit ihm. Die Farbe wird auf nasses Papier aufgetragen, um weiche Farbübergänge zu erreichen.

2 | Sobald das Blau des Himmels getrocknet ist, befeuchten Sie das Papier erneut und tragen für die entfernten Berge blasse hellviolette Flächen auf. Auf feuchtem Papier verwischen die Ränder der Berge, was sie noch weiter entfernt erscheinen lässt. Auf dem Weg vom Hintergrund zum Vordergrund ist die nächste Ebene ein etwas dunkleres Blau für die mittleren Berge.

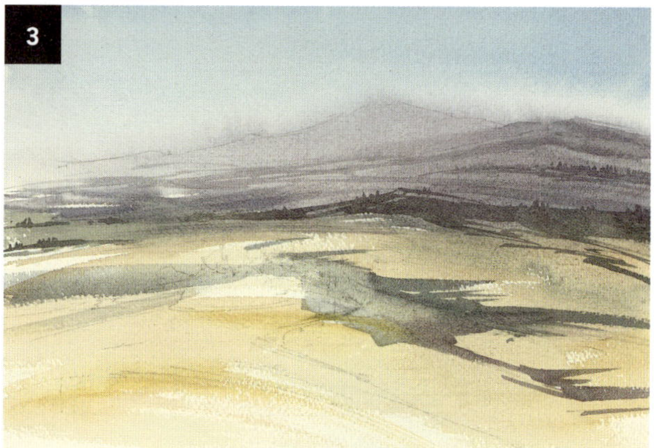

3 | Versuchen Sie sich nun auf Ihrem Weg von oben nach unten über das Papier vorzustellen, wie Sie die Szene mit wachsender räumlicher Nähe weiter beleben. Jetzt können Sie die Farben wärmer wählen und blasse Grüntöne und etwas ungebranntes Siena hinzufügen.

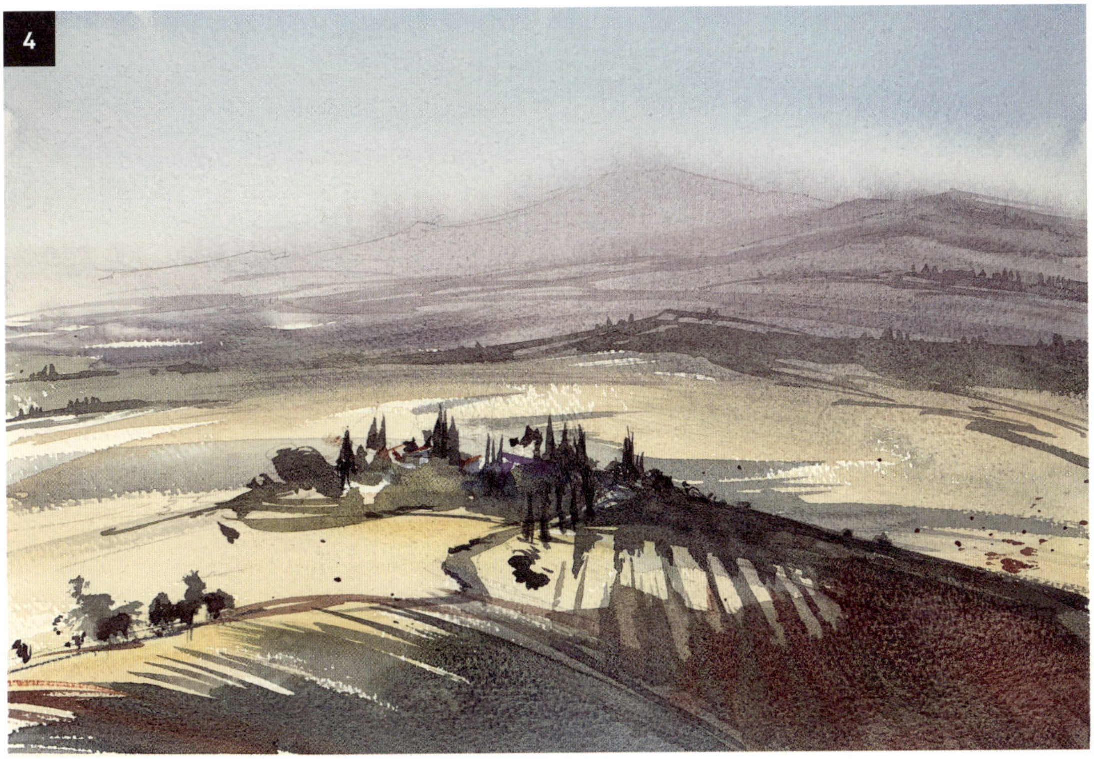

4 | Nachdem Sie den Vordergrund nun fast erreicht haben, ist es an der Zeit, satte Grün- und Brauntöne aufzutragen. Bisher sind die Details ziemlich vage geblieben, doch jetzt werden die Konturen von Bäumen und anderen Objekten immer schärfer.

Für den Feinschliff fügen Sie jetzt die dunkleren Farbpigmente hinzu. Nun kommen die sattesten Farben ins Spiel: Dunkelgrün, Grau- bis Anthrazit- und Schwarztöne für Einzelheiten wie Bäume und Bauwerke.

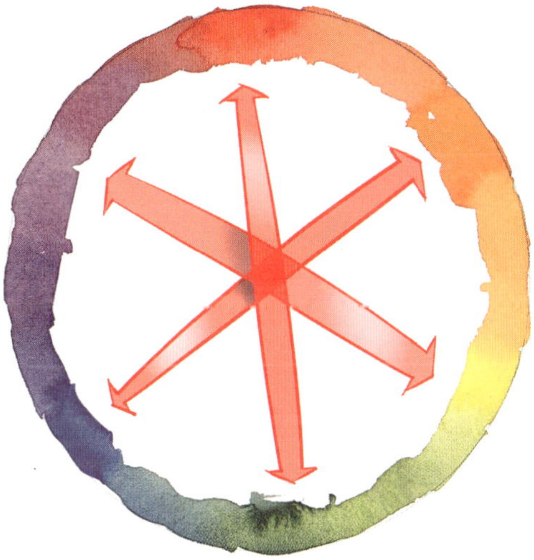

Tiefe schaffen mit Komplementärfarben

Die Verwendung von Komplementärfarben ist eine weitere Möglichkeit, um Tiefe und Kontrast auf das Blatt zu bringen.

Komplementär verhalten sich solche Farben, die einander im Farbkreis gegenüberstehen: Rot und Grün, Violett und Gelb, Orange und Blau. Tiefe entsteht, wenn man eine Komplementärfarbe in den Vordergrund stellt und ihr Gegenüber in den Hintergrund. Diese Farben arbeiten großartig zusammen, halten einander aber auch auf Armeslänge voneinander entfernt. Dieser Abstand ist es, der auf dem Papier die Illusion von Tiefe erzeugt.

TIEFE UND KONTRAST ERZEUGEN

Landschaftsmalerei erinnert an mehrere Lagen von Vorhängen im Theater. Bühnenbilder sollen häufig Tiefe suggerieren, sind jedoch meist durch die Begrenzungen einer kleinen Bühne eingeschränkt. Wir gehen hier genauso vor. Wir müssen diese weite Landschaft irgendwie auf unserem Skizzenblatt unterbringen. Also sollten wir die Farben bestmöglich einsetzen, damit sie unsere Geschichte erzählen.

Tiefe und Kontrast können auch mittels Komplementärfarben ins Bild geholt werden. Violette Berge und hellgelbe Felder im Vordergrund (1) erzeugen auf einfache und wirkungsvolle Weise eine Illusion von Tiefe.

Dieselbe Technik nutzte ich in der zweiten Skizze (2) in den Hügeln über Fabriano, Italien. Der Morgendunst liegt noch über dem Tal, und die Berge in der Ferne sind kaum sichtbar. Die Bäume im Vordergrund bilden die ideale „Ergänzung“ des nebligen Hintergrunds. Die Illusion von Tiefe kommt zustande durch den Kontrast ihrer scharfen Abgrenzung vor den diffusen Farben des Tals.

1

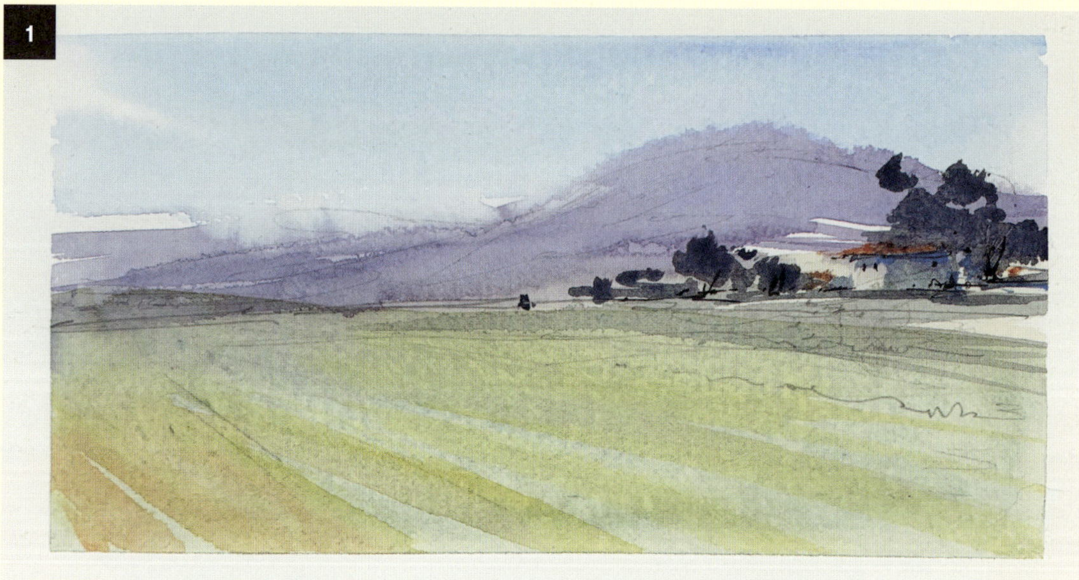

2

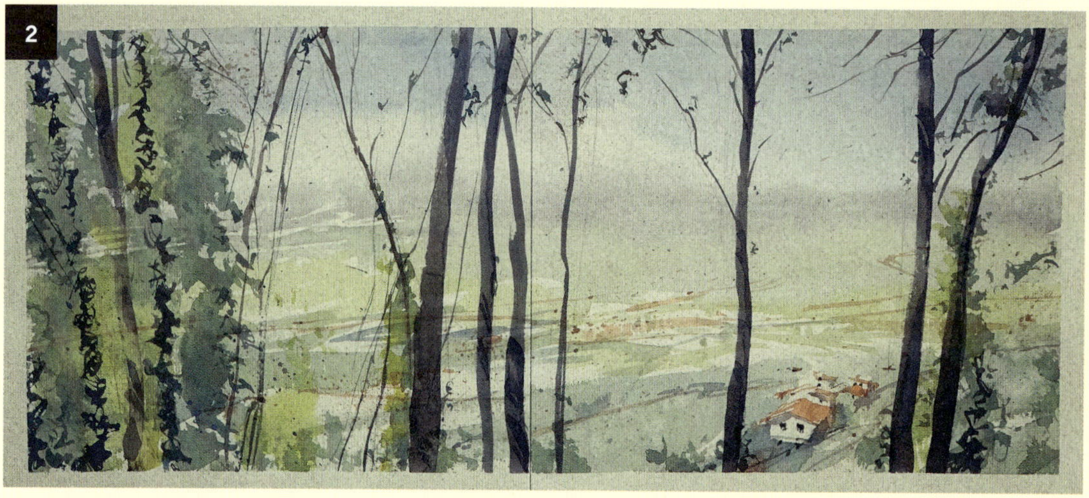

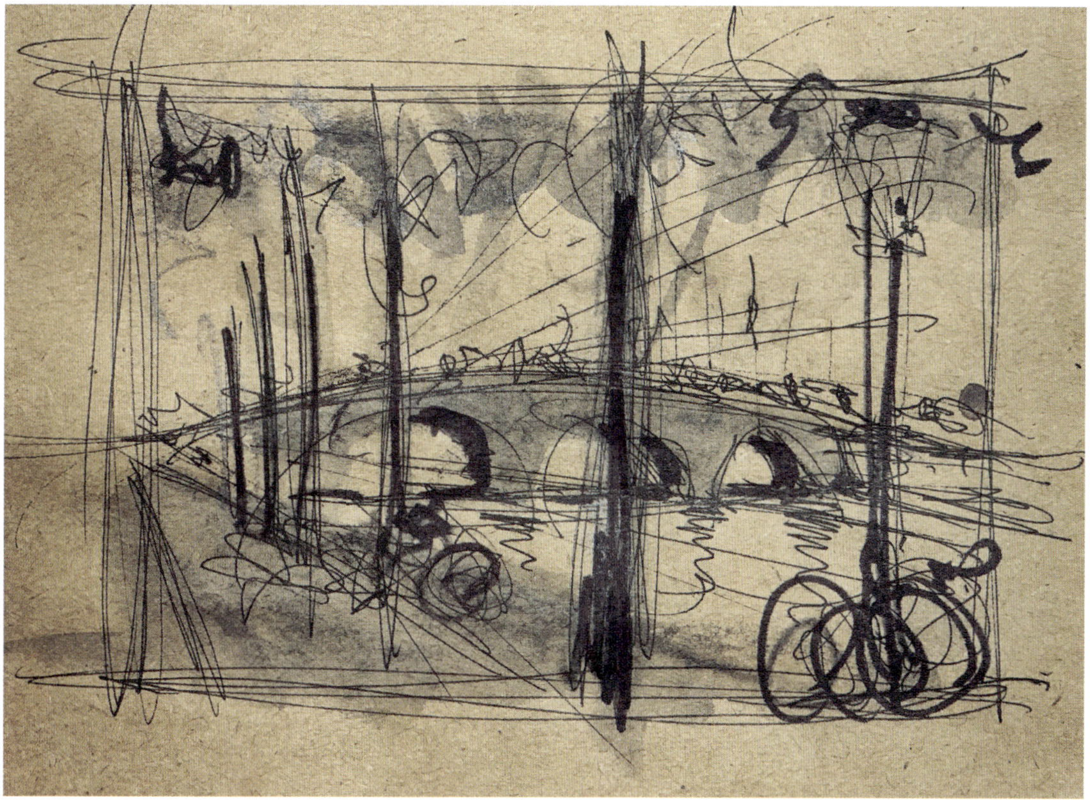

Tiefe durch Ebenen bewirken

Außerdem kann man einer Landschaft durch das Malen in Ebenen Räumlichkeit geben. Objekte im Vorder-, Mittel- und Hintergrund erzeugen sofort den Eindruck von Tiefe. In dieser Thumbnail-Skizze habe ich Ebenen mit nur ein paar Werten erarbeitet: dunkelste Farbe für die nächstgelegenen Objekte, mittelgrau für die mittlere Entfernung und die Papierfarbe für die am weitesten entfernten Elemente. So funktioniert Luftperspektive in ihrer einfachsten Form.

Die Schönheit der Luftperspektive

Beim Aquarellieren ist die Nutzung der Luftperspektive eine hervorragende Methode, um Tiefe und Weite abzubilden. Manche Künstler nutzen beim Malen nur dieses eine Werkzeug. Ihre Linearperspektive mag ungenau, ihr Sinn für Proportionen unvollkommen sein, aber wenn ihnen eine diffuse zurückweichende Ferne gelingt, kann der Betrachter nur über die Schönheit staunen.

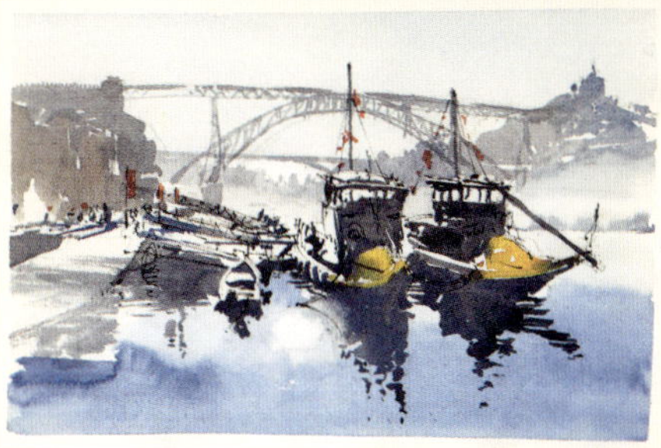

VERBEN ZEICHNEN, KEINE SUBSTANTIVE

Am schwersten ist es, das, was vor Ihnen ist, auf die Seite zu bannen. Doch was genau ist vor Ihnen? Wollen Sie die Szene exakt wiedergeben? Es gibt viele Definitionen für „genau". Meinen Sie die genaue Wiedergabe der Farben, des Lichts, der Aktivitäten oder der Stimmung? Und wie bildet man Stimmung ab? Oder Freude, Hitze und Wind? Beim Anfertigen von Storyboards habe ich einen Trick gelernt: Zeichne Verben, nicht Substantive. Zeichne „krachen", „werfen" oder „schlagen".

Und auch wenn Landschaften eine andere Sprache sprechen, kann es der Sache guttun, sich vom Dogma der Substantive – Haus, Baum, Spiegelung – zu befreien. Manchmal, wenn ich einen bestimmten Rhythmus oder den Fluss eines Bauwerks darstellen will, denke ich nicht an Substantive wie Bogen, Brücke oder Dach. Ich beschäftige mich mit der Beziehung dieser Formen zueinander, der Massigkeit eines Gebäudes, damit, wie eine Dachlinie auf einer Mauer *lastet*, oder wie ein Baum *sich biegt*.

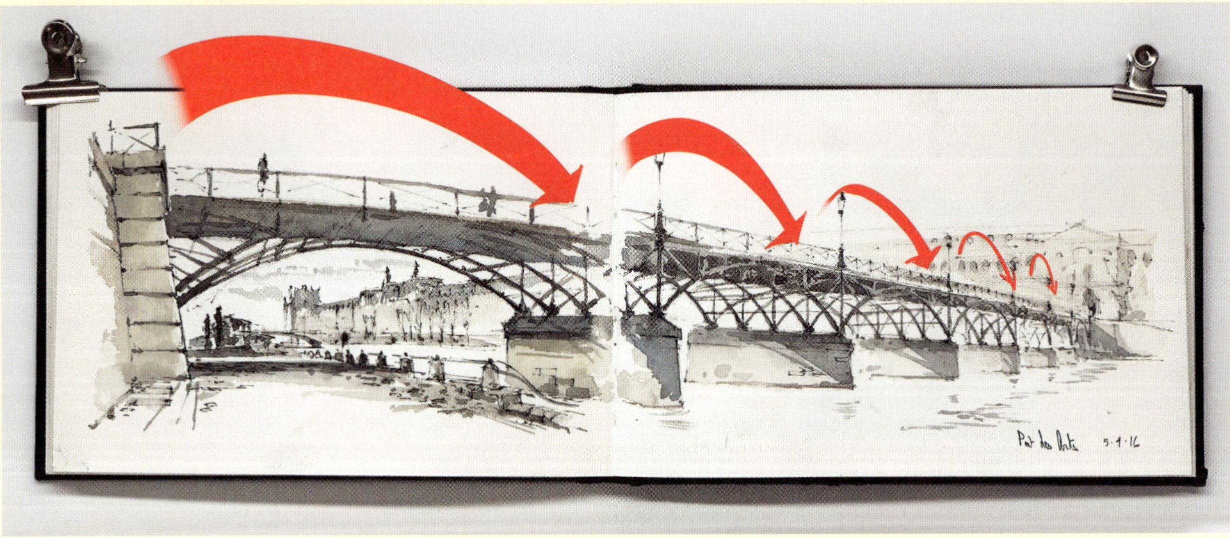

Diese Brücke springt über den Fluss wie ein Kiesel auf einem Teich.

WISSEN, WANN ES GENUG IST

Bis man weiß, wann ein Bild fertig ist, vergeht viel Zeit. Normalerweise gelingt es erst nach vielen Jahren, und bis es so weit ist, hat man leider schon etliche Bilder ruiniert. Ist die Ziellinie überschritten, weiß man sofort: Jetzt bin ich zu weit gegangen. Sich ihr aber zu nähern und kurz vorher stehenzubleiben, setzt viel Erfahrung voraus.

Wenn ich weiß, dass ich kurz vor der Vollendung stehe, lausche ich einer leisen Stimme in meinem Kopf, die flüstert: „Du hast es fast geschafft." Diese Stimme schreit nie, aber sie ist beharrlich. Sie sagt einfach leise: „Stopp!" Man kann sie leicht überhören. Oder ignorieren. Doch wenn man weitermacht und noch diese paar Pinselstriche setzt, sagt sie: „Siehst du? Ich habe es dir gesagt. Vielleicht hörst du nächstes Mal zu." Und es gibt immer ein nächstes Mal, die nächste Skizze, den nächsten Tag, die nächste Woche. Nach dieser Stimme muss man suchen. Sie ist schwer zu fassen und einzugrenzen, aber wenn man erst einmal weiß, wie sie sich anhört, erkennt man sie besser, und sie wird einem vertraut. Lernen Sie diese Stimme kennen. Sie tritt auf unterschiedliche Weise zutage. Aber sie kann Ihr bester Freund werden.

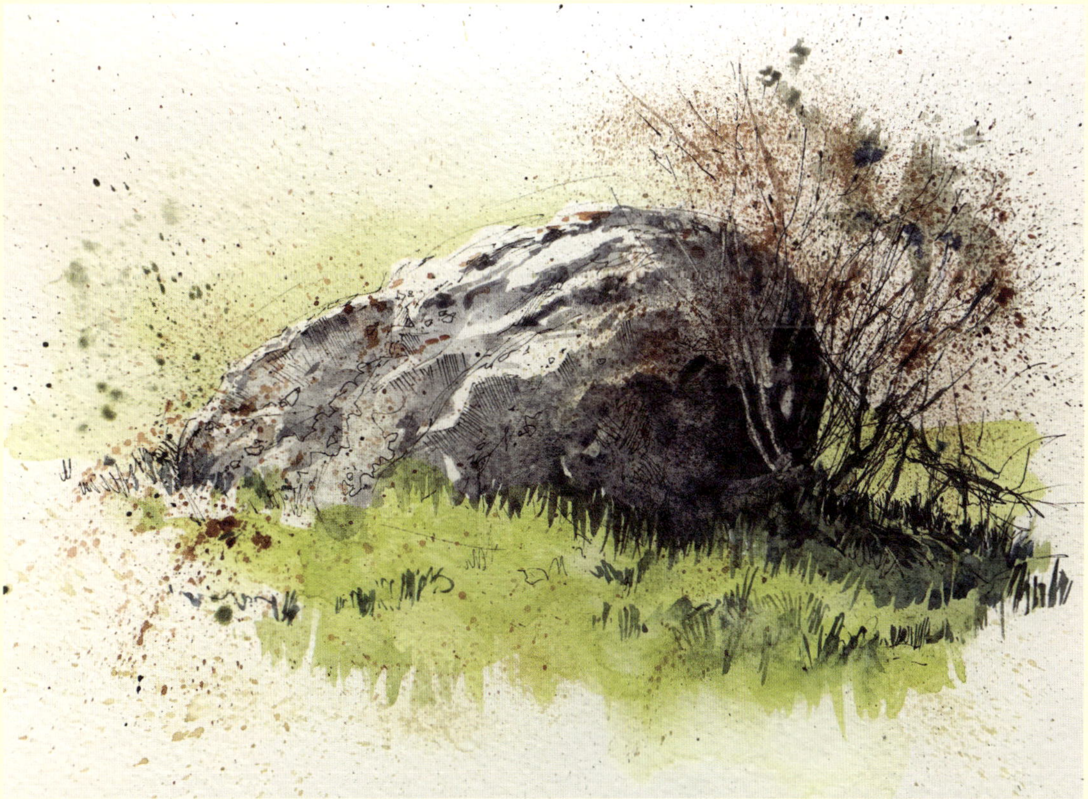

Frühlingssonne in Nordkalifornien. Es kann verlockend sein, sich in Details und Texturen zu verlieren und einfach immer weiterzumachen, aber wir müssen auf die Stimme hören, die uns sagt, dass das Bild fertig ist. Hinzufügen kann man immer, wegnehmen aber nicht. Also legen Sie Ihr Bild beiseite, und kehren Sie später zu ihm zurück. Manchmal sagt uns die Perspektive der Zeit, dass unsere Arbeit abgeschlossen ist.

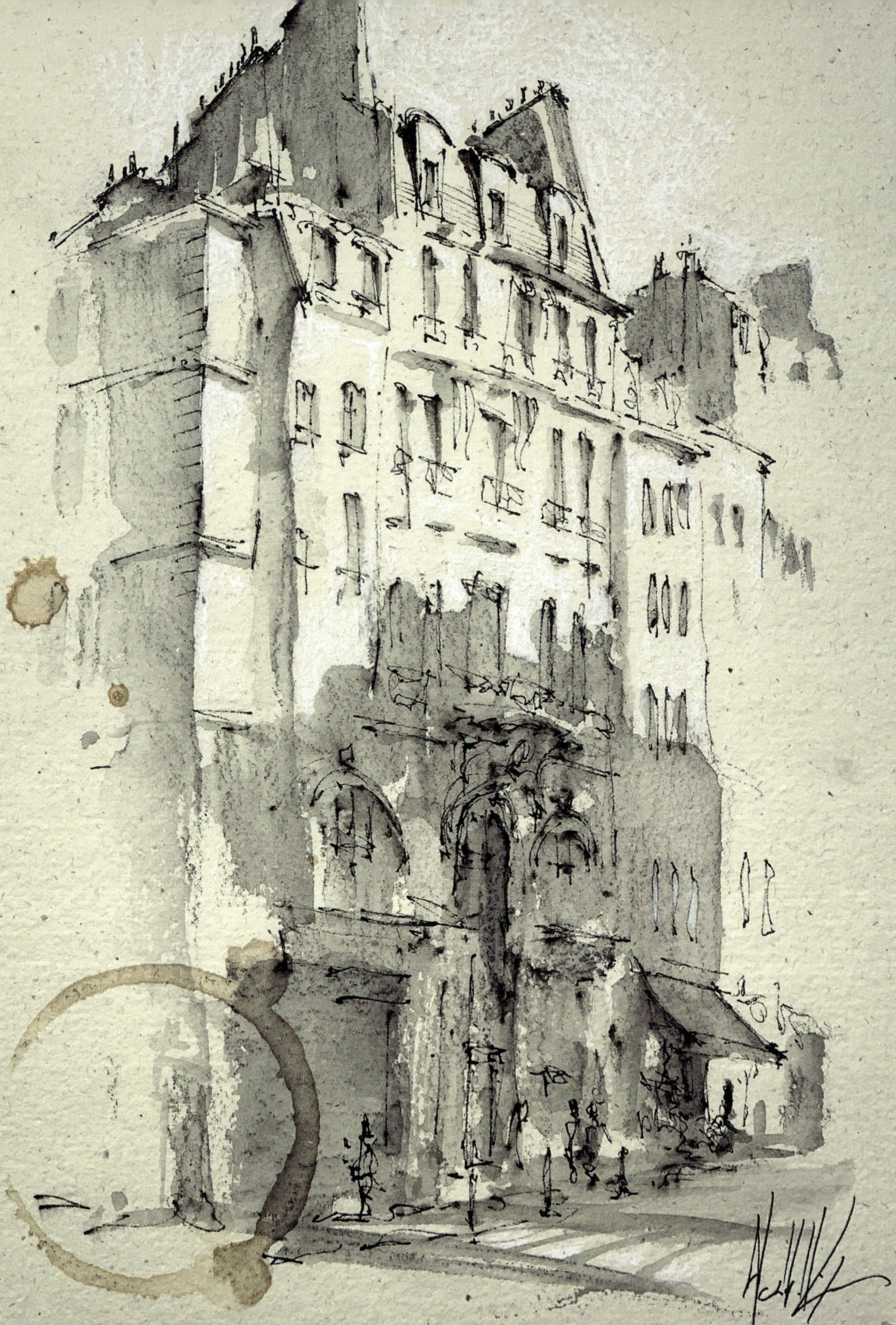

7

ARCHITEKTUR

Ich skizziere gerne Bauwerke. Als ich nach Paris zog, verliebte ich mich in die Art, wie Licht die Gestalt der altertümlichen Gebäude definiert. Jedes Detail scheint sich mit dem Sonnenlicht zu verbinden oder Schatten eine Zuflucht zu bieten. Gaubenfenster, Balkone, Dachlinien – sie alle leisten ihren Beitrag zur Persönlichkeit eines Bauwerks.

ARCHITEKTONISCHE GRUNDFORMEN

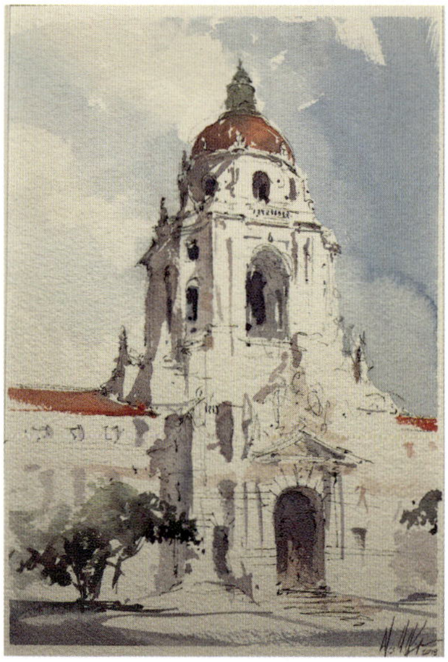

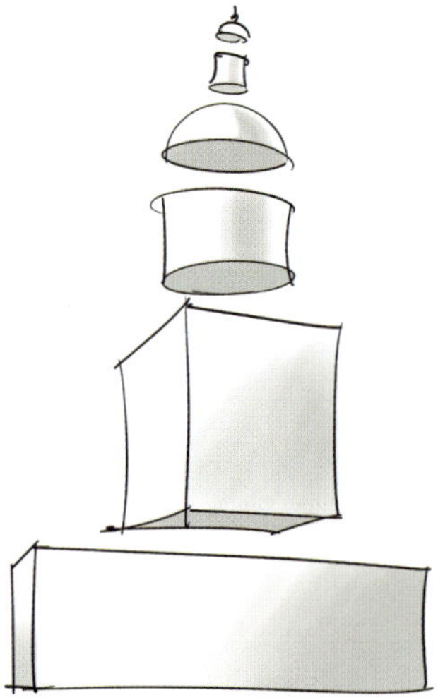

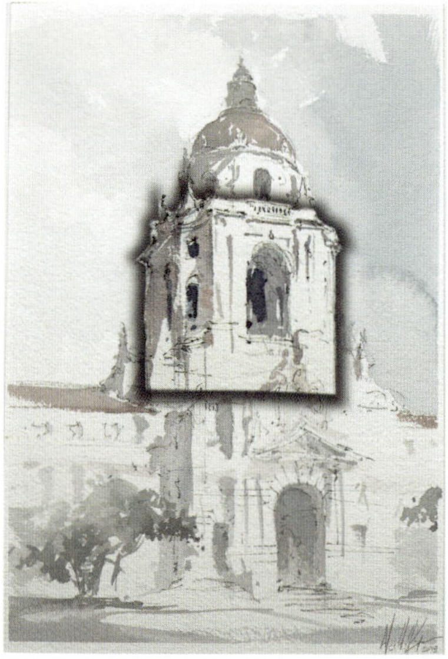

Die meisten Bauwerke sind aus Würfeln, Zylindern und dreieckigen Keilen zusammengesetzt. Wir müssen lernen, unter all den Details die Grundformen zu erkennen.

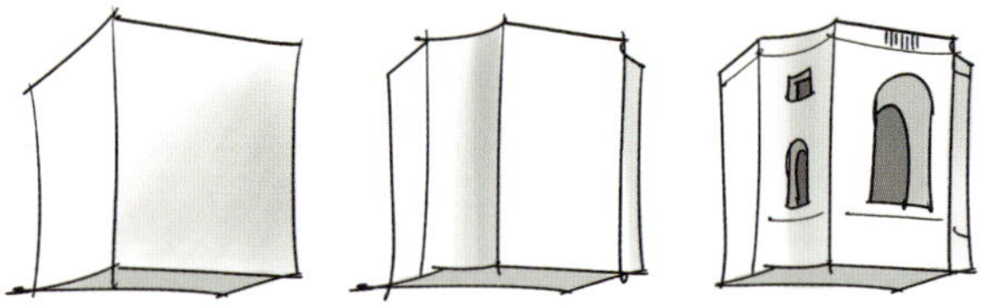

Große Formen zuerst

Bei Architekturzeichnungen ist es wichtig, mit den großen Formen anzufangen. Mit etwas Übung blenden Sie die Feinheiten aus und sehen die Grundstruktur des Gebäudes. Die meisten Bauwerke sind Würfel unterschiedlicher Größe. Um ihre Proportionen richtig wiederzugeben, ist gutes perspektivisches Zeichnen gefragt.

Der Bau oben erinnert mich an eine mehrstöckige Hochzeitstorte. Anfangs wirkt er kompliziert, doch wenn man ihn zerteilt, erhält man verdauliche Stücke:

- Die Basis des Gebäudes ist ein flacher Quader.
- Auf dessen Mitte steht ein Würfel.
- Darauf befindet sich ein Zylinder.
- Den Abschluss bildet eine Kuppel.
- Auf ihr thront ein weiterer Zylinder mit einer kleineren Kuppel.

Sobald wir diese Grundformen erfasst haben, können wir sie mit Details versehen, aushöhlen oder auf andere Weise anpassen.

Der kleine Würfel unter der Kuppel strotzt vor korinthischen Säulen, Gesimsen und Bogengängen. Auch wenn solche Details zunächst einschüchternd sind, zerlegen wir auch sie ganz einfach in ihre Einzelteile. Die Kanten dieses Würfels sind durch herausgeschnittene Nischen ersetzt. Der Hauptbogengang befindet sich in der Flächenmitte. Die Säulen sind von außen an der Form befestigt.

Auf diese Weise können wir die Skizze unseres Gebäudes fortsetzen und dabei immer detaillierter werden.

DÄCHER

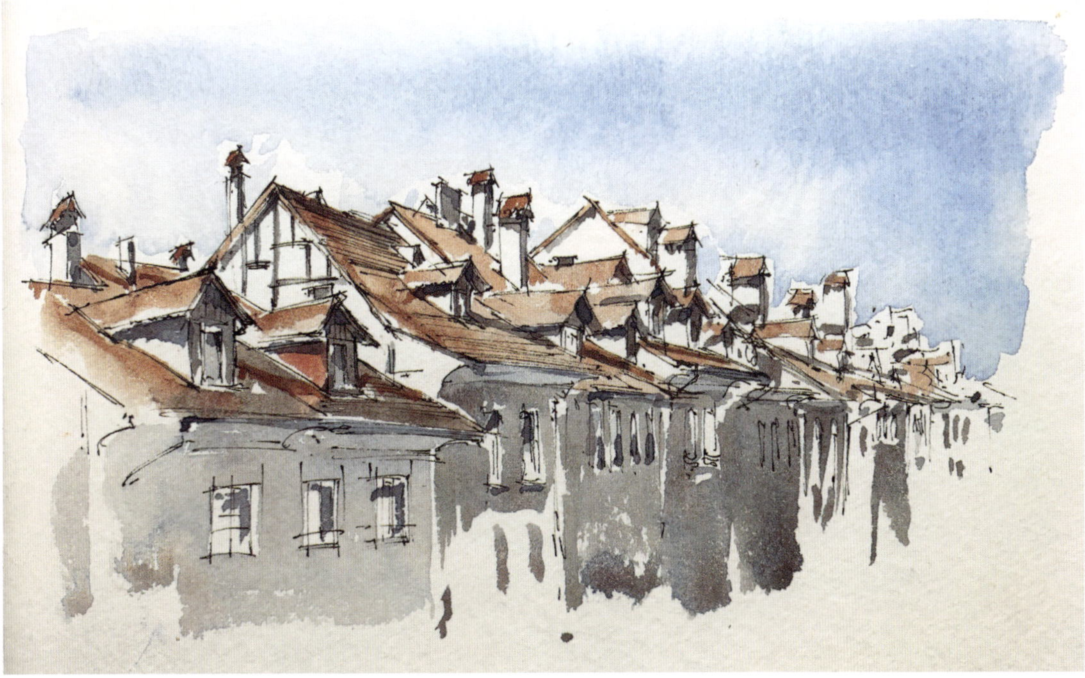

Dächer wiederzugeben, ist womöglich der kniffeligste Teil einer Architekturzeichnung. Sie haben ungewöhnliche Winkel mit verschiedenen Fluchtpunkten. Es gibt Gaubenfenster, Schornsteine und Dach luken – zahllose faszinierende Einzelheiten, die uns aber auch zum Stolpern bringen können.

Skizzierprozess

Wie beim Hauptteil eines Bauwerks konzentrieren wir uns zunächst auf seine großen Formen.

1 | Manche Dachflächen haben eine Trapezform. Zeichnen Sie einen Quader mit einem trapezförmigen Dach darauf.

2 | Ergänzen Sie Schornsteine. Nutzen Sie dafür dieselben Perspektivlinien wie für das Gebäude selbst, wobei sich das Dach nach hinten lehnt. Diese Dächer haben ihre eigenen Fluchtpunkte.

1

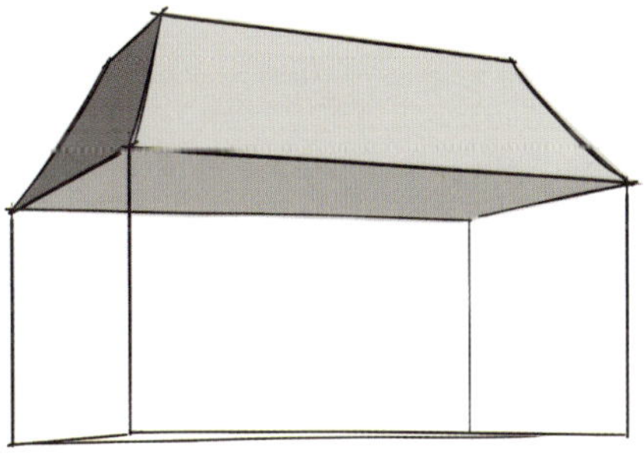

2

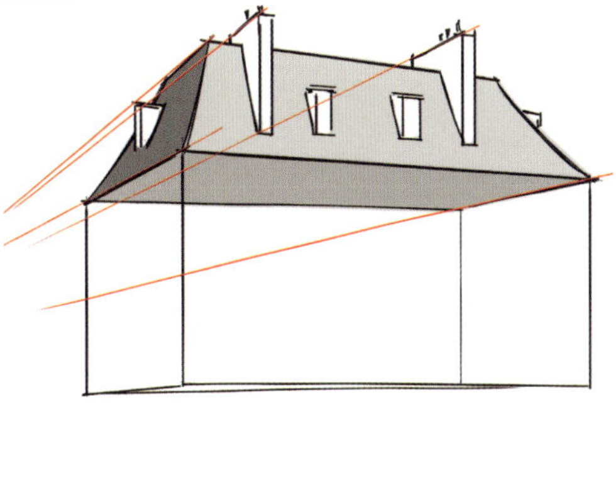

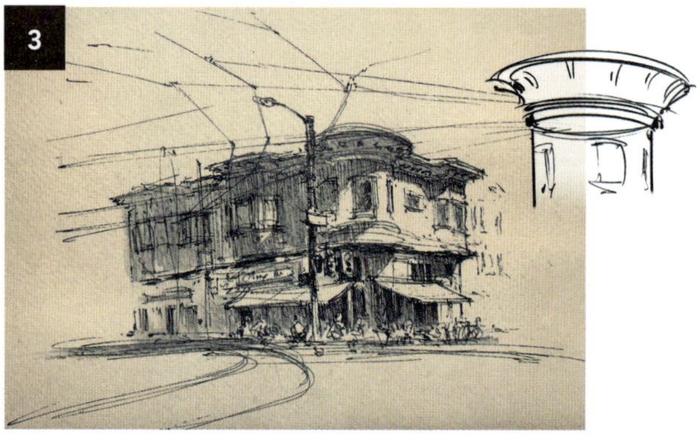

3 | Bei Dächern kommt es darauf an, sie richtig zu dimensionieren. Nicht selten werden sie zu groß gezeichnet. Die wenigsten Gebäude tragen einen riesengroßen Cowboyhut. Die meisten schmücken sich eher mit einem Fedora oder einer flotten Kappe, mit Dächern also, die zu ihrer Gesamterscheinung passen. Das breitkrempige Dach dieses Gebäudes in San Francisco sieht wie ein futuristischer Hut aus.

Die Krone der Persönlichkeit

Wenn ein Gebäude eine Persönlichkeit ist, dann ist das Dach oft der raffinierte Hut, die unverwechselbare Verzierung obenauf und das architektonische Pendant zu Hüten bei einer königlichen Hochzeit.

ACTION-FIGUREN

Beim Dächerskizzieren hilft es, wenn man an Action denkt. Was macht das Dach? Drückt es den Bau nieder? Räkelt es sich wie eine Katze? Reckt es sich neugierig empor? Die Vorstellung, was das Dach tut, belebt die Skizze mit Energie und Charakter. Jede Linie verkörpert Aktivität. Es ist eine persönliche Entscheidung, wie cartoonartig man skizziert. Doch auch realistische Darstellungen werden lebendiger, wenn man beim Zeichnen an Tätigkeitswörter denkt.

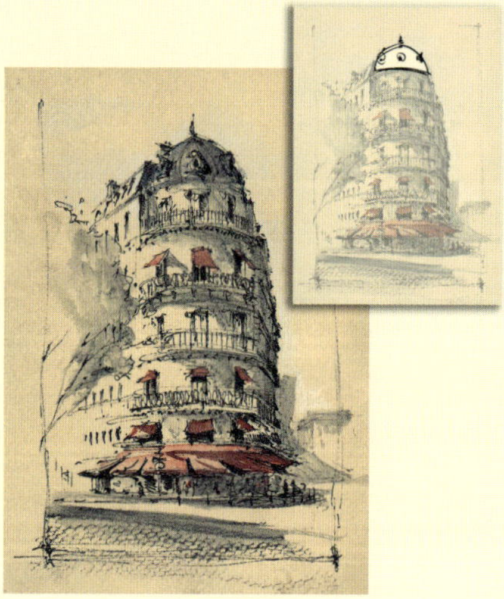

Das Kuppeldach dieses Bauwerks sieht aus wie eine kleine Wollmütze, weil es im Verhältnis zum Rest des Baus so klein ist.

EINGÄNGE UND BÖGEN

Sie erden ein Bauwerk und verbinden es mit dem Leben auf der Straße. Normalerweise sind Eingänge und Bögen in die Fassade eingefügt und unterliegen denselben Perspektivgesetzen wie die restlichen Formen.

Eingänge führen in einen Raum. Sie beinhalten oft tiefe Schatten und deuten eine verborgene Welt im Inneren an. Meist sind sie die dunkelsten Bestandteile einer Architekturskizze.

1 | Eingänge halten sich an dieselben perspektivischen Vorgaben wie das Gebäude, zu dem sie gehören. Sie mögen rechtwinklig sein, doch auch sie haben Volumen und Tiefe und sollten daher unter Verwendung der Zweipunktperspektive gezeichnet werden.

2 | Eingänge werden für Menschen gebaut, also können sie nicht kleiner sein als sie. Menschen gelangen über Eingänge und Türen in Bauwerke, und diese Verbindung ist entscheidend für den Maßstab. Sorgen Sie dafür, dass Ihre Türen und Tore im richtigen Verhältnis zum Leben auf der Straße stehen. Eingänge können auch erhaben und imposant sein wie die von Kathedralen. Aber, ich wiederhole, es ist die Verbindung zu den Menschen in Ihrer Zeichnung, die eine Geschichte von Harmonie erzählt.

1

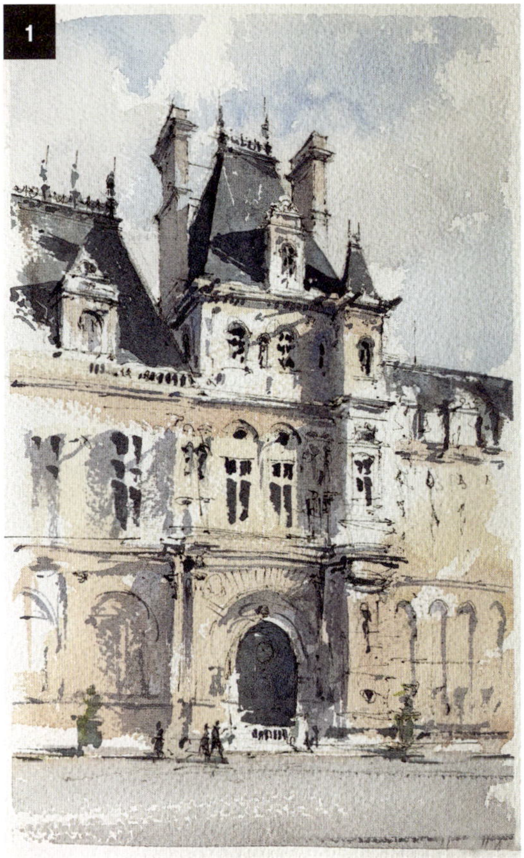

2

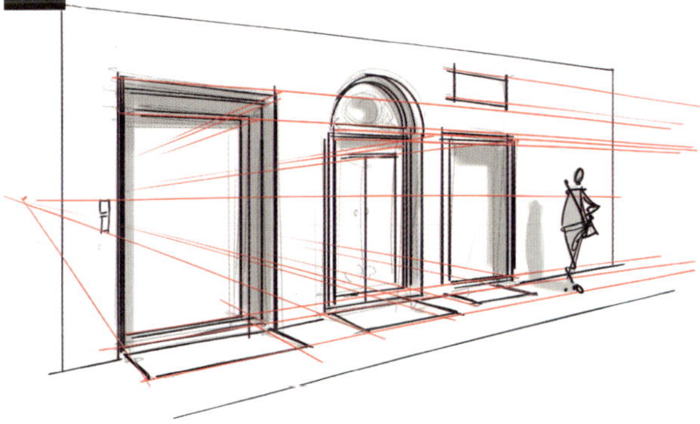

FENSTER

Ich interessiere mich eher für das, was auf der Straßenebene los ist und für die Feinheiten der Dachlinien als für die mittleren Stockwerke eines Bauwerks. In vielen meiner Skizzen ist das Café der Star der Show. Der Mittelbereich spielt nur eine Nebenrolle, doch wenn er seinen Job nicht macht, kann die ganze Produktion in sich zusammenfallen.

Die Platzierung der Fenster in einer Fassade ist viel wichtiger als ihr Aussehen (siehe Details in Kapitel 2, Seite 40). Fenster müssen folgsame kleine Soldaten sein, die in einer Reihe stehen und sich nicht rühren. Variationen in der Form oder das individuelle Aussehen der Fenster ist weniger wichtig. Es ist nicht nötig, dass alle Mitglieder einer Blaskapelle gleich groß sind, aber wenn jemand aus der Reihe tanzt, sieht man es sofort.

Skizzierprozess

1 | Achten Sie darauf, dass die Fenster Ihres Gebäudes alle in einer Reihe stehen. Ihre genaue Platzierung ist wichtiger als ihre individuellen Details.

2 | Setzen Sie die Fenster in die Fassade. Sie können mit sehr wenigen Einzelheiten angedeutet sein, solange sie aufeinander ausgerichtet sind.

3 | Fenster weisen oft Rahmenwerk, Simse und Balustraden auf, die aus der Fassade herausragen, während die eigentlichen Fenster zurückgesetzt sind. Es ist interessant, sich mit der eigentlichen Baustruktur zu befassen, aber uns geht es nicht um technische Baupläne sondern um Zeichnungen, die eine Geschichte erzählen.

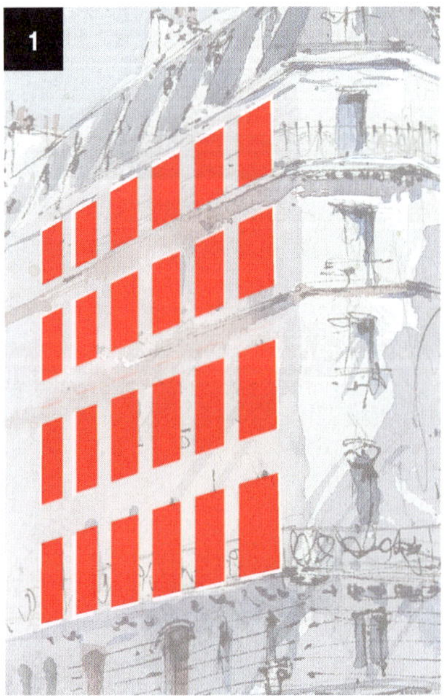

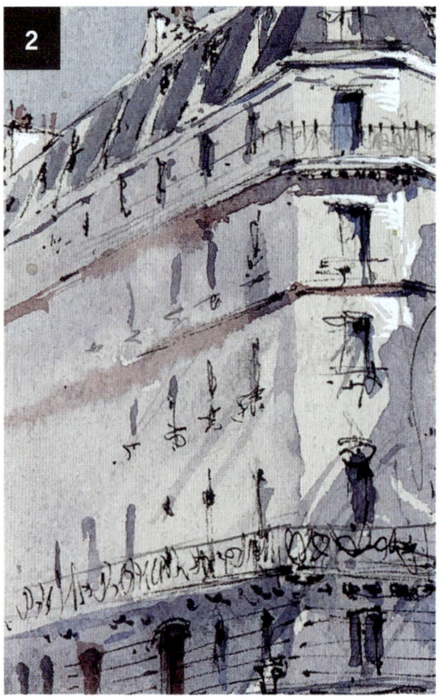

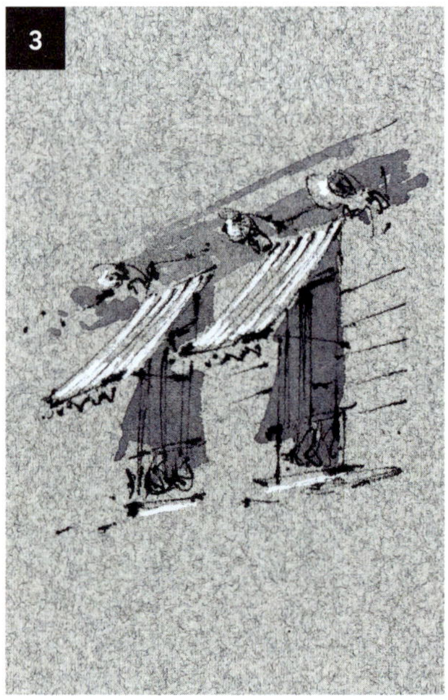

BALKONE

Wie ihre Kollegen, die Fenster, müssen Balkone den Regeln der Perspektive gehorchen. Wo sie sich befinden und wie sie in der Fassade angeordnet sind, ist wichtiger als alle Details.

In Paris sind die Vorschriften für Balkone sehr streng. Seit den 1860ern – der Ära des französischen Beamten Baron Haussmann – haben fast alle Gebäude in der Stadt sechs Stockwerke und Balkone in der zweiten und in der fünften Etage. Doch innerhalb dieses strengen Rahmens ist die Bandbreite der Möglichkeiten groß, und hier können wir uns austoben.

Im Sinne des Skizzierens werte ich all die Details im Zusammenhang mit Balkonen als Schnörkel und Improvisation. Damit rücke ich ab von jeglicher dogmatischen Architekturdefinition.

Natürlich hat jede Stadt ihre ureigenste Architektur und visuelle Sprache. Doch insgesamt halten sich Balkone an die Regeln. Lassen Sie ihnen ihren Willen, wenn es um Brüstungen und Auflager geht, aber in einer Reihe müssen sie sein.

Skizzier- und Malprozess

1 | Halten Sie einen Schwertpinsel vertikal, um ein kalligraphisches Muster zu erlangen, das ein Brüstungsgeländer darstellt.

2 | Bei Brüstungsgeländern kann man sein Gespür zeigen. Mit ein paar Schnörkeln werden sie lebendig. Entscheidend sind nicht Details, sondern ein sich wiederholendes Muster.

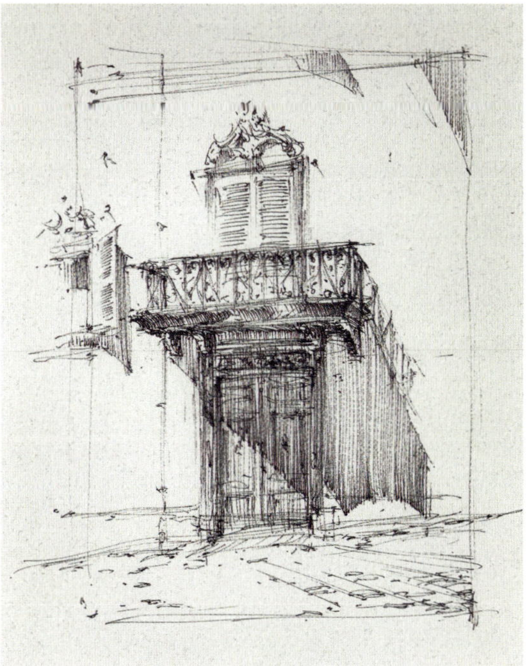

Balkone werden oft durch ihre Schatten definiert. Die Tiefe des Schattens erzeugt Volumen und Dreidimensionalität.

1

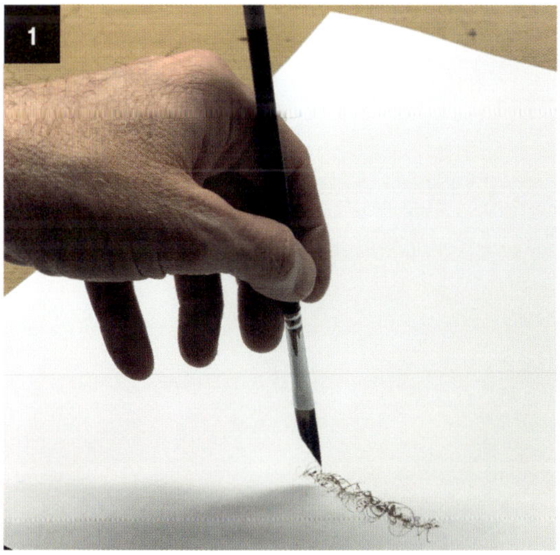

2

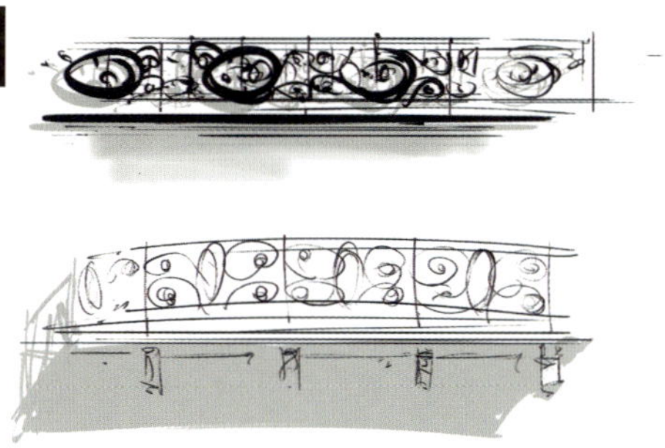

MARKISEN

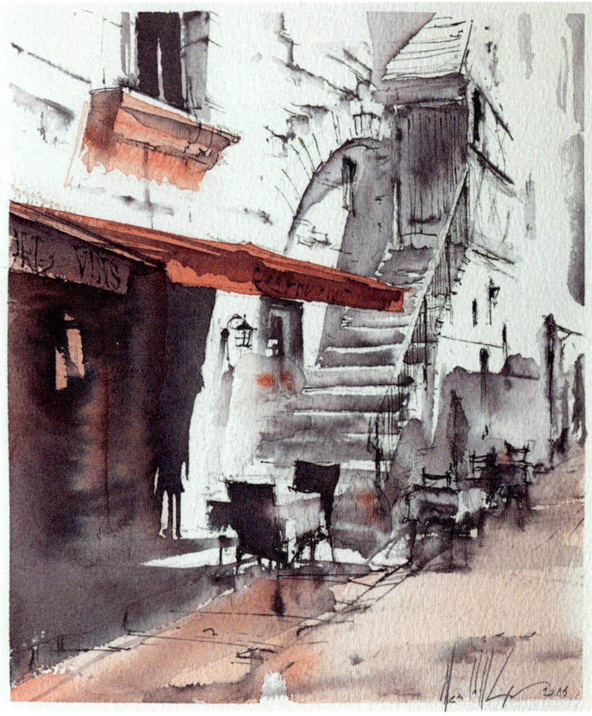

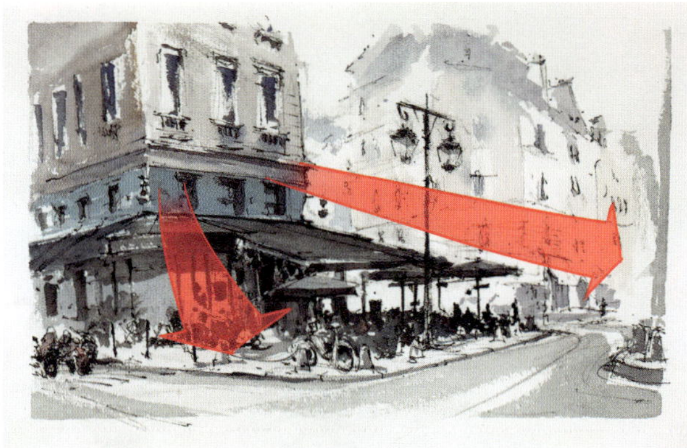

Markisen ragen schwungvoll aus Gebäuden heraus.

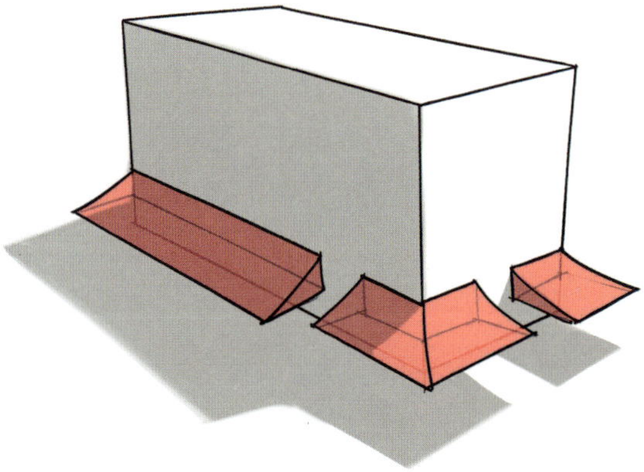

Markisen winden sich um Gebäude herum. Wie es die Regeln für Perspektive verlangen, bilden sie dynamische dreieckige Keile.

Es macht Spaß, Markisen zu malen. Sie erinnern mich immer an Röcke und Kleider, an dieses zusätzliche Flair, mit dem Gebäude sich brüsten. Oft sind sie der hellste Teil eines Bildes und folgen ihren eigenen Regeln. Markisen, Schirme und Schilder sind farbige Eyecatcher, die auffälligen Details, das Leben und die Energie einer Skizze. Hier dürfen wir uns austoben.

Die meisten architektonischen Elemente bestehen aus Rechtecken und Kreisen. Mit Volumen werden aus Quadraten Würfel und Hochhäuser, aus Kreisen Zylinder, Säulen und Kuppeln. Markisen und Schirme hingegen bestehen aus ausgesprochen dynamischen Dreiecken. Während Gebäude in würdevollem Gleichschritt marschieren, springen und schwingen Markisen in einem anderen Takt. Das Nebeneinander dieser verschiedenen Rhythmen ist immer interessant.

Markisen wachsen um Ecken und drängen sich vor bis an die Straße. Sie lassen ihre knalligen Farben aufblitzen und beschatten lauschige Tische und die vertrauten Begegnungen an ihnen. Die Sonnendächer in unserer Zeichnung verlangen Aufmerksamkeit und ziehen die Blicke der Betrachter auf sich. Mit ihnen verbindet sich automatisch der stärkste Kontrast zwischen Hell und Dunkel. Darüber hinaus beanspruchen sie die stärksten Farben.

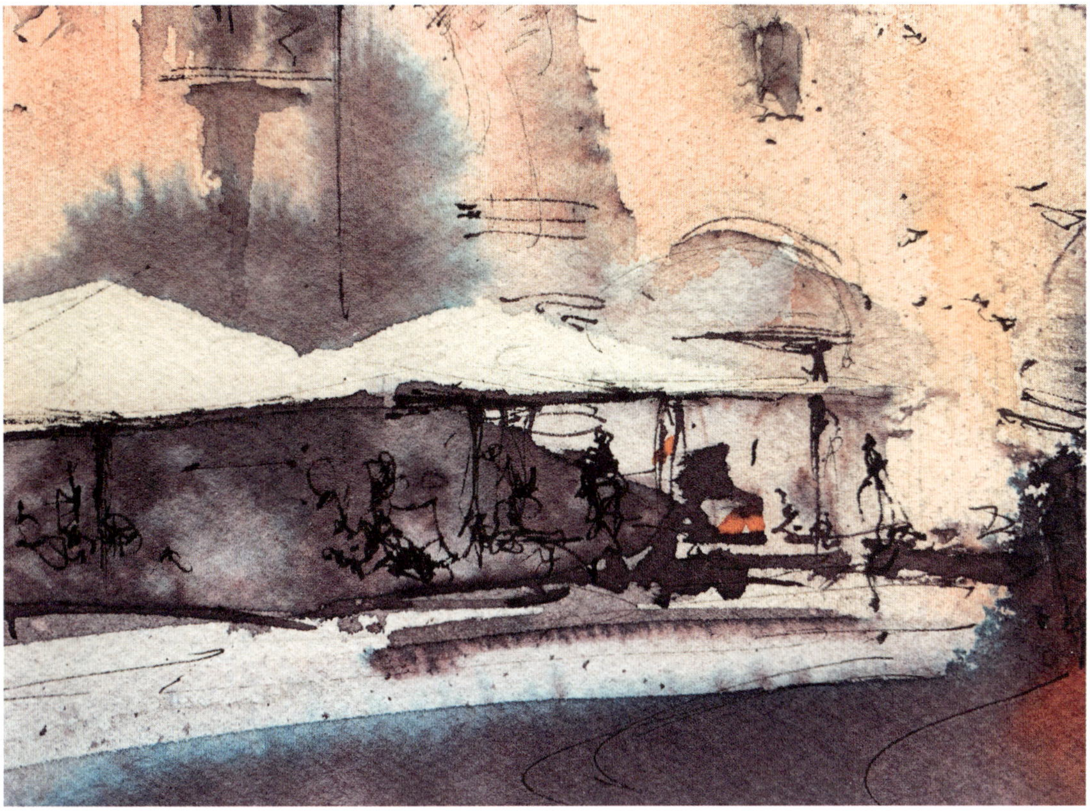

Schirme auf einer Terrasse bieten eine gute Gelegenheit, Kontrast darzustellen. In diesem Bild dunkelte ich die Bereiche um die Schirme ab, so dass Lichtdreiecke zurückblieben. Die Silhouetten von Figuren unter einem Schirm, egal wie abstrakt sie sind, strahlen Aktivität aus und ziehen den Blick auf sich.

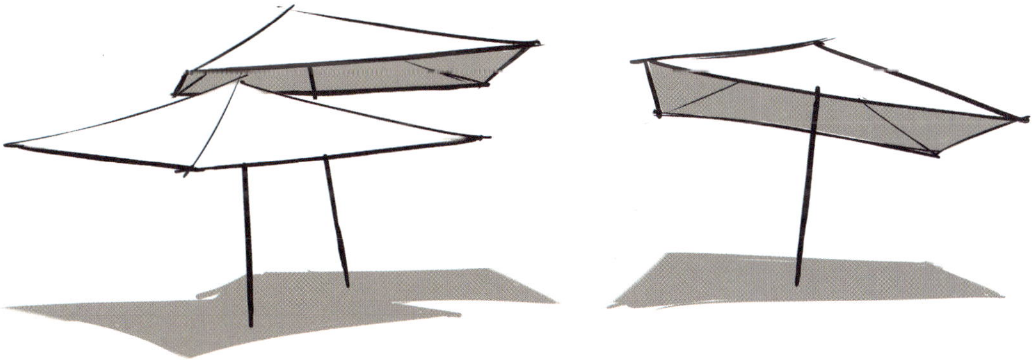

Ob quadratisch oder rund: Schirme tanzen zu ihrer eigenen Musik. Passen Sie ihre Perspektiven und ihre Winkel an, um ihnen mehr Persönlichkeit zu verleihen.

SCHILDER

Straßenschilder, Laternenpfähle und Ladenbeschilderung sind die Details, die unserem Bild Akzente und Stakkato verleihen. Es ist sinnvoll, eine Art Kurzschrift für solche Elemente zu entwickeln, denn es geht darum, die Energie zu vermitteln, die in diesen Objekten steckt. Weniger wichtig ist es, jeden Buchstaben eines Schildes genau wiederzugeben.

Rechtschreibprüfung

Auf keinen Fall will ich Wörter auf Schildern falsch schreiben. Deshalb beschränke ich mich auf ein unleserliches Kritzeln mit weißem Gelstift oder dunklerer Tinte.

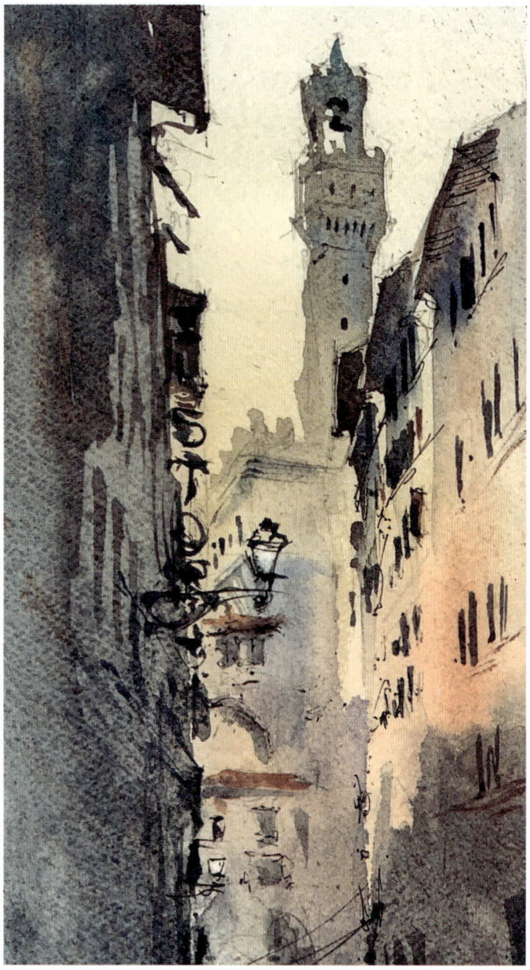

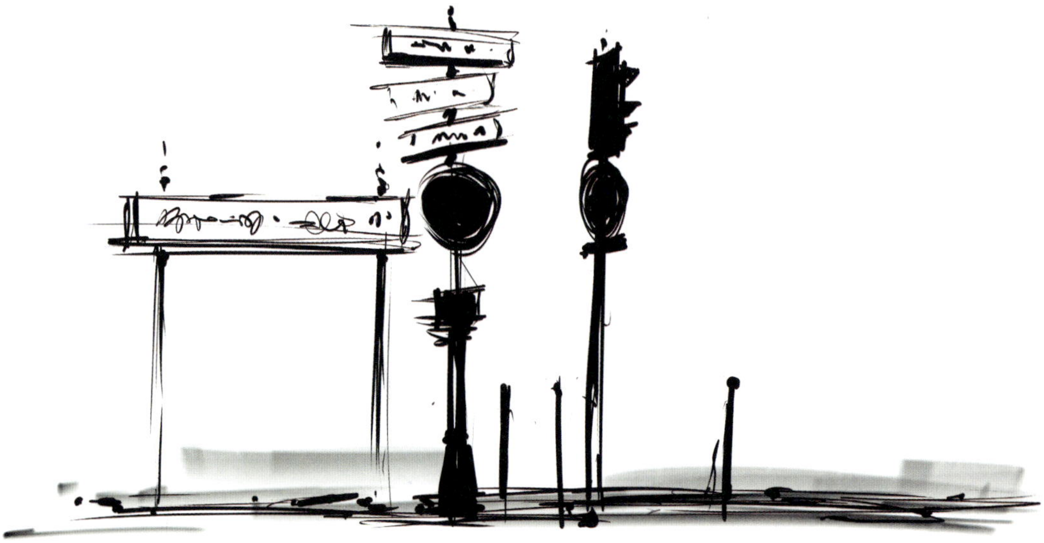

ARCHITEKTONISCHE PERSÖNLICHKEIT

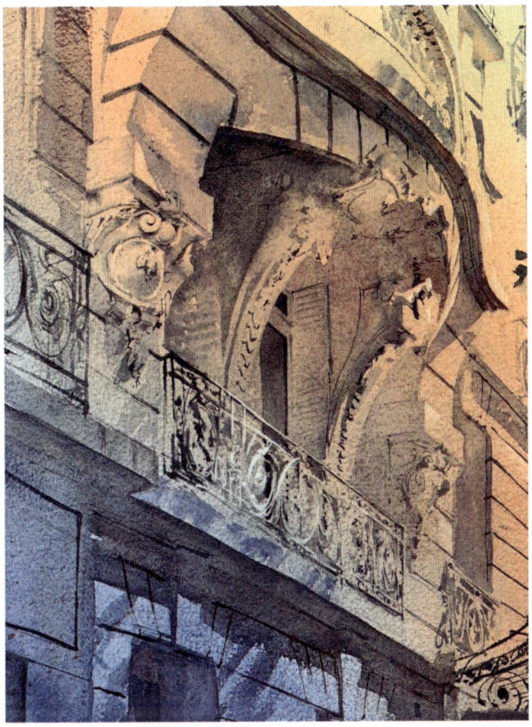

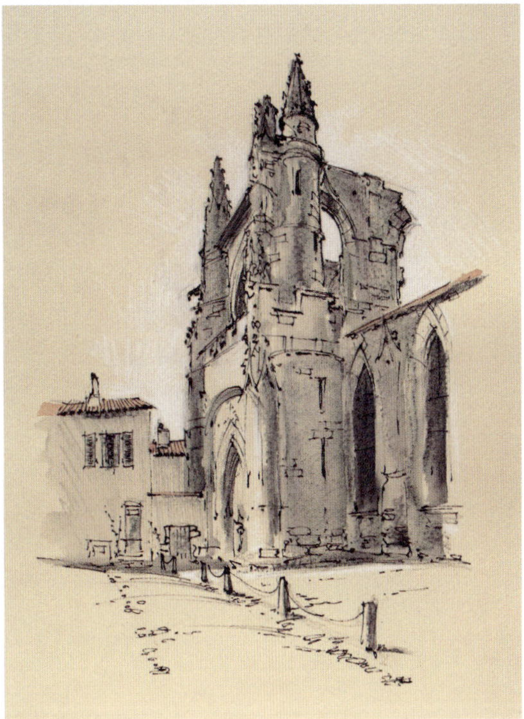

Diese halb verfallene Kirche auf der französischen Île de Ré erscheint mir wie eine alte Seele, wie ein einst stolzer Mann, den ein schweres Leben niedergerungen hat und um seine Würde kämpft.

Architektur zu skizzieren oder zu malen, ist wie das Entdecken einer großartigen Rollenbesetzung.

Weil ich immer im Sinne von Storys denke, suche ich nach Bauwerken, die eine zu erzählen haben. Ob es ein ruhiges Café ist, eine geschäftige Kreuzung oder eine kompliziert-detaillierte Kathedrale: Immer geht es um eine Geschichte. Die Gebäude verwandeln sich in die individuellen Persönlichkeiten einer Stadt. Mir hilft es, sie so zu sehen. Ein bestimmter Bau erinnert vielleicht an einen erschöpften alten Mann, einen stolzen Soldaten oder einen eleganten Filmstar.

Die Gebäude haben eine Persönlichkeit, die sich in dem manifestiert, was sie tun. Sie sind nicht nur leblose Ansammlungen von Ziegeln oder Steinen; sie sind aktiv.

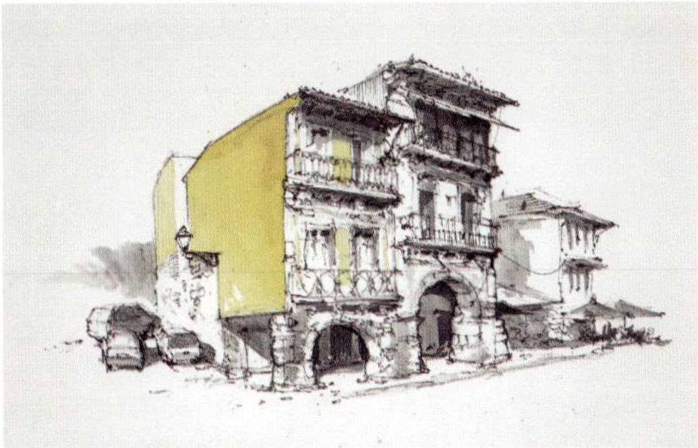

Diese drei Häuser im portugiesischen Porto sind drei alternde Brüder, die gemeinsam gelacht, geliebt und Missgeschicke überstanden haben. Unter ihrem schäbigen Äußeren ist ein Funkeln in ihren Augen.

Skizzierprozess

1 | Wählen Sie Bauwerke zum Zeichnen aus und finden Sie die jeweilige Tätigkeit, die sie ausmacht. Ihr Turm streckt sich nach dem Himmel, Ihre Brücke tastet nach dem gegenüberliegenden Ufer.

Die unten stehenden Schwarzweißskizzen reduzieren Bauwerke auf ihr wesentliches Aussehen. Ohne Farben und Details kann man sich das Handeln ansonsten unbelebter Objekte besser vorstellen.

2 | Erfinden Sie Geschichten zu den Strukturen, die Sie skizzieren. Die Handlung wird in die Skizze einfließen, und jede Linie, jeder Pinselstrich transportiert die Energie der Story.

> ***„Der Künstler zeichnet nicht das, was er sieht, sondern das, was andere sehen müssen."***
>
> —EDGAR DEGAS

1

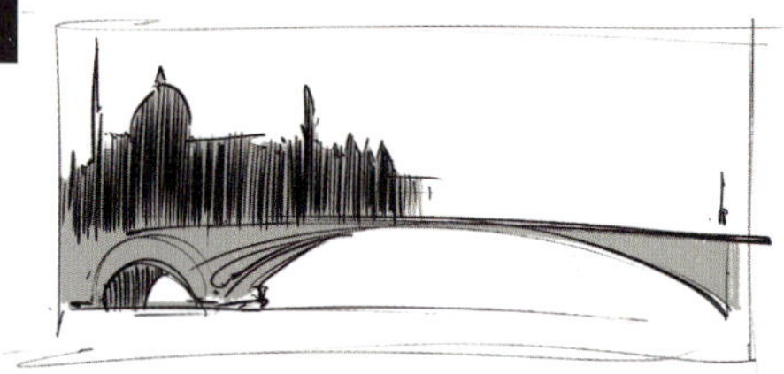

2

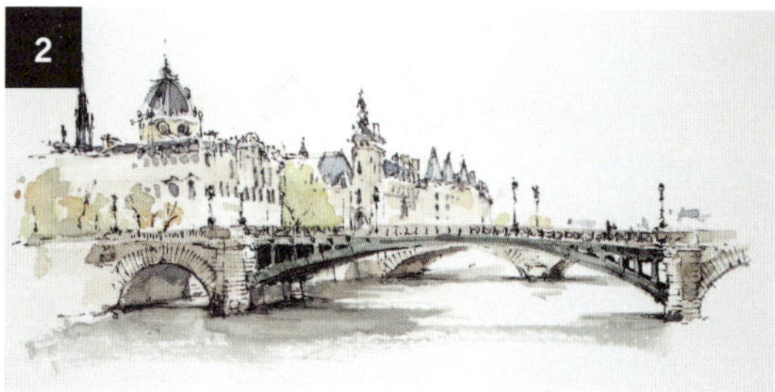

1

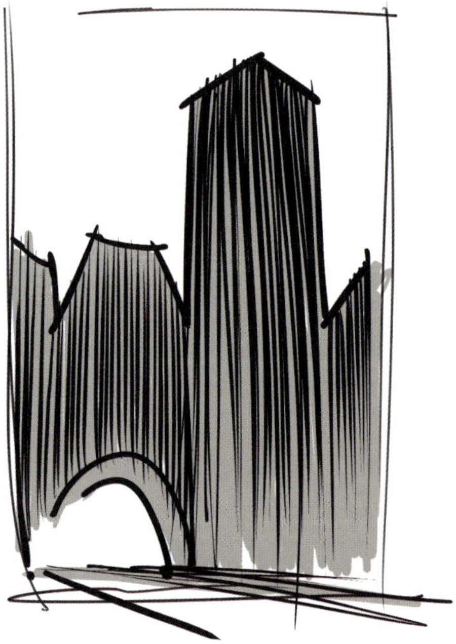

2

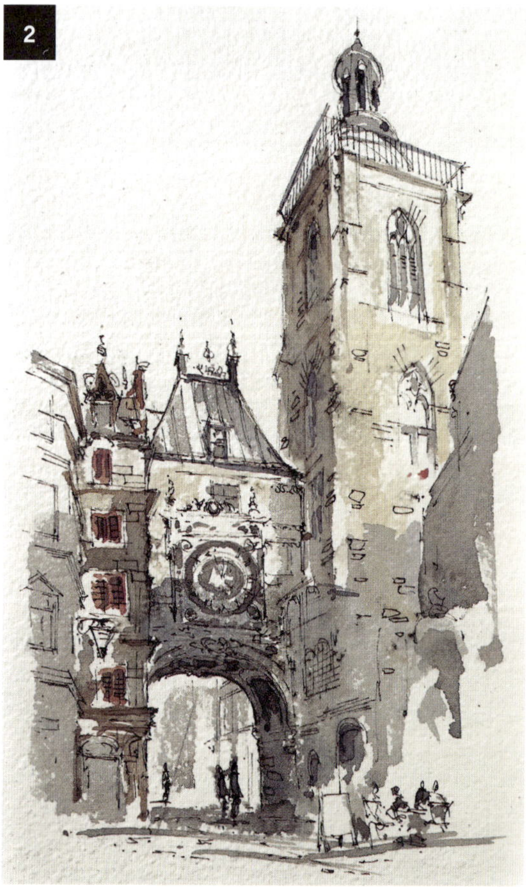

EIN ANMUTIGER GESTUS

Die Idee, Gebäude als Persönlichkeiten darzustellen, offenbarte sich mir, als ich eine Kirche auf einem Platz im italienischen Venedig zeichnen wollte.

Ich hatte Mühe damit, die Verbindung aus quadratischen und runden Türmen, das vordrängende Querschiff, die unterschiedlichen Winkel der Dachflächen einzufangen – die architektonische Vielfalt auf dem kleinen Platz war einfach zu groß, zu viele unterschiedliche Formen buhlten um meine Aufmerksamkeit und mein gewählter Blickwinkel war für mein Blatt zu weit.

Als ich innehielt und mir überlegte, was dieses Gotteshaus als Persönlichkeit tat, wurde alles klar. Diese Kirche war an die Piazza gefesselt. Sie schlingerte und hüpfte, besaß Bewegung, Handlung und Richtung. Mit einem Mal fiel mir das Zeichnen leicht. Solange ich den Gestus des Bauwerks porträtierte, konnte nichts schiefgehen.

Gestus ist ein Konzept, das für das Zeichnen von Personen gilt und sich üblicherweise auf das Darstellen mit ein, zwei Linien bezieht. Für mich ist Gestus beim Skizzieren von Architektur ebenso wichtig.

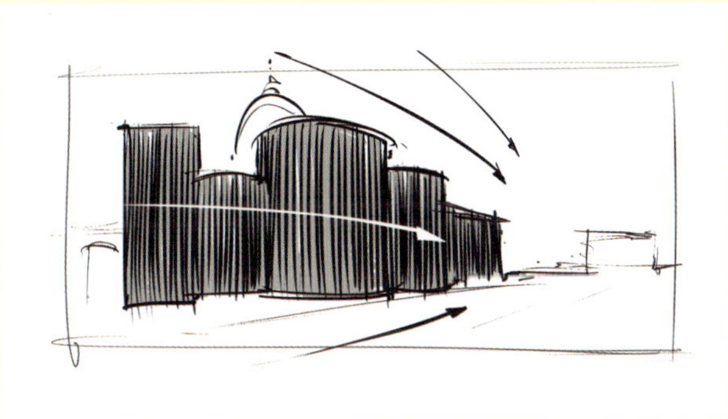

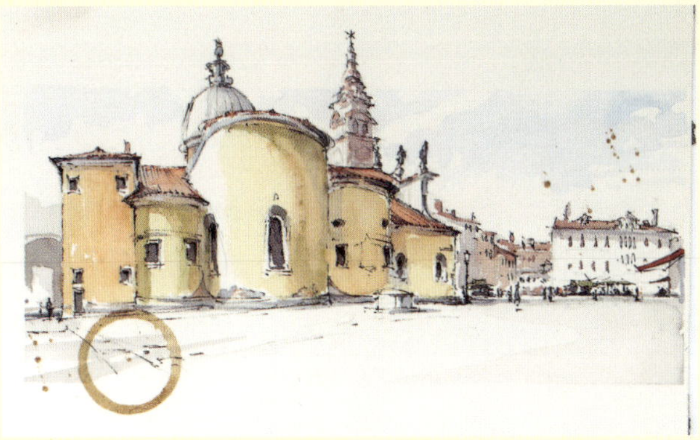

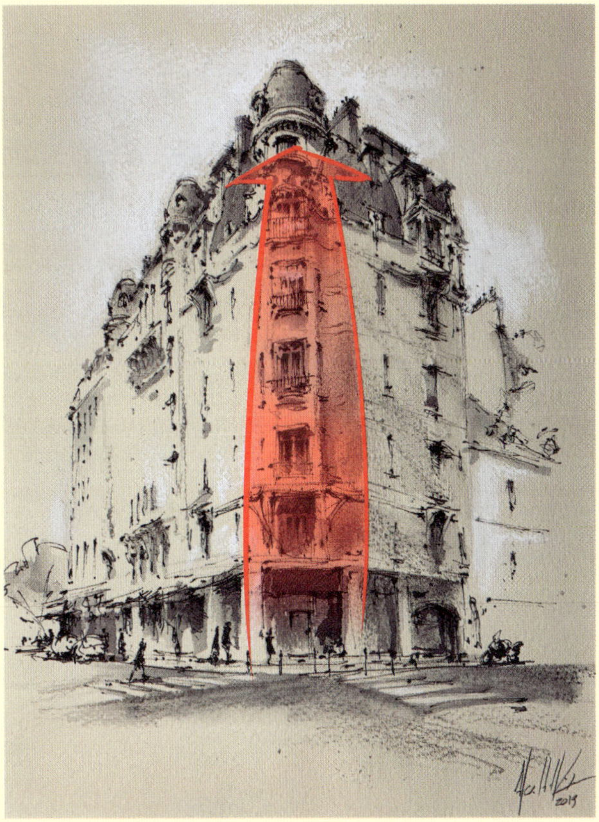

Dieses Gebäude scheint sich Richtung Himmel zu strecken. Es verkörpert den Gestus des Sich-Reckens.

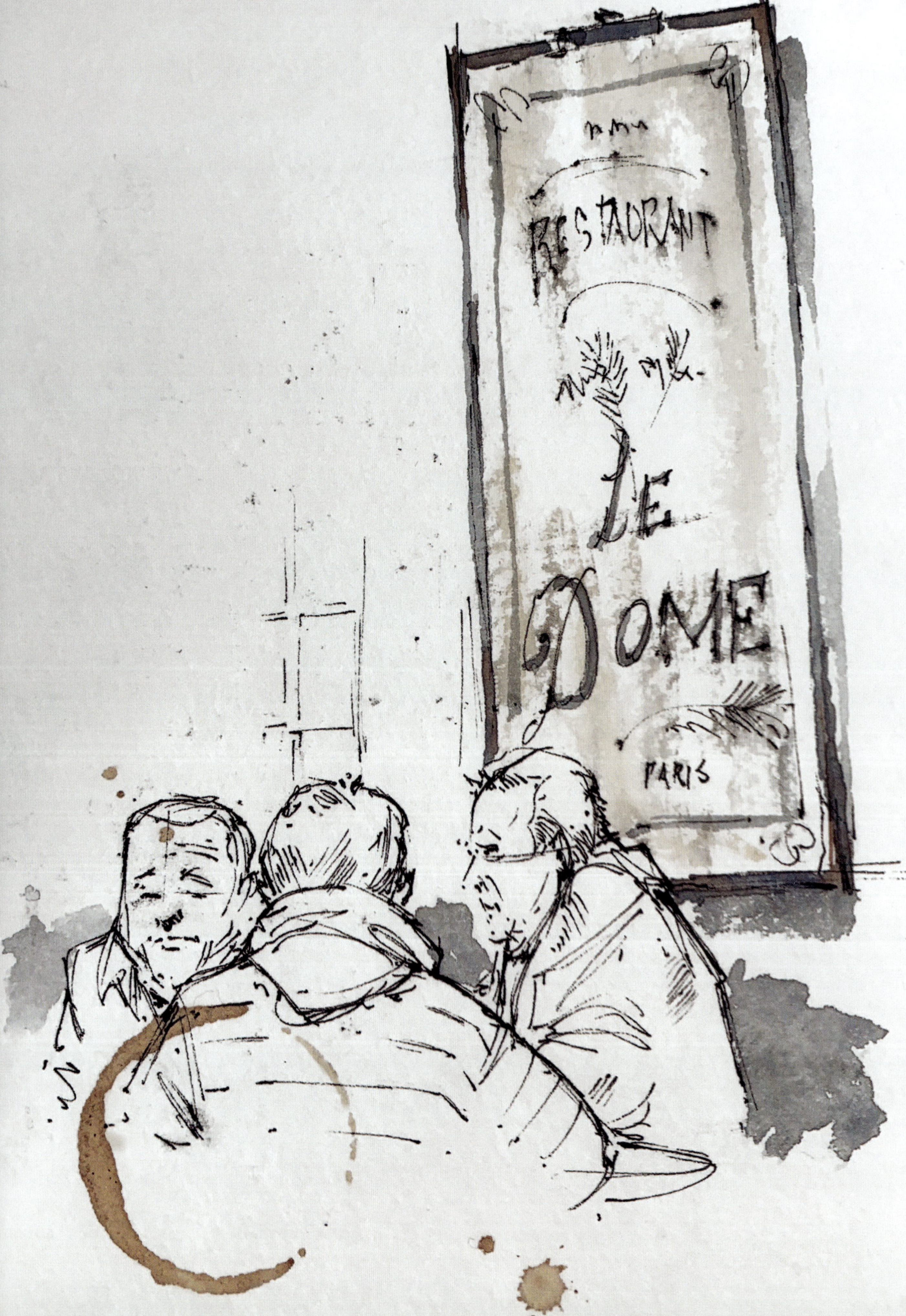
RESTAURANT
LE
DOME
PARIS

8

PERSONEN

Personen zu skizzieren, lehrt uns Geschwindigkeit und das Einfangen des Wesentlichen einer Form und Geste. Ich skizziere Menschen in Bahnhöfen, Cafés und Parks, überall wo ich sitzen und beobachten kann. Die Herausforderung besteht darin, die Geste rasch zu erfassen. Die Leute bleiben nicht stehen und warten, bis man fertig ist. Auf die Schnelligkeit kommt es an.

DIE GRUNDGESTALT

Personen zu skizzieren lehrt uns, das Wesentliche von Form und Gestus einzufangen.

Skizzierprozess

Gestus bezeichnet das Wiedergeben einer Gestalt mit ein, zwei Linien.

1 | Beginnen Sie mit einem Oval für den Kopf, ergänzt durch cinc S-förmigc Linic für das Rückgrat.

2 | Schultern und Hüften werden durch horizontale Linien dargestellt, die normalerweise zu verschiedenen Seiten abfallen. Menschen stehen selten gleichmäßig auf beiden Beinen; normalerweise bevorzugen sie ein Standbein. Mit einem geraden und einem gebeugten Bein muss sich die Hüfte neigen.

3 | Die Schulter kippt in der Folge zur anderen Seite.

4 | Führen Sie die restlichen Körperformen aus.

1

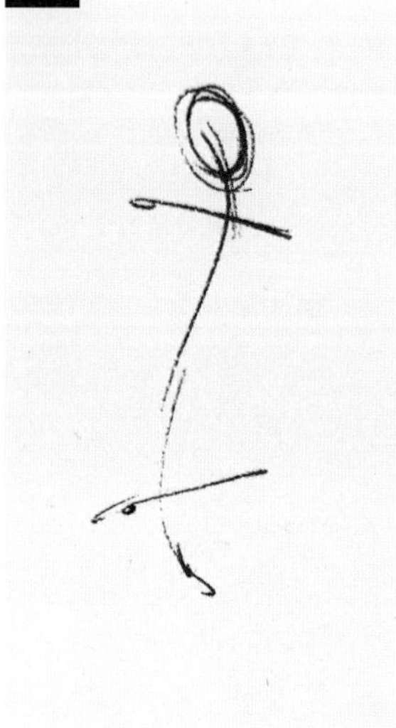

2

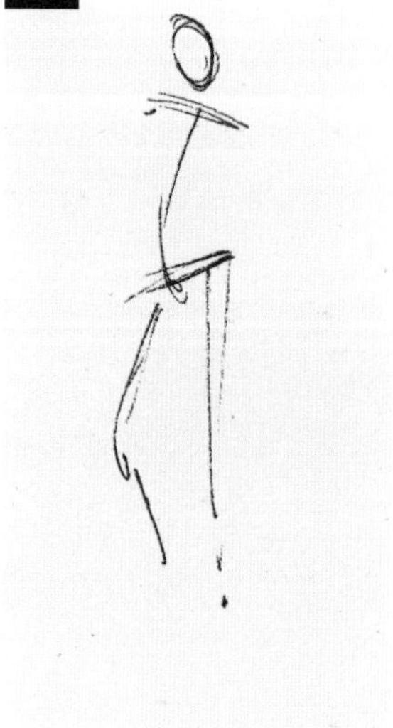

3

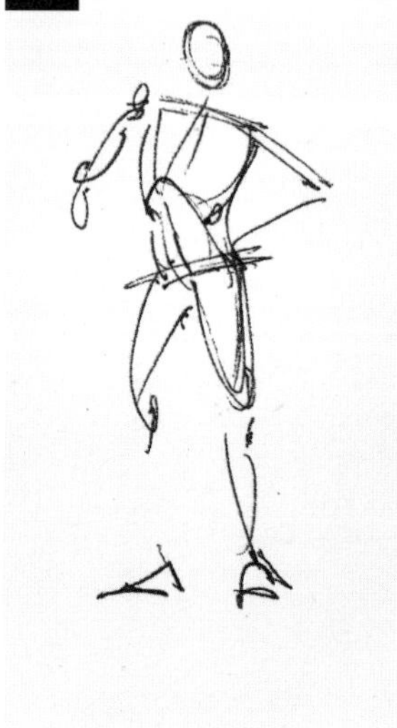

4

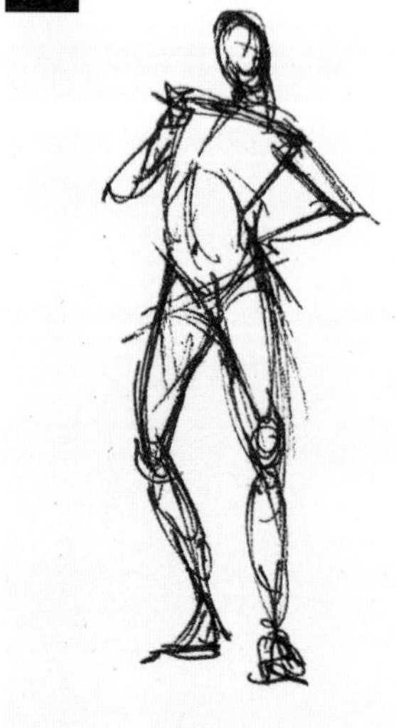

VOLUMEN HINZUFÜGEN

1

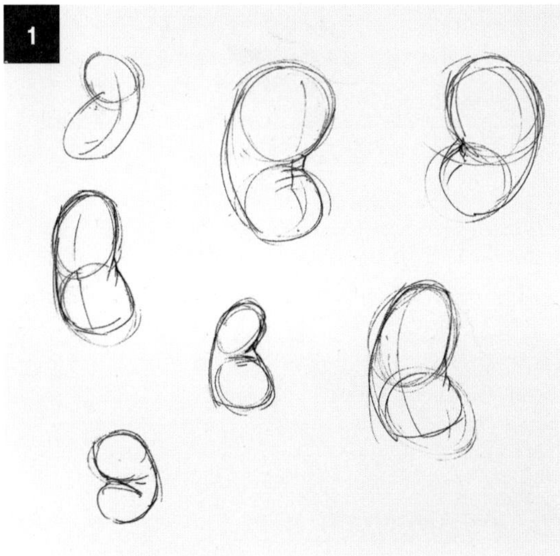

2

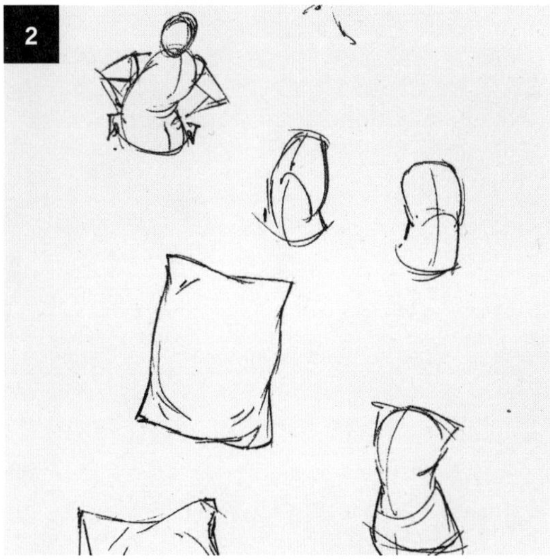

Skizzierprozess

1 | Das Hinzufügen von Volumen kann man mit dem Zeichnen bohnenartiger Formen üben. Schließlich ist das Ziel, dass unsere Gestalten Körpermasse haben und nicht nur zweidimensionale Strichmännchen sind.

2 | Stellen Sie sich ein weiches bohnenförmiges Kissen vor und zeichnen Sie es in so vielen Abwandlungen wie Ihnen einfallen.

3 | Ergänzen Sie es um Schultern und Hüften.

4 | Zeichnen Sie räumliche Röhren statt nur die Umrisse.

3

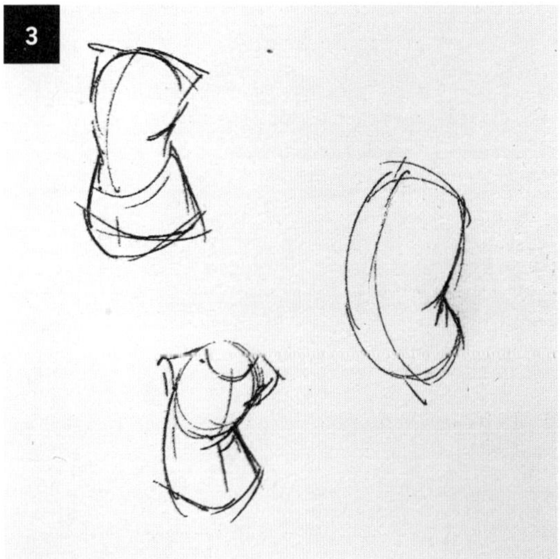

4

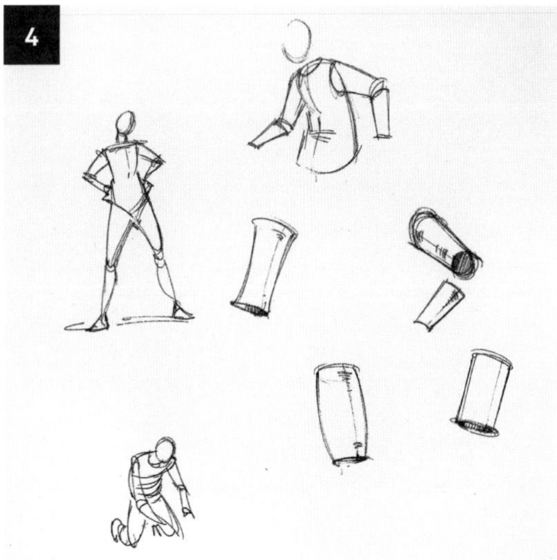

5

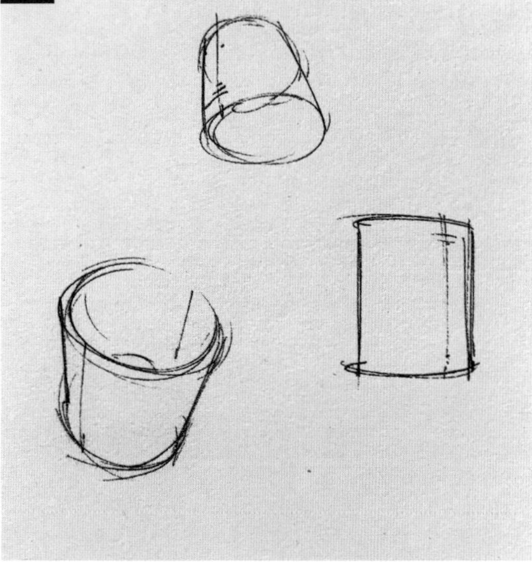

6

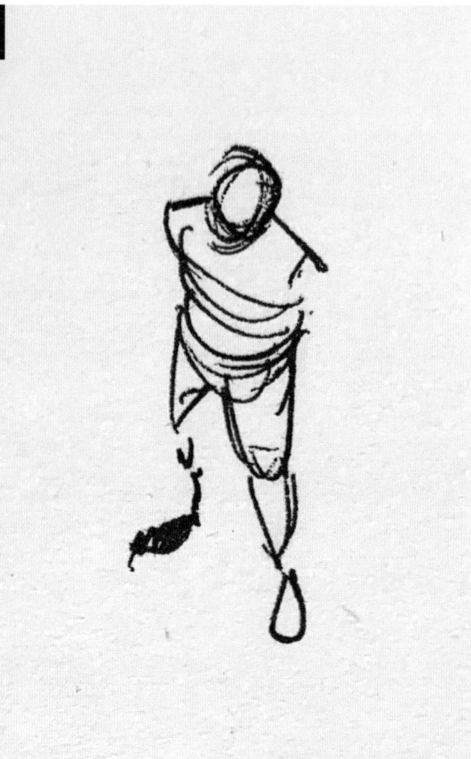

7

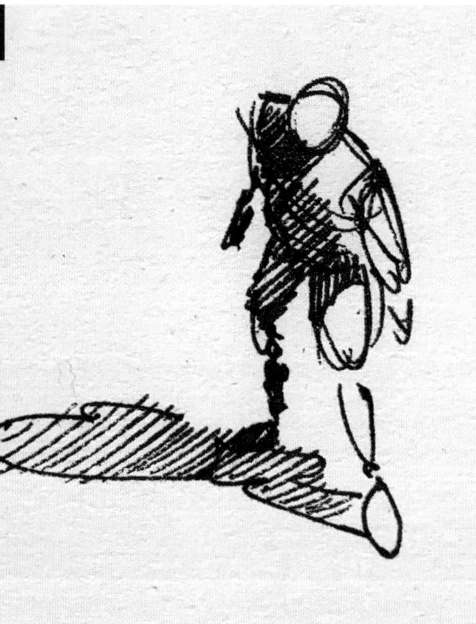

5 | Bei Personen, die man von oben betrachtet, gelten dieselben Volumenregeln, doch nun sitzt der Kopf direkt auf den Schultern. Der Rumpf ist gedrungener. Üben Sie, indem Sie eine Konserve oder ein Trinkglas aus unterschiedlichen Perspektiven zeichnen.

6 | Übertragen Sie, was Sie gelernt haben, auf einen Torso, dann zeichnen Sie den Rest des Körpers und verlieren dabei nicht das Volumen aus dem Blick.

7 | Stellen Sie sich das Vorhandensein einer Lichtquelle vor und ergänzen Sie einen entsprechenden Schattenfall, um die Dreidimensionalität noch überzeugender darzustellen.

DEN GESTUS EINFANGEN

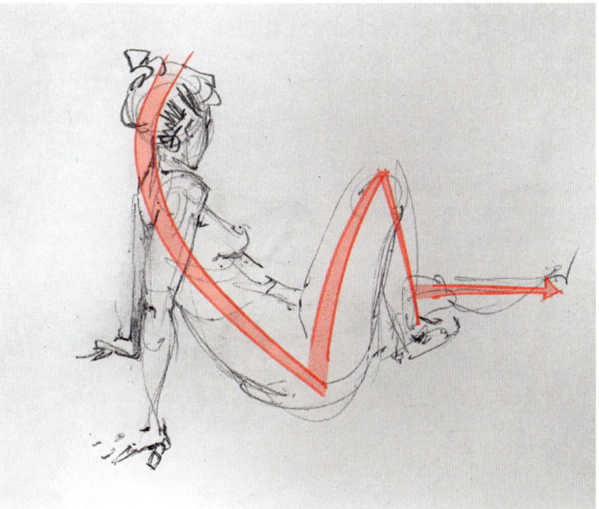

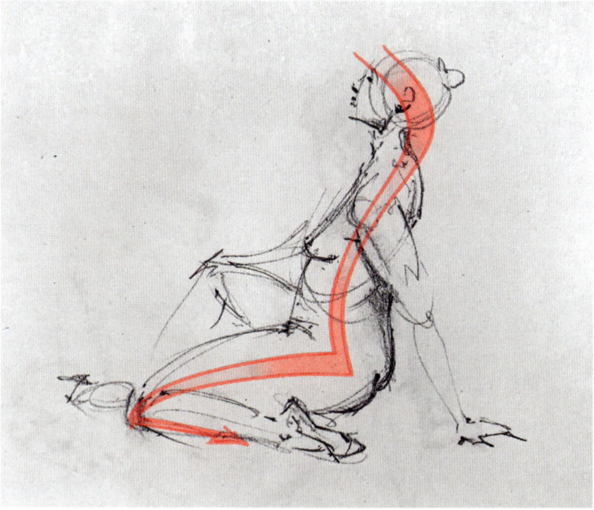

Figurenzeichnen ist eine wunderbare Möglichkeit, das schnelle Skizzieren des menschlichen Körpers zu üben. Innerhalb von zwei bis fünf Minuten eine Pose zu zeichnen, lehrt uns, den jeweiligen Gestus rasch einzufangen. Die Zeit reicht nicht, um sich in Einzelheiten zu verlieren, also konzentrieren wir uns auf die allgemeine Bewegung und den Ausdruck.

Der rote Richtungspfeil in diesen Zeichnungen zeigt die grundlegende Bewegung in einer Pose. Wenn es Ihnen gelingt, den Gestus zu erkennen und ihn als ersten Schritt mit wenigen Strichen auf Ihr Blatt zu bannen, wird alles andere, was Sie hinzufügen, die gleiche Energie vermitteln.

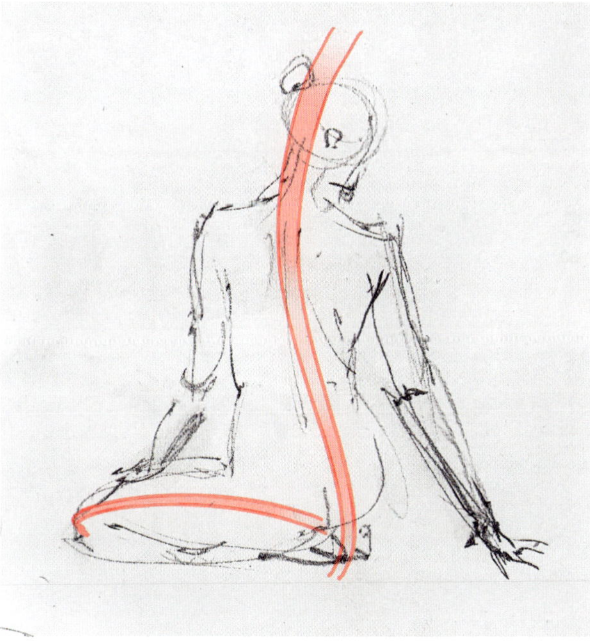

Skizzierprozess

1 | Halten Sie den Gestus mit so wenigen Strichen wie möglich fest. Machen Sie sich den Fluss von Wirbelsäule und Beinen bewusst.

2 | Fügen Sie sekundäre Formen wie Schultern und Arme hinzu.

3 | Füllen Sie die Figur mit Volumen.

4 | Weitere Details, die Sie jetzt hinzuzufügen, werden Energie und Fluss des ursprünglichen Gestus bewahren.

1

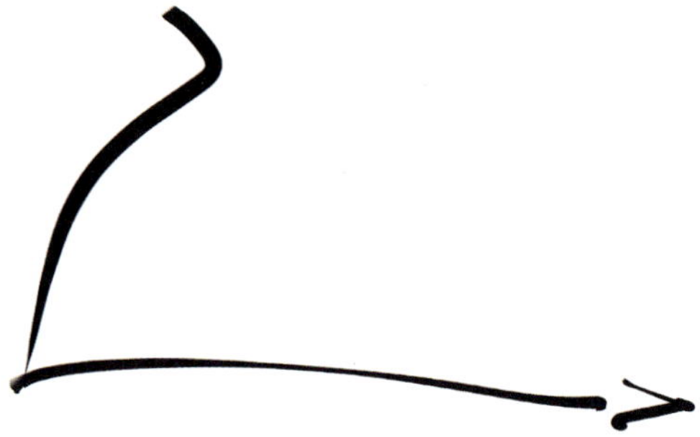

2

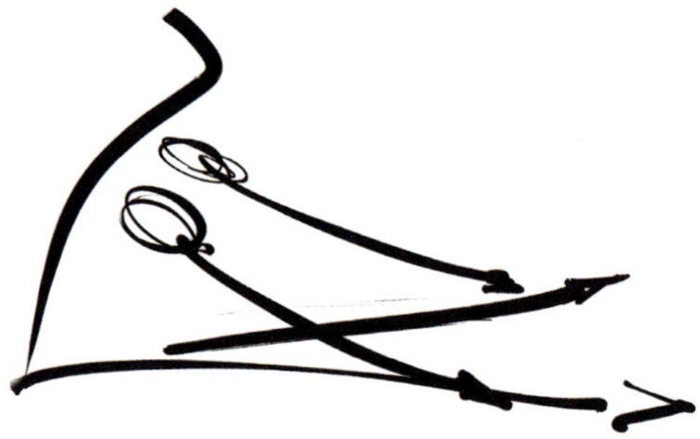

3

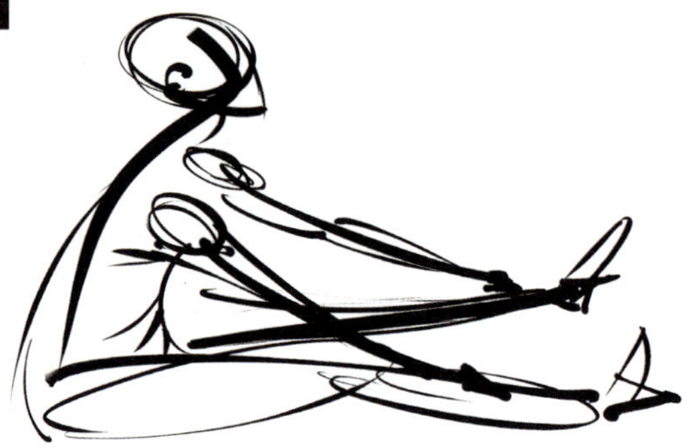

4

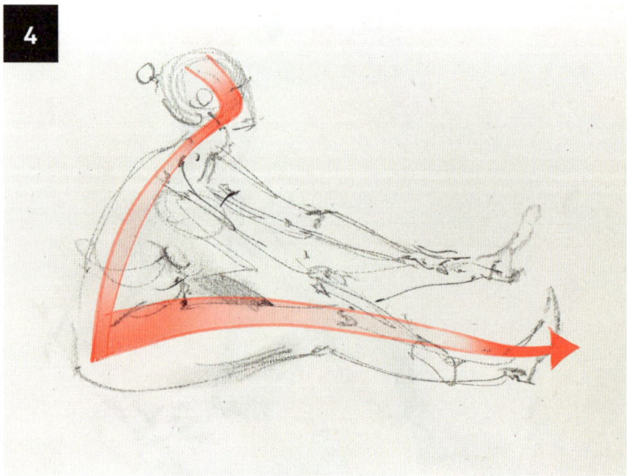

FIGURENGRUPPEN ZEICHNEN

Ich verrate Ihnen meine liebsten Tricks, um Figuren in der richtigen Perspektive wiederzugeben.

Eine Personengruppe perspektivisch korrekt zu zeichnen, kann sich erst einmal herausfordernd anfühlen. Doch wenn wir beim Skizzieren stehen und Stehende zeichnen, befinden sich alle Augen auf einer Höhe. Es spielt keine Rolle, wie nah oder fern die Personen sind: Wenn sie alle stehen, sind ihre Augen auf der gleichen Ebene. Mit einer geraden Linie können wir die Augenhöhe aller festlegen. Sie gibt den Horizont für unsere Linearperspektive ab.
Das Gleiche trifft zu, wenn wir beim Zeichnen sitzen und Sitzende festhalten. Da unsere Augen auf der gleichen Ebene wie die aller anderen sind, können wir mit einer geraden Linie, auf der alle Augen liegen, die sitzenden Personen in die richtige Perspektive bringen. Auch hier dient die Linie als unser Horizont für die Linearperspektive.

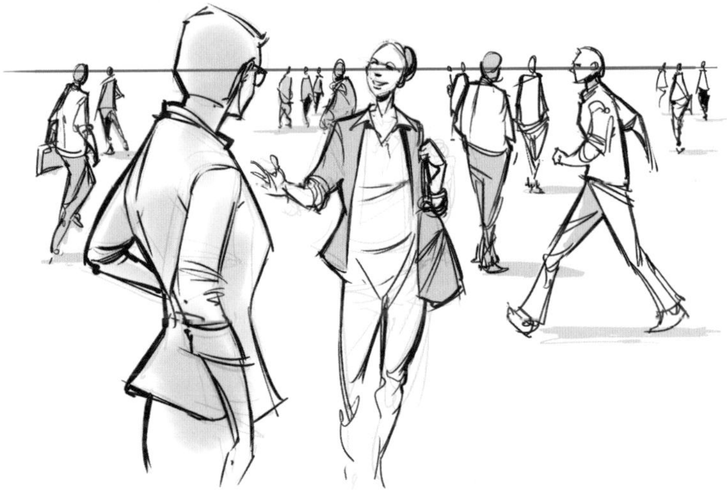

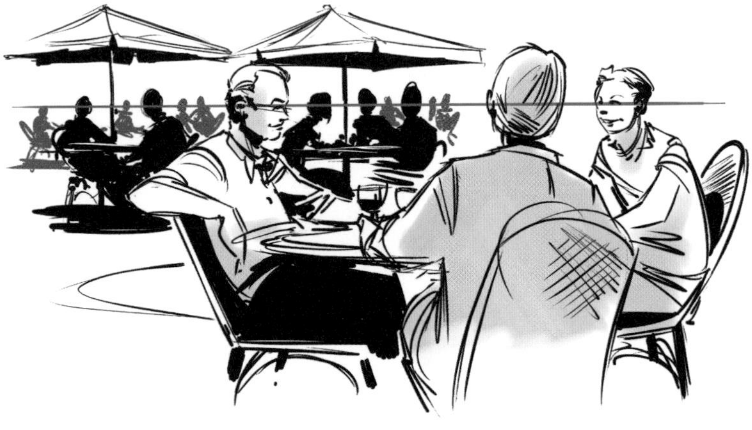

Interessant wird es, wenn wir Figuren zeichnen, von denen einige sitzen und andere stehen. Beide Bilder zeigen dieselbe Szene: Zwei Personen sitzen auf einer Bank im Vordergrund, drei andere stehen im Hintergrund. Einmal wurde aus der Perspektive der Sitzenden, das andere Mal aus jener der Stehenden gezeichnet.

Wenn wir beim Zeichnen sitzen, sind unsere Augenlinie und der Horizont auf gleicher Höhe mit anderen Sitzenden. Stehende ragen über den Horizont hinaus.

Malen wir dieselbe Szene stehend, ist unsere Augenlinie auf einer Ebene mit der anderer Stehender. Die Sitzenden befinden sich unterhalb der Horizontlinie.

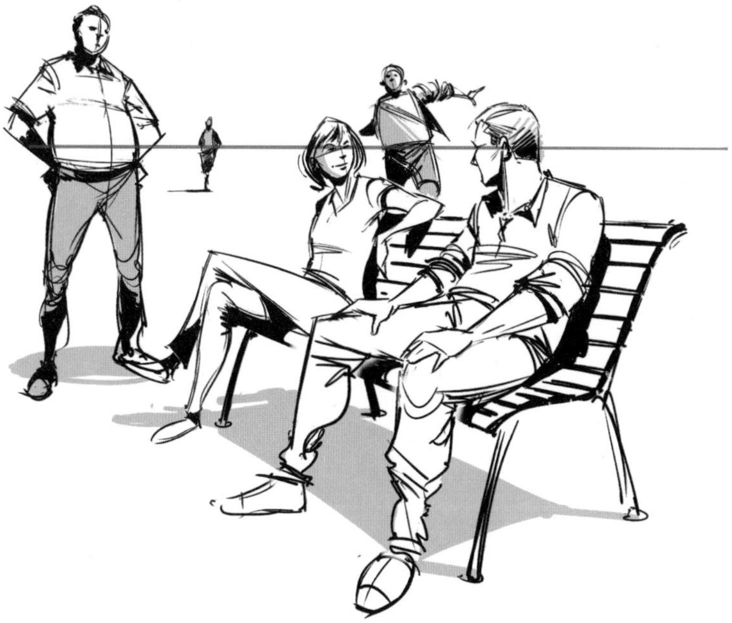

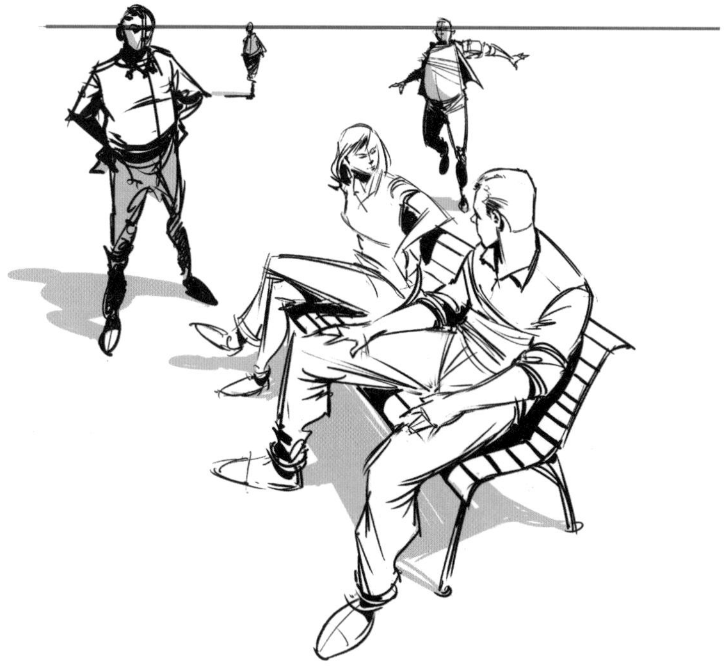

Jede Figur erzählt eine Geschichte

Wenn wir Figuren in einer umfassenderen Szene zeichnen, dienen sie nicht nur als Füller und Extras. Es sind Menschen mit einem eigenen Leben. Vielleicht sind sie mit ihren Einkäufen auf dem Heimweg oder unterwegs, um Freunde zu treffen. Möglicherweise sind ihre Tüten schwer oder ihre Füße schmerzen. Indem Sie beim Skizzieren an die Geschichte hinter jeder Figur denken, wird Ihre Skizze lebendiger und abwechslungsreicher.

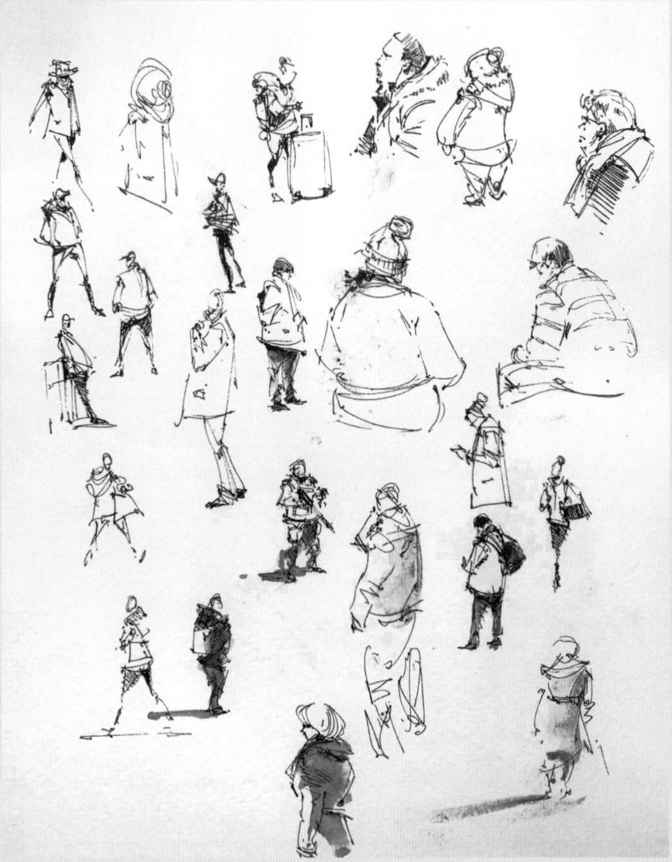

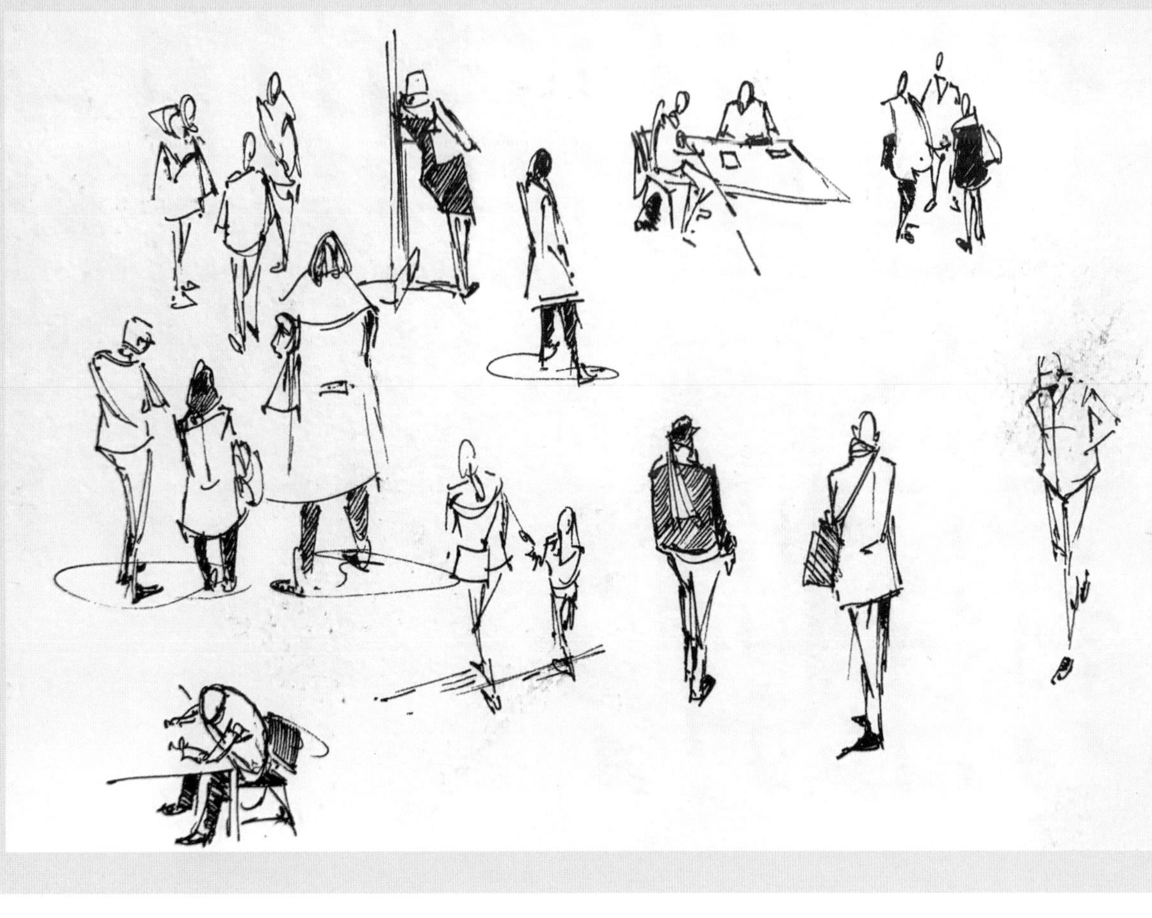

DEN KOPF ZEICHNEN

Die Aufgabe, Köpfe und Gesichter zu skizzieren erscheint zunächst schwierig, doch wenn wir erst die zugrunde liegende Struktur erfasst haben, sind wir frei für eine spielerische Herangehensweise.

Skizzierprozess

EIN GESICHT VON VORNE ZEICHNEN

1 | Am einfachsten lässt sich ein Kopf skizzieren, indem man mit einem Oval beginnt und es vertikal und horizontal gleichmäßig teilt. Dann befinden sich die Augen auf der Horizontalen, während die Nase auf der Vertikalen sitzt.

2 | Fügen Sie einen Kreis hinzu, der vom oberen Teil des Ovals ausgeht. Sein unterer Rand teilt uns die Position der Nasenlöcher mit.

3 | Die Platzierung von Augen, Nase und Ohren ergibt sich durch unsere Hilfslinien. Der Mund befindet sich auf halbem Weg zwischen Nase und Kinn.

4 | Das Hinzufügen von Haaren und einer Schattierung vervollständigt das Gesicht.

1

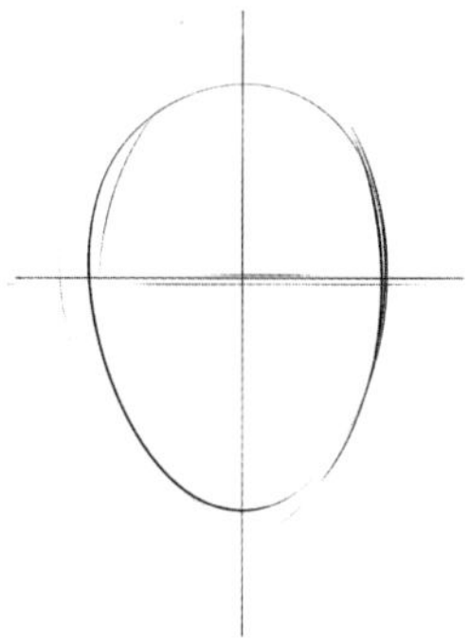

2

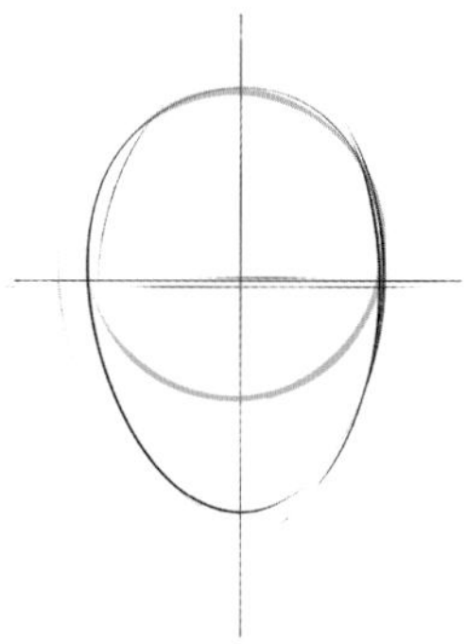

3

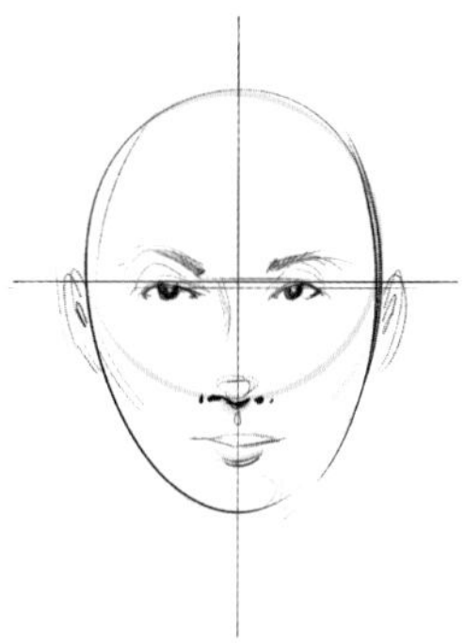

4

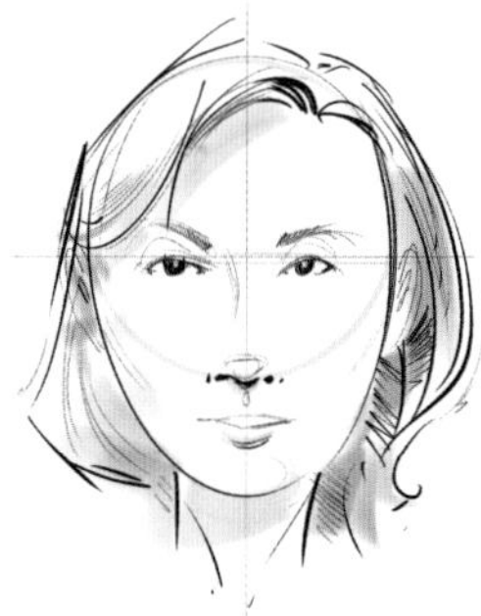

1

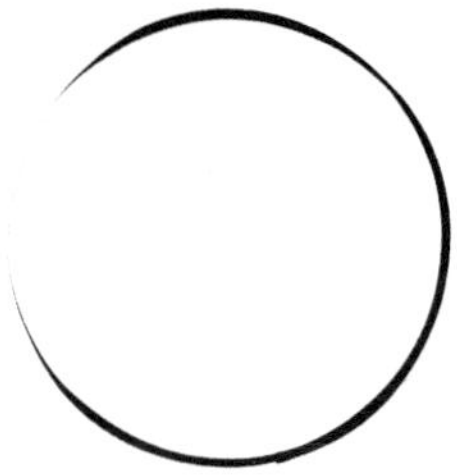

2

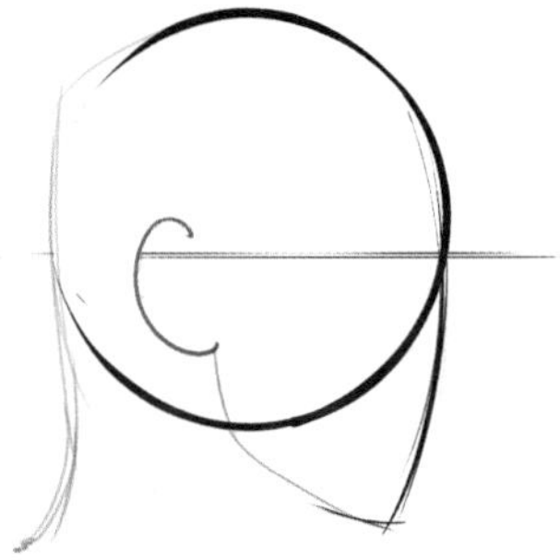

3

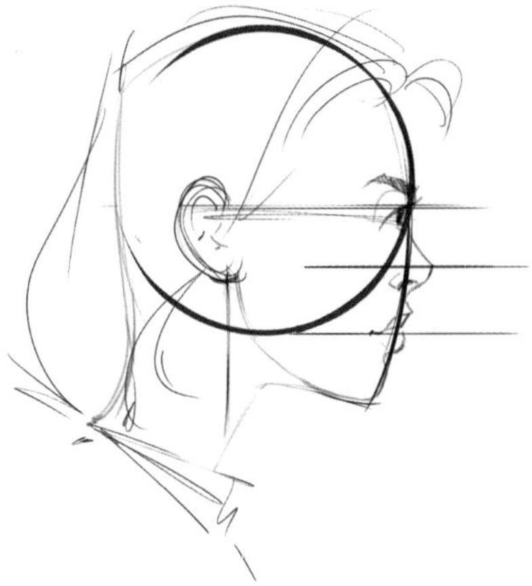

4

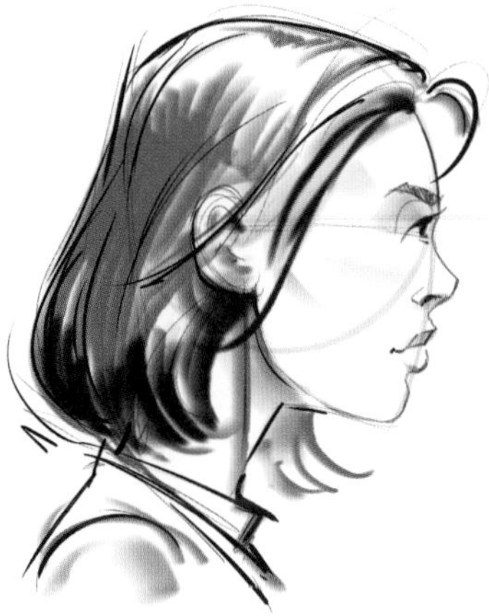

EIN GESICHT IM PROFIL ZEICHNEN

1 | Für ein Profil beginnen wir mit einem Kreis.

2 | Das Kinn setzt sich von der Vorderseite des Kreises fort. Der Nacken hingegen wird aus der Rückseite des Kreises verlängert.

3 | Auch hier sitzen die Augen auf einer Linie zwischen Scheitel und Kinn. Nase und Mund werden gleichmäßig verteilt zwischen Augen und Kinn.

4 | Sobald die Hauptmerkmale platziert sind, kann man Haare und Schattierung ergänzen.

GESICHTER AUS VERSCHIEDENEN BLICKWINKELN ZEICHNEN

1 | Üben Sie, indem Sie Ihre Seite mit Ovalen füllen.

2 | Weil wir Gesichter und Gestalten nicht immer symmetrisch von vorne sehen, stellen Sie sich diese Ovale als dreidimensionale Eier vor und ergänzen Sie sie um horizontale und vertikale Hilfslinien. Ich bringe gerne Ohren an, um die Formen zu verankern. Diese Eier werden als kippende und sich in verschiedenen Winkeln neigende Formen gezeigt.

3 | Fügen Sie Gesichtszüge hinzu, um interessante Gesichter zu schaffen, die in verschiedene Richtungen blicken und den Hals recken.

1

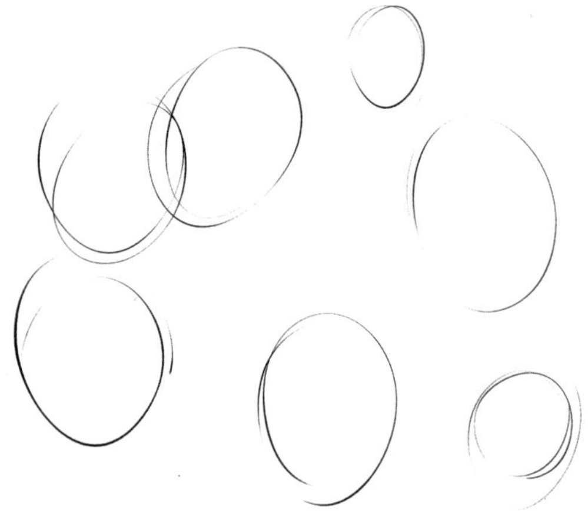

2

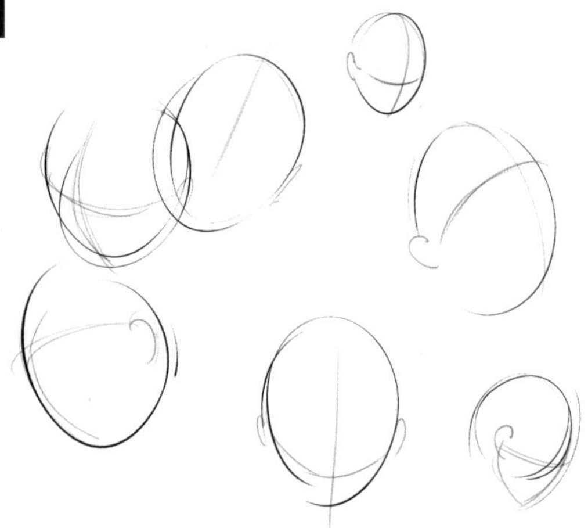

3

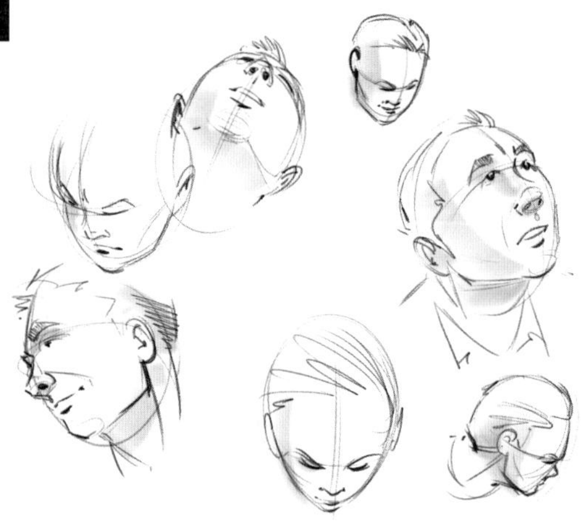

Ich vergesse nie ein Gesicht

Alle menschlichen Gesichter weisen einzigartige Variationen auf, doch unsere Richtlinien sind ein guter Ausgangspunkt für gelungene Proportionen. Menschen sind dazu veranlagt, Gesichter zu erkennen. Wir sind so gut darin, dass wir sie sogar in Wolken und anderen Formen sehen. Deshalb merken wir beim Skizzieren sofort, wenn die Gesichtszüge einmal nicht stimmen. Üben Sie Gesichter, bis Sie Ihnen zur zweiten Natur werden.

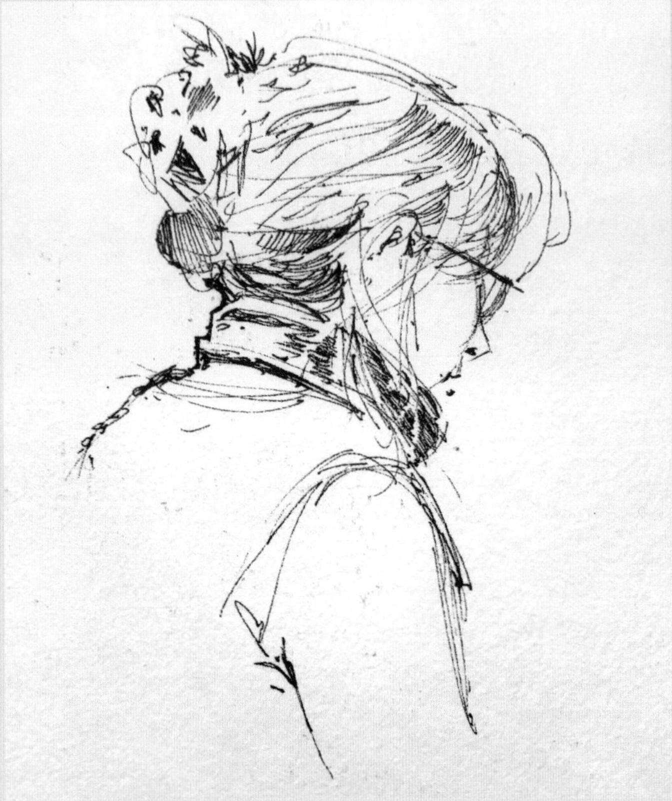

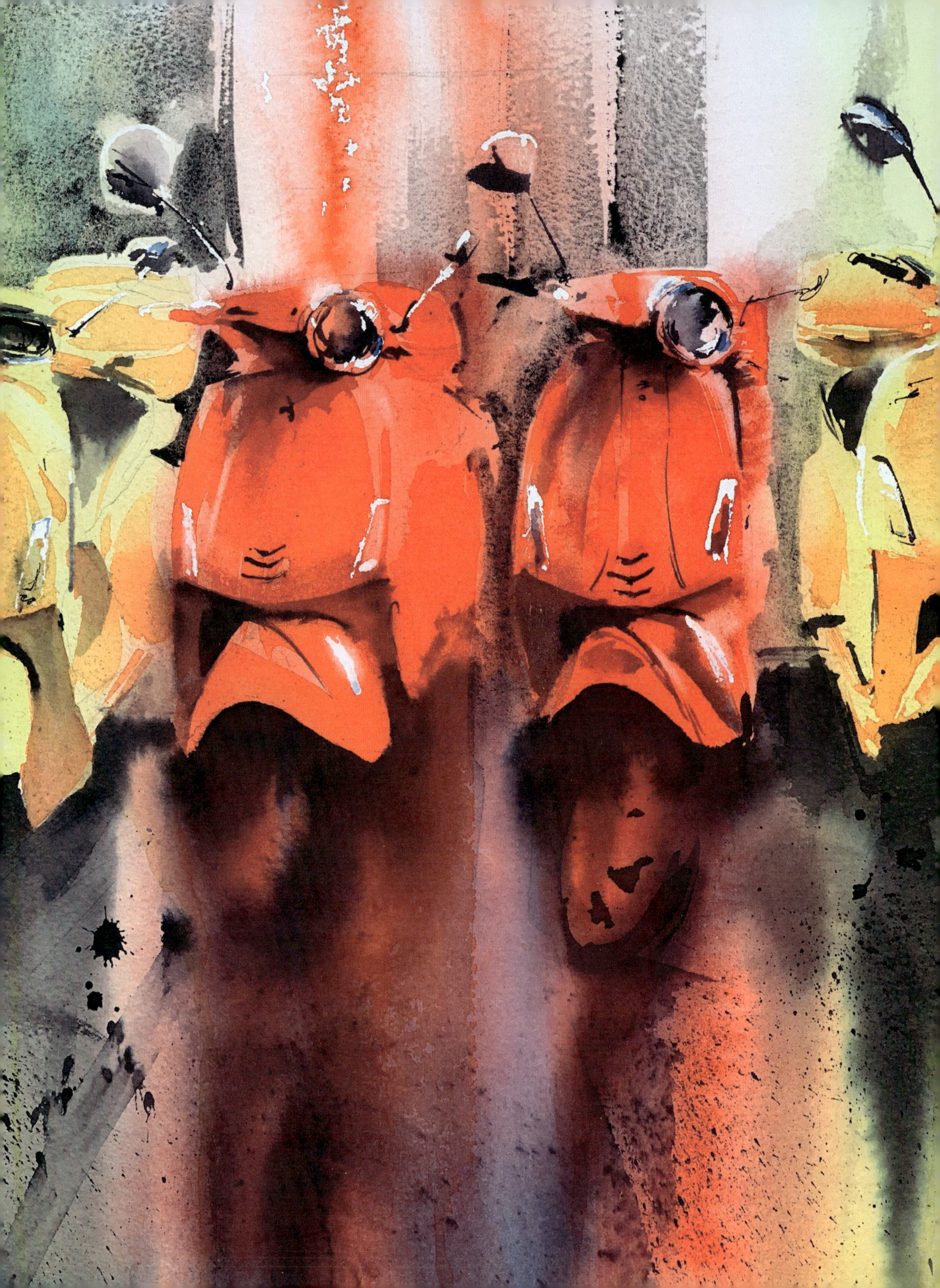

9

AQUARELLIEREN

Tanzen ist die beste Analogie, die mir zum Malen mit Aquarellfarben einfällt. Manchmal führen wir, und dann wieder führt die Farbe. Wir sind Tanzpartner. Zwar dürfen wir den Prozess lenken, aber wir sollten auch auf die Farbe hören, mit ihr spielen und uns ihr anpassen, wenn sie zu improvisieren beginnt.

MIT AQUARELLFARBEN TANZEN

Aquarellfarben eignen sich ideal zum Skizzieren. Sie sind günstig, gut zu transportieren, und ihr Gebrauch ist leicht erlernbar. Ein einfacher Kasten passt in jede Tasche, man benötigt keine exotischen Chemikalien, und eine grundlegende Ausstattung ist überall erhältlich. Der Zugang zu Aquarellfarben ist so einfach wie der zum Brettspiel Go, doch bis zur Meisterschaft kann es ein Leben lang dauern.

Gelegentlich heißt es, Aquarellieren sei mit am schwersten zu lernen. Man kann die Farbe lenken, sie auf bestimmte Weise manipulieren, aber das endgültige Sagen hat man nie. Wir dürfen nie vergessen, dass wir *mit* Aquarellfarben malen. Es ist ein gemeinsamer Schaffensprozess. Genau das ist so faszinierend an ihnen. All die Fehler und die Male, bei denen sich die Farbe uns entzieht oder daneben benimmt, führen am Ende häufig zu den lebendigsten Bildern. In diesem Kapitel wollen wir lernen, mit der sprühenden Lebendigkeit von Aquarellfarben zu spielen.

Für den Umgang mit den Farben zeige ich Ihnen elementare Techniken und einige grundlegende Schrittfolgen, die in vielen Situationen nützlich sind. Musik, Tanz und Malerei - für mich wirbeln sie alle im gleichen Universum umher. So wie ein Musiker vor einem Konzert Tonleitern übt und ein Tänzer seine Schrittfolge vor seinem Auftritt einstudiert, müssen wir unsere Grundtechniken beherrschen, bevor wir ein Meisterwerk erschaffen können.

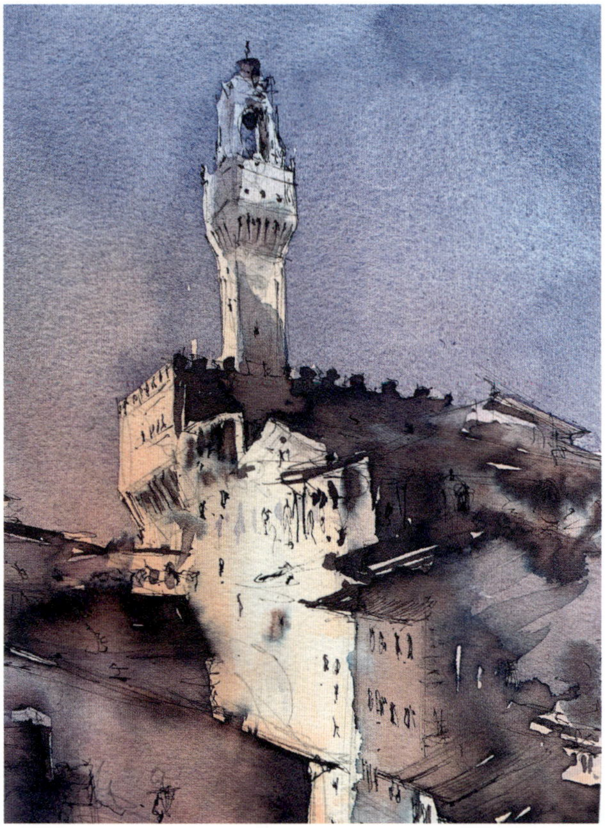

Vor Sonnenaufgang beim Palazzo Vecchio in Florenz. Lavierungen eignen sich ideal dafür, das Glühen, das dem Sonnenaufgang vorausgeht, und die tiefe Dunkelheit zu zeigen.

MEHRFACHEFFEKTE MIT EINER FARBE

Der Vorteil von Aquarellfarben liegt in der großen Spannbreite von Möglichkeiten, sie auf das Papier aufzutragen. Jeder Effekt ist ein neues Werkzeug in unserem Kasten. Ein Element, das zugunsten größerer Abwechslung und mehr Lebendigkeit genutzt werden kann. Um die Aquarellfarben beherrschen zu lernen, ist eine schrittweise Annäherung sinnvoll.

Nachfolgend ein paar Vorgehensweisen, um Ihrem Aquarellbild mehr Textur zu geben. Ich vereinfache die Methode, indem ich nur eine Farbe nutze.

Gleichmäßiges Lavieren

Bei der ersten Technik geht es darum, eine einheitliche Farbtönung zu bewirken. Gleichmäßiges Lavieren ist hilfreich, um den Himmel oder andere große Flächen anzulegen. Üben Sie das Verfahren, bis Sie gleichbleibende Ergebnisse erzielen.

1 | Beginen Sie, indem Sie auf Ihrer Palette eine ausreichend große Farbmenge anmischen.

2 | Tragen Sie die Farbe mit einem Flachpinsel auf trockenes Aquarellpapier auf. Halten Sie das Papier schräg, damit die Schwerkraft die Farbe das Blatt hinunterlaufen lässt. Fangen Sie oben an und ziehen Sie den Pinsel horizontal mit überlappenden parallelen Strichen gleichmäßig über das Blatt, wobei Sie bei jedem zweiten oder dritten Mal Ihren Pinsel in der Palette neu füllen.

3 | Sobald die Fläche laviert ist, legen Sie das Blatt flach hin, damit die Pigmente in die noch feuchten Papierfasern eindringen und sich dort festsetzen können. Das Ergebnis nach dem Trocknen ist eine gleichmäßig getönte Farbfläche.

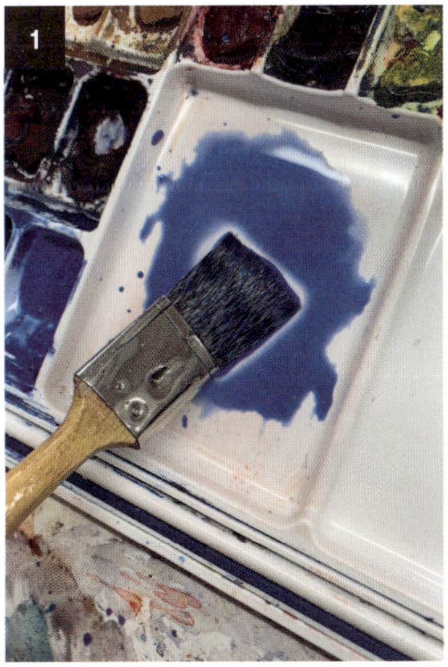
1

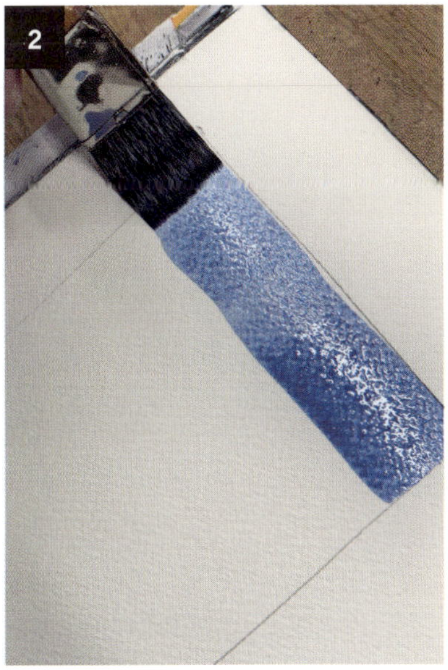
2

3

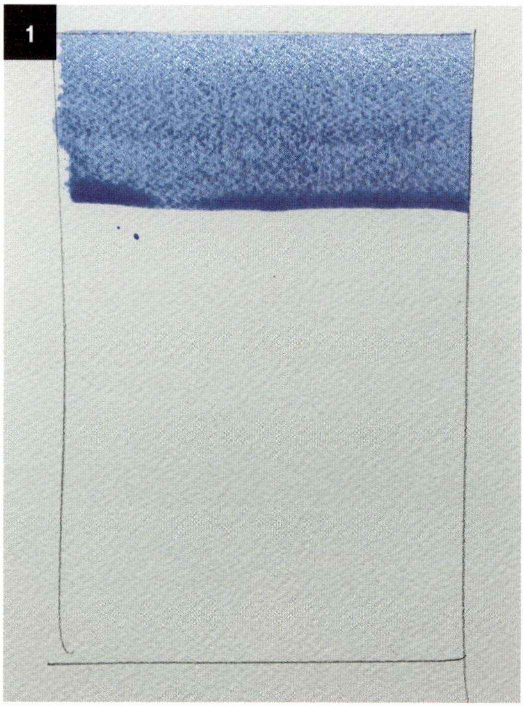

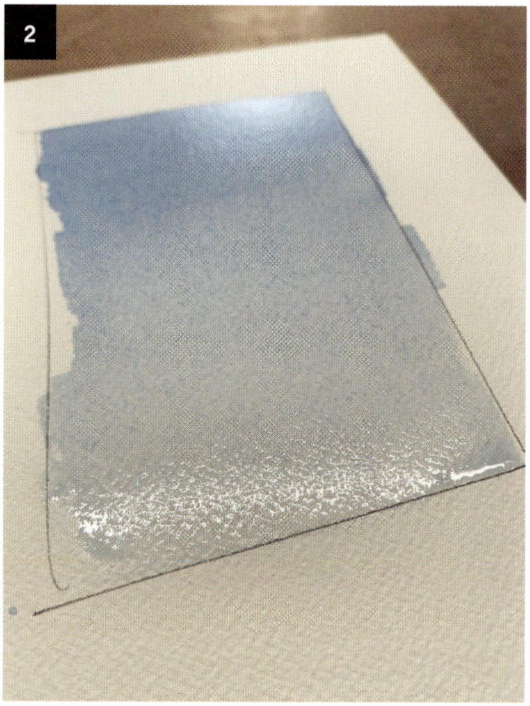

Farbverlauf

Bei der zweiten Technik entsteht ein Farbverlauf. Sie entspricht dem Lavieren, doch hier nimmt die Pigmentmenge stetig ab, je weiter nach unten man auf dem Blatt kommt. Die lavierte Fläche wird wunschgemäß oben dunkler sein als unten.

1 | Starten Sie, indem Sie mit einem farbgesättigten Pinsel in mehreren Strichen Farbe auf trockenes Papier auftragen. Im nächsten Arbeitsgang waschen Sie einen Teil der Farbe aus dem Pinsel und setzen Sie Ihren Pinselstrich fort.

2 | Waschen Sie den Pinsel ein zweites Mal aus und tragen Sie weiter Farbe auf. Jetzt malen Sie fast nur noch mit klarem Wasser.

3 | Legen Sie Ihr Blatt flach hin, damit die Pigmente in die Fasern eindringen können. Nach dem Trocknen wird die lavierte Fläche einen gleichmäßigen Farbverlauf von Dunkel nach Hell aufweisen. Diese Technik eignet sich sehr gut, um den Himmel oder Spiegelungen im Wasser zu malen. An einem klaren Tag ist der Himmel hoch oben von tiefem Blau und wird Richtung Horizont zunehmend heller. Genau umgekehrt verhält es sich mit einer Wasserfläche; dunklere Töne finden sich im unteren Bereich des Blickfelds und hellen sich auf, je näher der Horizont rückt.

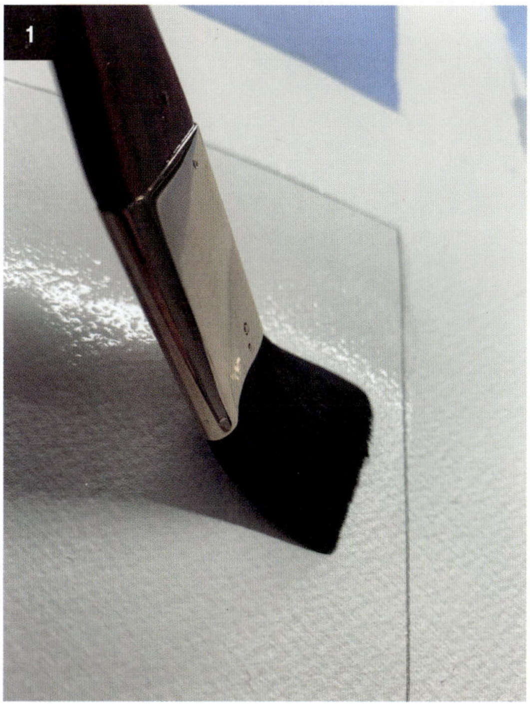

Nass-in-Nass

Für die dritte Technik muss das Papier nass sein, bevor die Farbe aufgetragen wird.

1 | Befeuchten Sie das Papier mit einem Flachpinsel und sauberem Wasser. Führen Sie den Pinsel horizontal, vertikal und diagonal, um das Papier in den Fasern zu sättigen. Es ist feucht genug, wenn es glänzt. Qualitativ hochwertiges Baumwollpapier hält die Feuchtigkeit ein paar Minuten lang, bevor es langsam trocknet.

2 | Füllen Sie Ihren Pinsel mit Farbe und halten Sie das Papier schräg. Ziehen Sie einen einzelnen Pinselstrich am oberen Blattrand und lassen Sie die Farbe auf dem nassen Papier hinunterlaufen. Dieser Vorgang verläuft unkontrolliert. Jetzt ist die Farbe am Zug. Die dynamische Kombination aus Farbe, Wasser und Papier erzeugt einzigartige Strukturen. Hier stellen Aquarellfarben ihre Leistungskraft unter Beweis. Bei jedem Versuch fallen die Ergebnisse etwas anders aus, und das ist es, was beim Aquarellieren so viel Spaß macht.

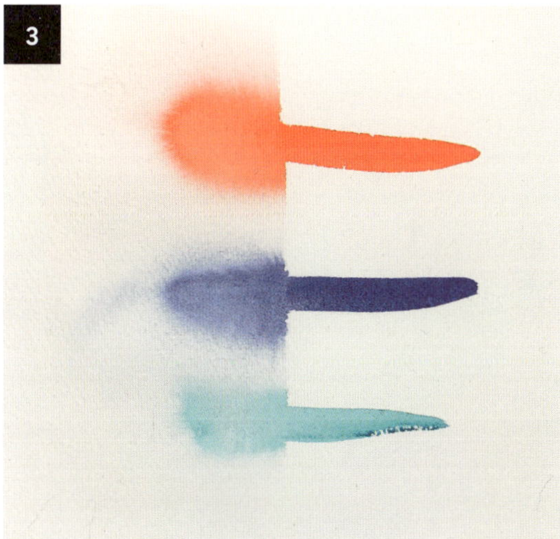

3 | Um den Effekt der Nass-in-Nass-Technik zu verdeutlichen, bestreichen Sie die linke Seite Ihres Blattes mit Wasser und lassen Sie die rechte trocken. Dann ziehen Sie einen mit Farbe gefüllten Pinsel von rechts nach links über das Blatt. Das Ergebnis wird auf der nassen Fläche vollkommen anders ausfallen als auf der trockenen.

Für diese Nass-in-Nass-Technik gibt es viele Anwendungen, zum Beispiel für eine Grundlavierung mit mehreren Farben. Sie laufen ineinander und erzeugen einen interessanten Malgrund.

STRUKTUR SCHAFFEN: SPRITZER, KLECKSE UND SCHABUNGEN

Um eine interessante Struktur mit nur einer Farbe zu schaffen, können Sie alle diese Schritte verbinden und um der Vielfalt willen noch ein paar weitere hinzufügen. Zu diesem Zweck erzeugen wir keine einheitliche Lavierung, sondern eine Kombination aus chaotischen und spielerischen Texturen. So finden wir heraus, wie viel wir Farbe und Papier zumuten können und was jeweils dabei herauskommt.

1 | Tragen Sie etwas Farbe auf ein trockenes Blatt auf und verstreichen Sie sie mit dem Pinsel. Mit einem zweiten sauberen Pinsel fügen Sie Wasser hinzu und finden heraus, was geschieht. Kratzen Sie mit dem Pinselstiel oder einem Fingernagel über das Blatt, um Linien und Kratzer zu erzeugen. Mit der Ecke einer Kreditkarte oder einem Brieföffner klappt das ebenfalls gut.

2 | Bringen Sie Farbe auf das Blatt, indem Sie den Pinsel antippen. Verwenden Sie eine Zahnbürste, um Farbe zu verspritzen. Verreiben und verschmieren Sie Farbe mit den Fingern auf der Seite. Tupfen Sie feuchte Farbe mit einem Papiertaschentuch ab.

1

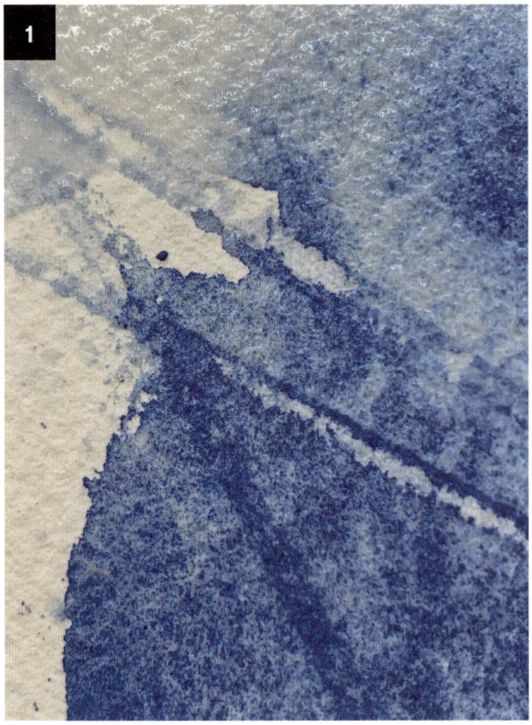

2

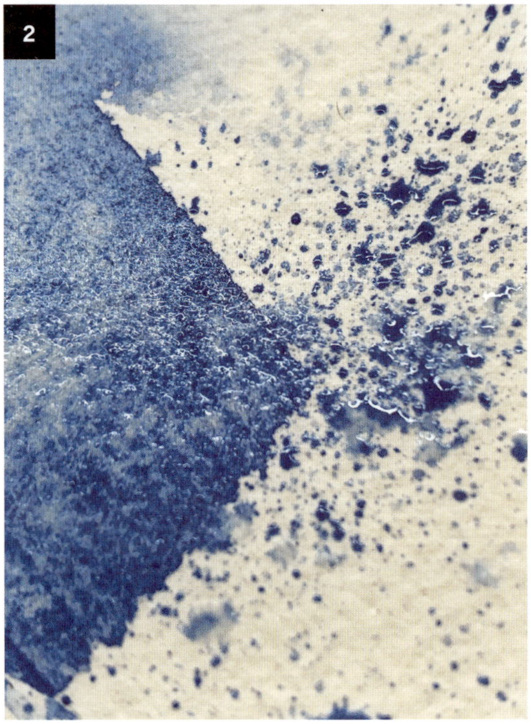

3 | Spritzen Sie sauberes Wasser mit dem Pinsel auf eine lavierte Fläche. Am besten klappt es, wenn Sie mit dem Pinsel leicht auf einen Finger schlagen. Solche Spritzer stoßen die bereits aufgetragenen Pigmente ab und hinterlassen helle Flecken.

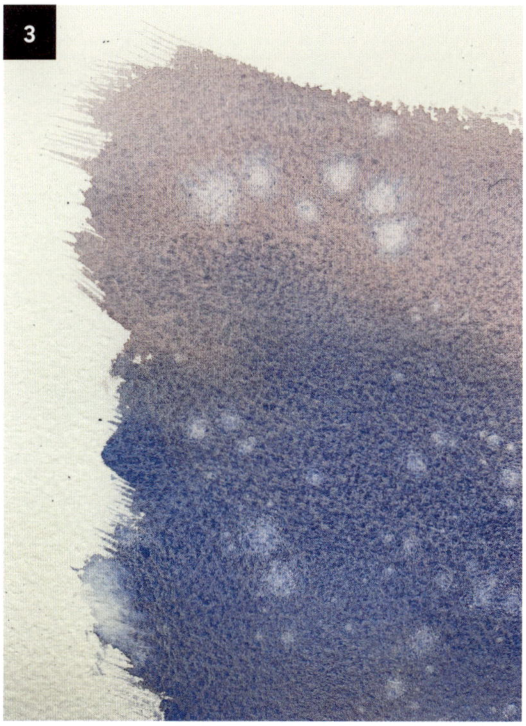

Trockenpinseltechnik

Diesen kratzigen Effekt erzielt man, wenn man mit dem Pinsel rasch über das trockene Papier fährt. Der Pinsel ist nicht knochentrocken (etwas Wasser ist nötig, damit Aquarellfarben funktionieren), doch sollten Feuchtigkeit und Pigment sehr gering sein. Die Technik eignet sich insbesondere für strukturierte Papiere.

Die Trockenpinseltechnik gelingt auch mit einem alten Filzstift oder einem Bleistift, vorausgesetzt, das Papier ist grob genug.

Wenn wir einen klaren blauen Himmel, Reflexionen im Wasser oder das strukturierte Mauerwerk eines Gebäudes malen wollen, können wir mit dieser Technik die Illusion texturierter Flächen schaffen. Es geht darum, uns von der Farbe so viel Arbeit wie möglich abnehmen zu lassen.

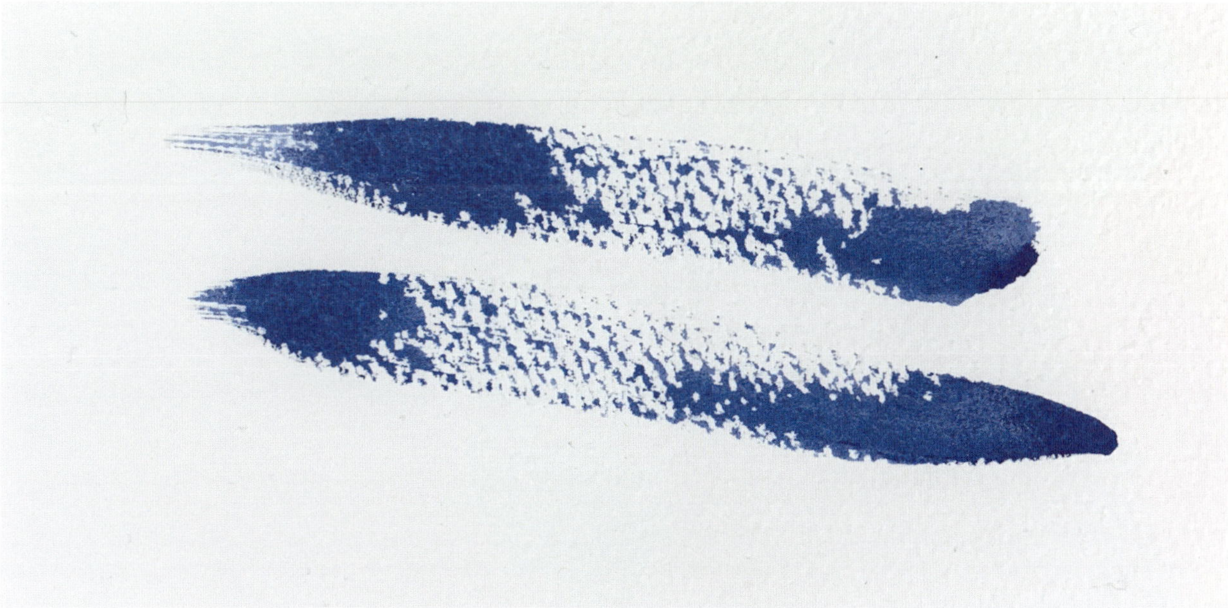

FARBEN MISCHEN

Für das Farbenmischen gibt es drei Methoden, die in verschiedenen Prozessen unterschiedliche Ergebnisse erzielen.

Farbmischung auf der Palette

1 | Am einfachsten ist das Farbenmischen auf der Palette. Erzeugen Sie eine kleine Farbpfütze aus Kobaltblau in einer Ecke und aus Quinacridon-Rot in der gegenüberliegenden.

2 | Vermischen Sie beide mit Ihrem Pinsel. Die Farben passen gut zusammen und erzeugen gemeinsam einen sehr schönen Lavendelfarbton.

3 | Sobald Sie den erwünschten Farbton zusammengemischt haben, tragen Sie ihn auf Ihr Blatt auf.

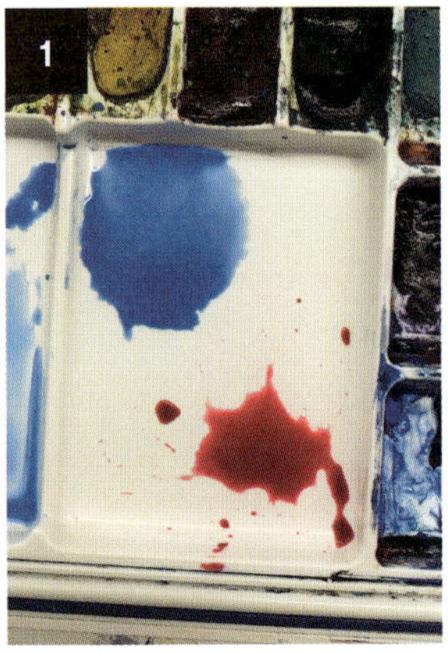

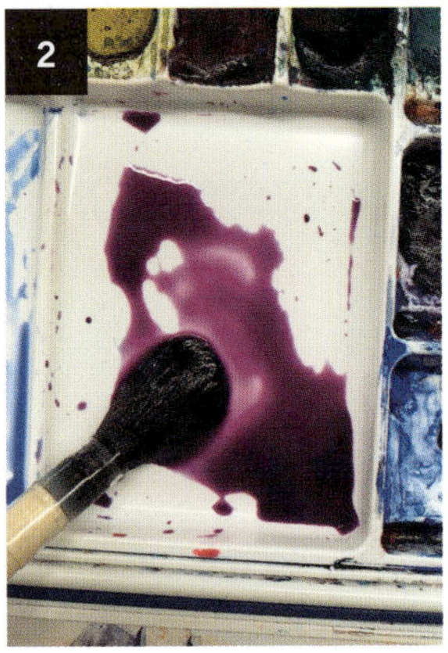

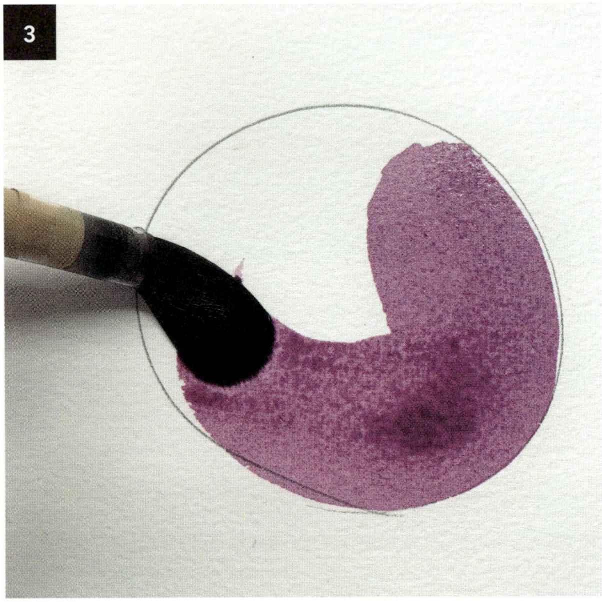

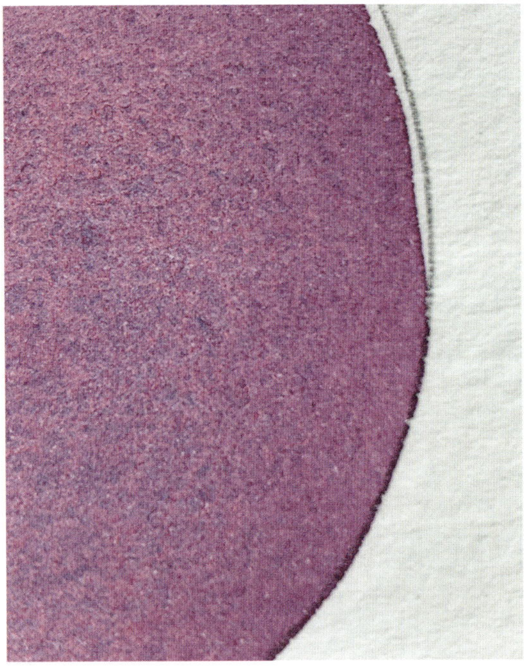

Ein Farbton aus zwei auf der Palette gemischten Farben, mit dem dann die Seite laviert wurde.

Lasieren

Die zweite Mischtechnik besteht im Lasieren des Papiers.

1 | Lavieren Sie die Seite mit Kobaltblau, lassen Sie die Farbe gründlich trocknen und tragen Sie dann eine Schicht Quinacridon-Rot auf.

2 | Da Aquarellfarben transparent sind, scheint die blaue Schicht durch die rote hindurch und unser Auge sieht violett.

Lasieren eignet sich gut, um eine intensiv glänzende Farbschicht aufzubauen. Grüne Bäume, die über einem gelben Hintergrund angelegt werden, entwickeln große Strahlkraft. Die Lasierung mit verschiedenen Blautönen erzeugt einen schön leuchtenden Himmel.

1

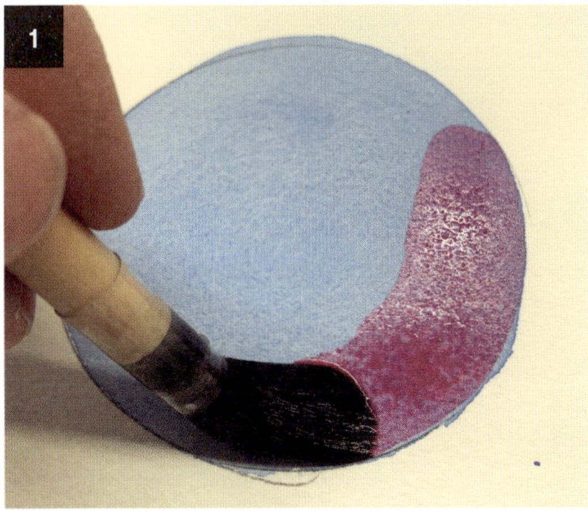

2

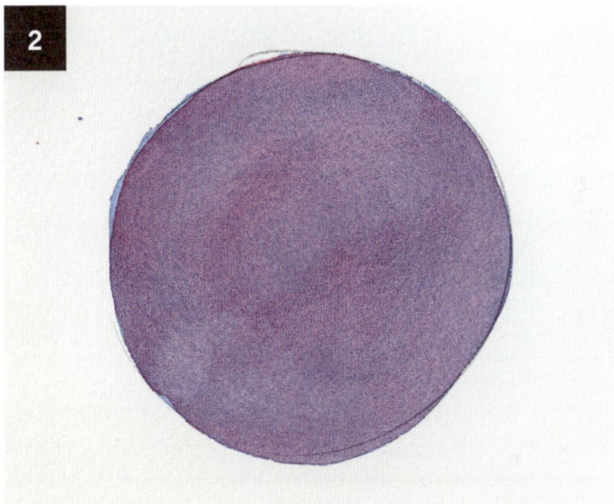

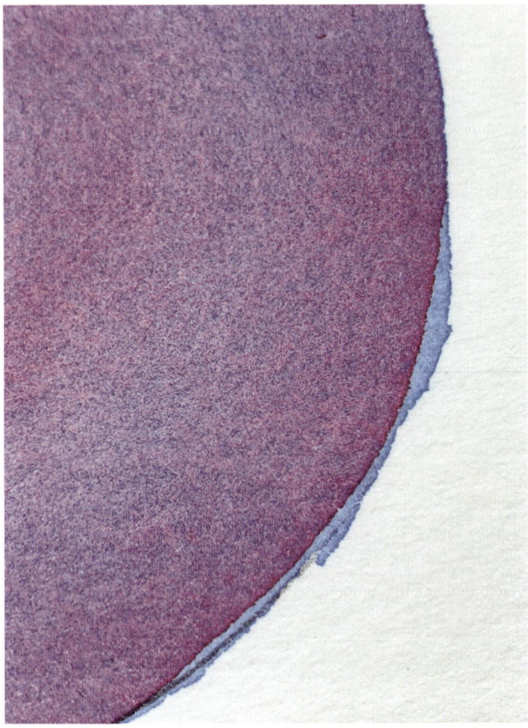

Beim Lasieren schimmert Licht durch die Farben, und sie scheinen auf interessante Weise zu vibrieren.

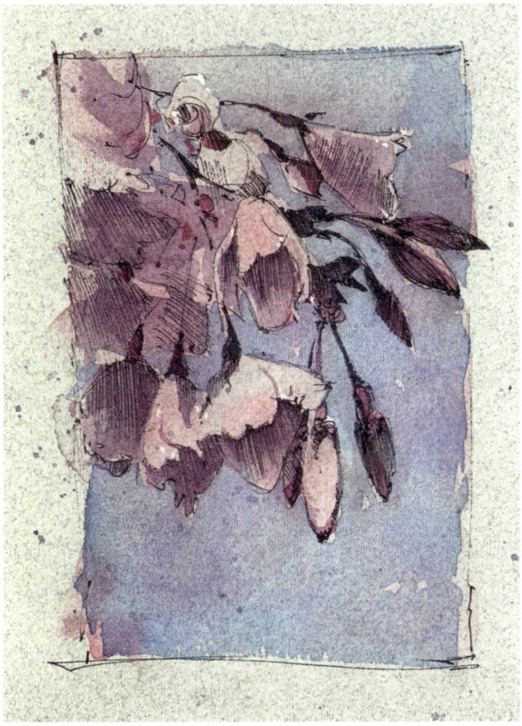

Für diese Blumen habe ich Rosa- und Blautöne mit der Lasiertechnik übereinandergelegt.

Farbenmischen auf dem Papier

Das dritte Mischverfahren findet ebenfalls direkt auf dem Papier statt. Hier können Aquarellfarben ihre ganze Kraft entfalten. Pigmente fließen ineinander und granulieren, bilden Rinnsale und Lachen und erschaffen gemeinsam einen unglaublich dynamischen Tanz.

1 | Nehmen Sie mit dem Pinsel viel Farbe auf. Tragen Sie Kobaltblau auf und gleich daneben Quinacridon-Rot. Bringen Sie die eine Farbe mit dem Pinsel in die andere ein, solange beide noch feucht sind.

2 | Halten Sie das Papier vertikal und neigen Sie es in unterschiedliche Richtungen, damit die Farben ineinanderlaufen können. Dieses sehr dynamische Mischverfahren ist nur mit Aquarellfarben möglich.

3 | Sobald Sie damit zufrieden sind, wie sich die beiden Farben vermischt haben, bringen Sie das Bild zurück in die Horizontale und beenden den Farbfluss. Die Pigmente dringen nun in die Papierfasern ein und trocknen langsam.

Die Kombination dieser drei Mischverfahren und das Lavieren bilden die Grundlage des Aquarellierens. In meinen Bildern verwende ich diese Techniken in zahllosen Variationen und sorge so für Abwechslung.

Die perfekte Mischung

Am liebsten mische ich Farben direkt auf dem Papier. So erhalte ich einen dynamischen Malgrund, worauf ich später in diesem Kapitel unter „Stationen eines Bildes“ (S. 134) noch eingehe. Außerdem mische ich auf dem Papier, wenn ich Schattendetails male und abwechslungsreiche Farbqualitäten suche.

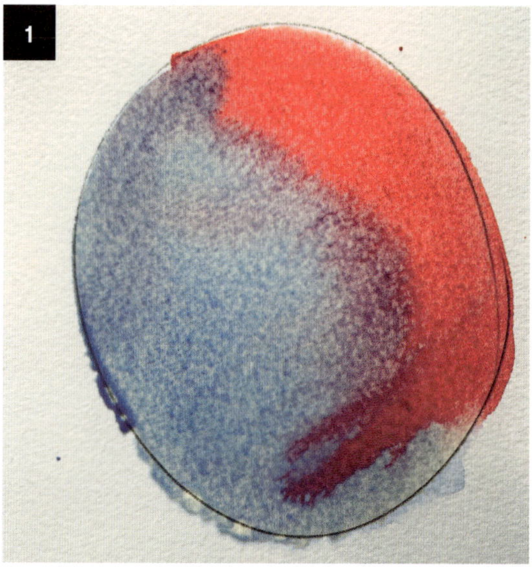

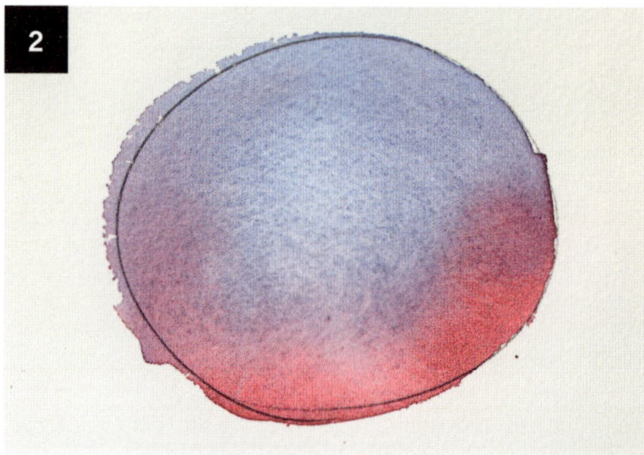

Das Mischen von Farben auf dem Papier bewirkt einen unglaublich dynamischen Tanz.

WARME UND KALTE FARBEN

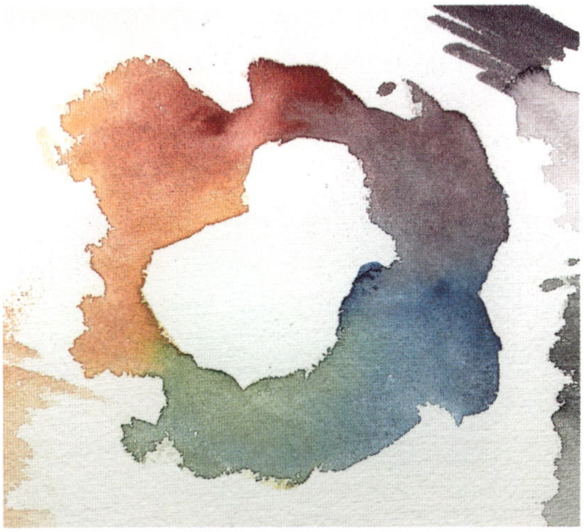

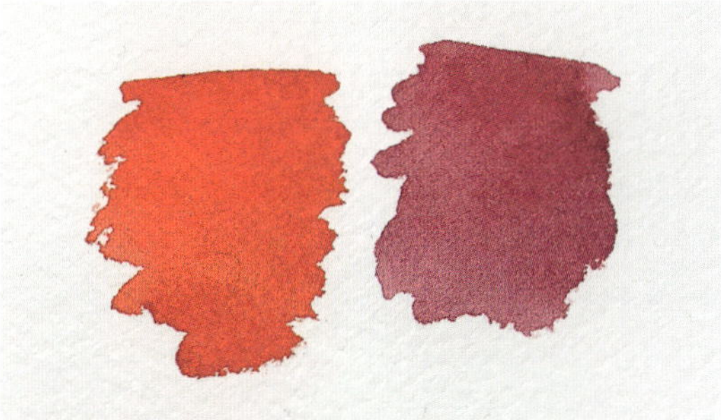

Der warme Rotton Pyrrol Scarlet links kontrastiert mit dem kalten Rotton Quinacridon-Rot rechts.

Wir assoziieren Temperaturen mit Farben. Normalerweise empfinden wir Blau, Türkis und Grün als kalt und Rot, Orange und Gelb als warm. Der Farbkreis lässt sich in warme und kalte Farben teilen.

Der lockere Farbkreis oben zeigt Farbgraduierungen, die ineinander übergehen. Die warmen Farben Gelb, Orange und Rot sind links, die kalten wie Violett, Blau und Grün befinden sich rechts.

Das System gestattet endlose Variationen. Es gibt warme und kalte Rottöne, warme und kalte Blautöne. Oft verdeutlicht die Gegenüberstellung von Farben ihre Temperatur.

Die Verwendung warmer und kalter Farben nebeneinander erzeugt dynamische Tiefe. Farbtemperaturen erzeugen aufmerksamkeitsstarke Kontraste in einem Bild.

Blau in drei Farbtemperaturen: Phthalo-Blau, Cerulean-Chromium-Blau und Kobaltblau.

Fortschieben und heranholen

Man kann Farben vorteilhaft überspitzen. Um einen Hintergrund weiter fortzuschieben, halten Sie ihn kühler, um ihn näher heranzuholen, machen Sie ihn wärmer.

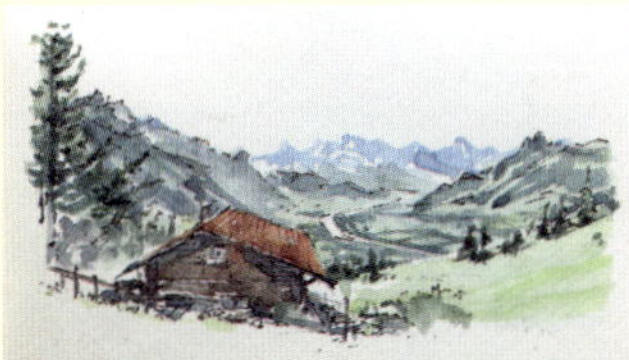

PLANEN IST GUT, BEACHTEN IST BESSER

Beim Skizzieren und Malen sollten wir geplant vorgehen. Eine klare Bleistiftskizze ist die Grundlage. Hinzu kommt eine eindeutige Vorgehensweise. Doch sobald wir unsere Werkzeuge zum Einsatz bringen, ist der Prozess wichtiger. Unser Augenmerk auf das Wechselspiel zwischen unseren Materialien zu legen, ist entscheidender als jeder Plan, mit dem wir ursprünglich losgezogen sind.

Beim Aquarellieren herrschen komplexe Beziehungen zwischen Leistung, Gestaltung und Vermittlung. Die Farben, das Papier, die Luftfeuchtigkeit des Tages und die Art, wie Licht und Schatten die Szenerie beeinflussen – all das spielt eine Rolle. Hinzu kommt das, was wir selbst mitbringen: Erfahrung und Begabung, Vorbereitung und Stimmung. Mit einem Wort: Wir müssen bereit sein zu improvisieren.

Wenn Sie sich vornehmen, ein Meisterwerk für eine Galerie zu schaffen, und scheitern (in Ihren Augen), könnte Sie das frustrieren. Im schlimmsten Fall nehmen Sie vielleicht jahrelang keinen Pinsel mehr zur Hand. Gehen Sie deshalb lieber spielerisch mit Bleistiften, Pinseln und Aquarellfarben um und achten Sie im Zweifelsfall lieber auf den Prozess.

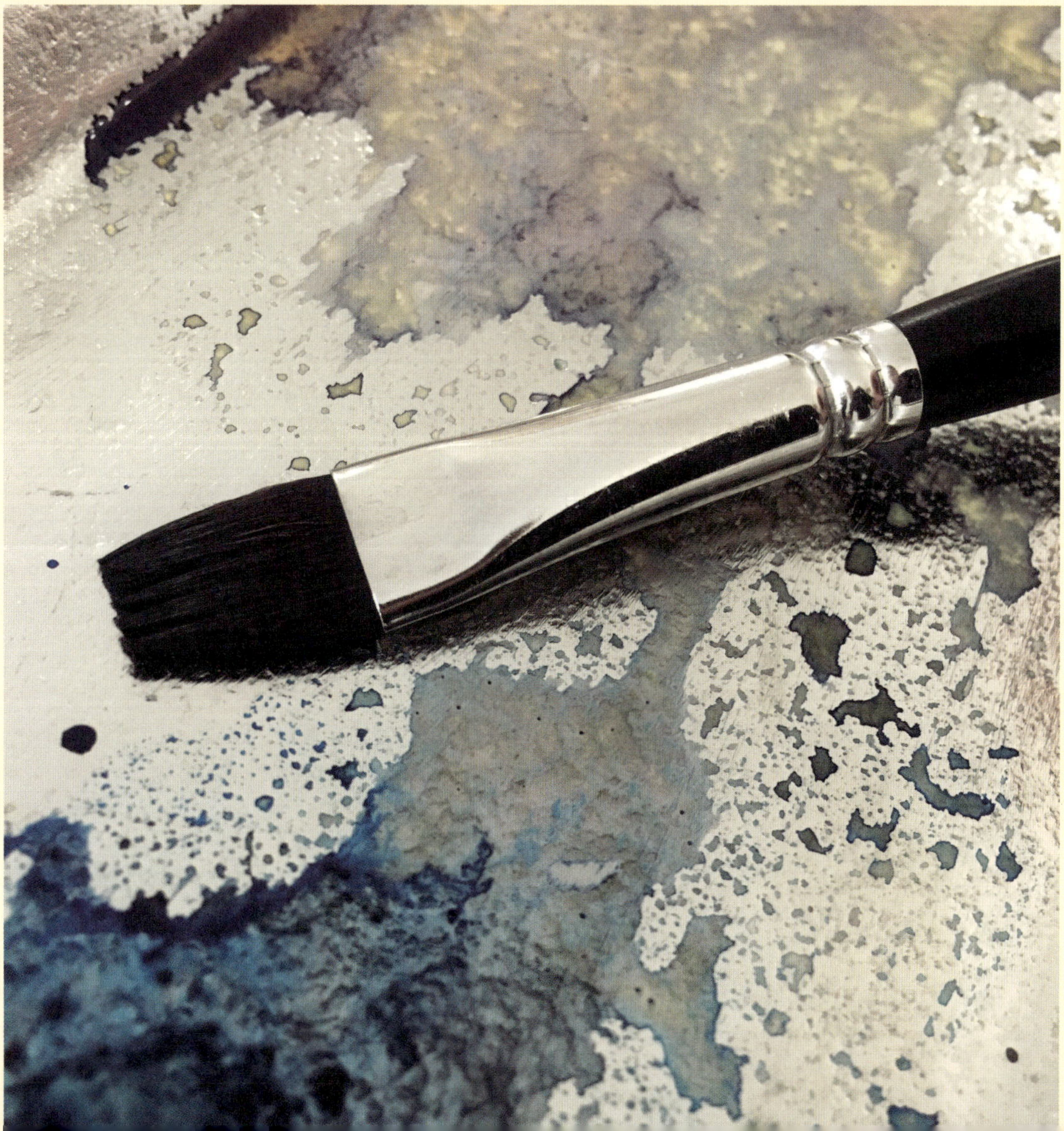

MALEN MIT BEGRENZTER PALETTE

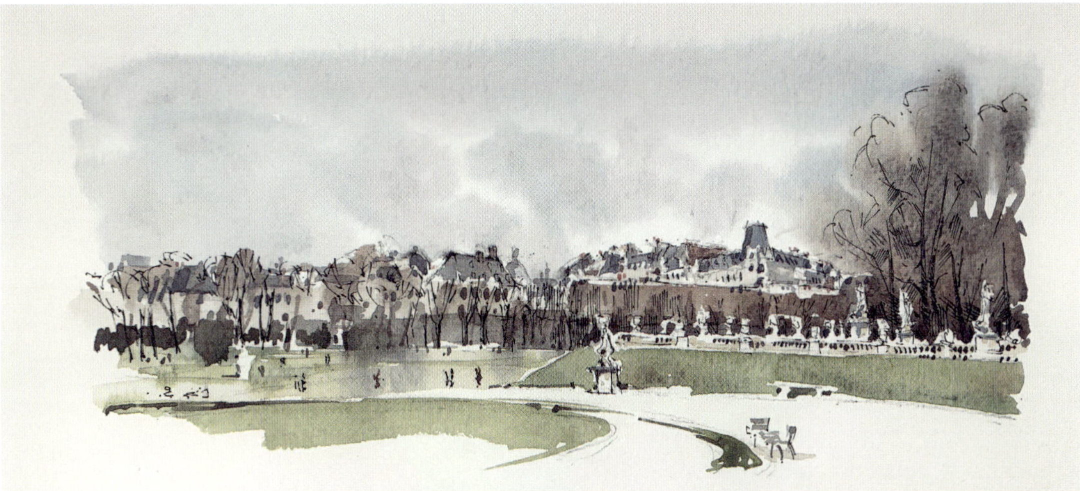

Winter im Jardin du Luxembourg, Paris. Die Reduktion auf wenige Farben kann gute Ergebnisse erzielen.

Weil ich jahrelang nur mit Bleistift und Tinte skizzierte, waren mir Farben fremd. Als ich dann meinen ersten Aquarellkasten kaufte, malte ich zögerlich und meine Lavierungen waren zaghaft und blass.

Inzwischen wähle und verwende ich Farben selbstbewusster. Aber ich verstehe durchaus, wie verwirrend die große Auswahl sein kann. Eine Lösung besteht darin, ganz bewusst nur wenige Farben zu verwenden.

Meine Sechs-Farben-Bank

Sich auf sechs Farben zu beschränken, scheint zunächst unmöglich, schließlich enthält selbst mein kleinster Reisekasten schon neun. Doch die nachfolgenden Farben verwende ich am häufigsten:

- Ultramarin
- Sienna Gebrannt
- Pyrrol Scharlachrot
- Sienna Natur
- Quinacridon Rot
- Phthalo Grün

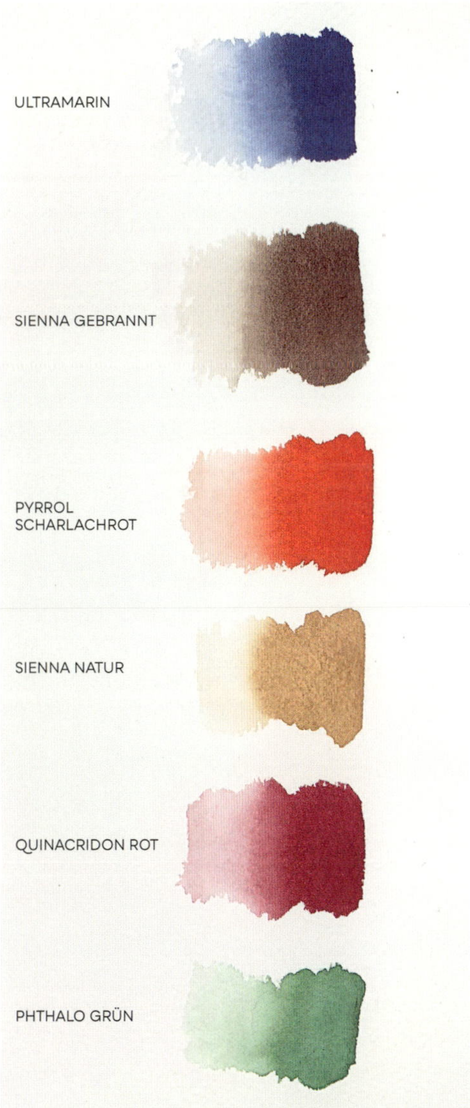

PHASEN EINES BILDES

Wenn ich ein Bild richtig ausarbeiten will, gehe ich in drei Phasen vor. Ich skizziere zunächst mit Bleistift, dann arbeite ich mit Tinte nach und zuletzt setze ich Aquarellfarben ein.

Um mir während des gesamten Schaffensprozesses meine Spontaneität zu erhalten, durchlaufe ich die drei Phasen recht rasch. Meinen Bleistiftstrich mag ich leicht und nutze ihn, um die Gesamtform zu definieren. Mit Komposition, Perspektive und Formen will ich zwar zufrieden sein, doch möchte ich keinesfalls in den Details steckenbleiben. Es geht mir darum, so schnell wie möglich zur Tintenphase zu gelangen.

Mit Tinte zeichne ich ganz bewusst die dunkelsten Bereiche meiner Komposition. Tinte ist den tiefsten Schatten vorbehalten, Treppengeländern, Fensterrahmen und nur dem Teil der Komposition, der das schwärzeste Schwarz enthält.

Tinte verwende ich nicht, um die Konturen aller Gebäude oder auch aller Fenster nachzuziehen. Auf keinen Fall geht es mir darum, eine Zeichnung anzufertigen, die ich im Anschluss koloriere. Ich glaube daran, dass jede der Phasen - Bleistift, Tinte und Farbe - die anderen verstärken soll, so dass sie gut zueinanderpassen.

Um das Bild nicht mit Einzelheiten zu überfrachten, lege ich meinen Stift weg, bevor ich das Gefühl habe, fertig zu sein. Man kann sich leicht in Details verlieren und zu viel zeigen wollen. Tinte kann zu schwer wirken. Also finden sich um des Stils willen, den ich entwickelt habe, nur wenige Tintenstriche auf dem Papier, wenn ich nach den Aquarellfarben greife. Es ist immer möglich, später noch Details hinzuzufügen, wegnehmen kann man sie nur schwer.

Weil es mir besonders gefällt, Licht zu zeigen und wie es Strukturen definiert und formt, scheint mir zu viel Tinte dem Licht im Weg zu sein, so als ob Tinte und Licht um die Oberhand kämpften. Ich will aber, dass alle Elemente harmonisch miteinander verbunden sind.

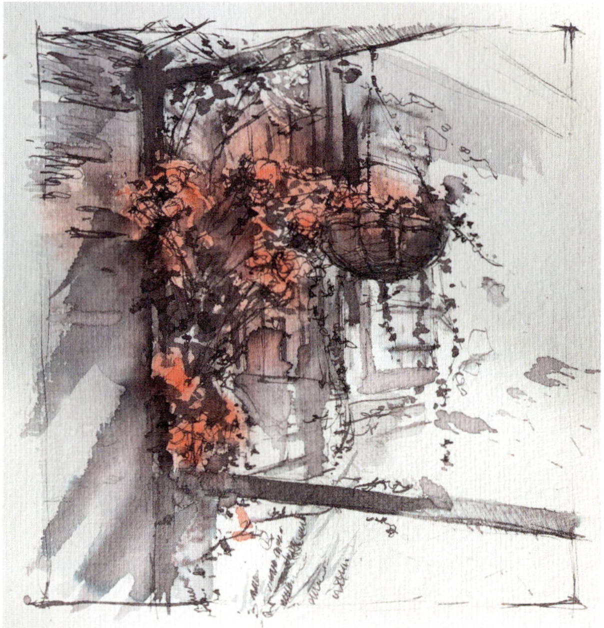

Verwenden Sie dunkle Tinte für die tiefsten Schatten und nutzen Sie das Papierweiß für helle Glanzpunkte. Es genügt, Details nur anzudeuten. Papier, Tinte und Farbe vollenden gemeinsam das Bild.

Skizzier- und Malprozess

Sobald ich meine Farben zur Hand nehme, beginne ich, das Blatt zu lavieren. Das geschieht recht rasch, oft mit der Nass-in-Nass-Technik. Mir geht es darum, dass die Farben auf dem Papier ineinander übergehen.

Für diesen Malstil ist es erforderlich, zunächst Aquarellfarben im hellsten Farbton aufzutragen, und danach dunklere. Als Erstes kommen der Himmel und sonnenbeschienene Bereiche an die Reihe. Die warmen Farben, mit denen ich Sonnenlicht auf Mauerwerk andeute, vermischen sich und sorgen für Abwechslung.

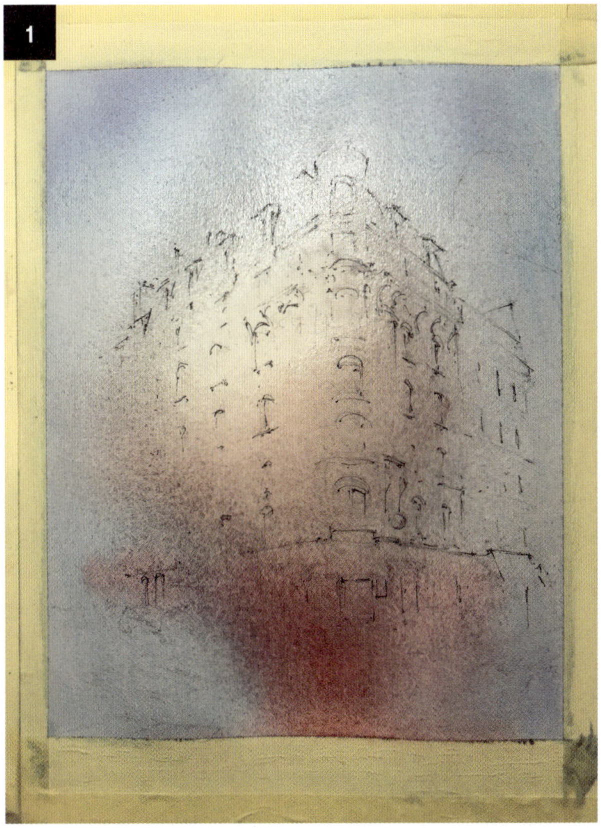

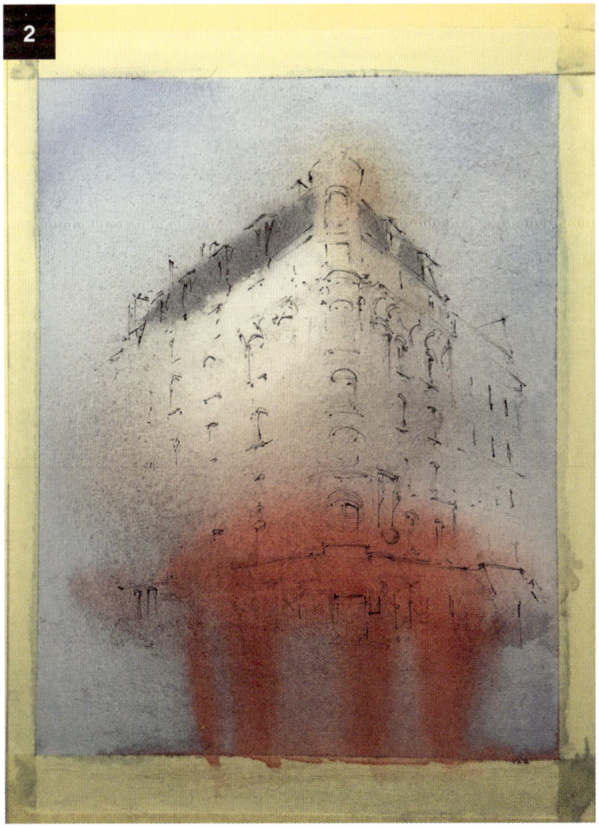

1 | Arbeiten Sie nass in nass und legen Sie die großen Farbflächen Ihres Bildes an. In dieser Phase ist es noch nicht erforderlich, die Bereiche innerhalb der Linien einzufärben. Die Farbe soll auf dem Blatt verlaufen dürfen. Lassen Sie etwas vom weißen Papier durchscheinen. So schaffen Sie wunderschöne Glanzpunkte aus Sonnenlicht. Indem Sie die Freiheit der Nass-in-Nass-Technik nutzen und die Farben ineinanderlaufen lassen, erhält Ihr Bild Spontaneität. Es ist in Ordnung, wenn es unscharf wirkt. In dieser Phase gleicht es einem Orchester, das sich warmspielt. Es fängt gerade erst an, sich zu finden.

2 | Sobald die Erstlavierung erfolgt ist, lassen Sie das Blatt vollständig trocknen. Falls Sie im Freien malen, wird das nur ein paar Minuten dauern.

3 | Mischen Sie ein kühles Grau als Schattenfarbe. Vergessen Sie nicht, dass Aquarellfarben nach dem Trocknen heller sind als beim Farbauftrag, also lassen Sie eine Farbe entstehen, die dunkler ist als die, die Sie eigentlich für richtig halten. Erzeugen Sie mit ihr tiefe Schatten, dunkle Winkel unter Cafémarkisen und Straßen, die Flächen für Zebrastreifen bieten.

4 | Zum Abschluss füge ich gerne noch mehr Details mit meinem Füller hinzu: Treppengeländer, Fensterrahmen und vielleicht ein paar Fernsehantennen. Ich lasse mir von meinem Bild sagen, was es noch braucht.

3

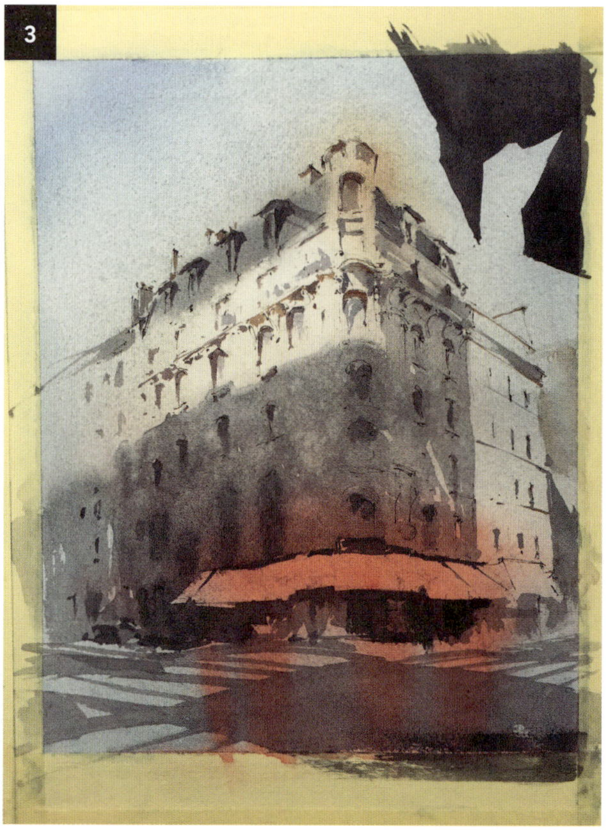

4

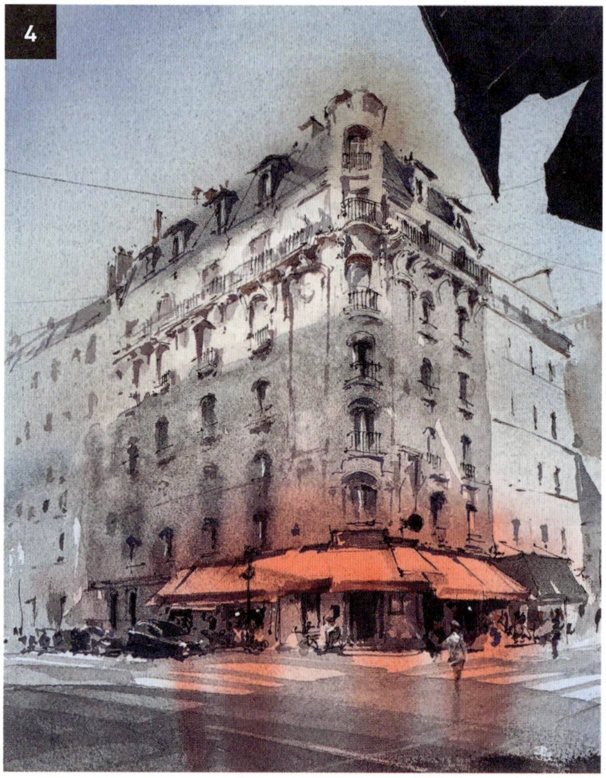

DIE FARBE UND BESCHAFFENHEIT VON SCHATTEN

Bei Schatten ist es wichtig, ihre Farben zu variieren. Sie sind nie eindimensional, vielmehr gehen andere Farben in sie über. Dabei können sich kalte und warme Farben im selben Schatten miteinander verbinden.

Sie können Farben gerne auch einmal überspitzen. Schließlich müssen wir uns nicht sklavisch an die Realität halten, sondern dürfen kreativ vorgehen. Spielen Sie mit den Farben. Lassen Sie dunkle Farben ins Blaue oder Violette übergehen. Machen Sie in den Farben Sonnenlicht durch unerwartete Orange- und Rosatöne sichtbar. Erweitern Sie die Reichweite warmen Sonnenlichts und kühler Schatten.

Außerdem kolorieren wir Objekte nicht einfach nur. Es geht nicht darum, das Dach grau und den Schornstein beige auszumalen. Viel interessanter ist es, das Licht einzufangen, das von umliegenden Objekten reflektiert wird. Wir wollen die Temperatur und Stimmung des Tages malen und unserer Arbeit eine andere Dimension geben.

Um die Illusion von Tiefe zu verstärken, dürfen wir mit der Stimmigkeit von Schatten spielen. Es ist durchaus erlaubt, die Tiefe von Schatten zu variieren, den Kontrast hier zu verstärken und dort den Schatten heller zu machen.

Licht und Schatten verwenden, um den Rahmen zu sprengen

Bilder werden durch die Größe des Papiers begrenzt. Doch manchmal blickt man über den Rand hinaus. Betrachten Sie ihn als Fenster zur Welt. Wir nehmen etwas in den Blick, doch gelegentlich kann es sich lohnen, auf den Gesamtzusammenhang hinzudeuten.

Das Bild unten zeigt ein Café in Paris an einem frühen Sonntagmorgen. In der Nacht davor war leichter Schnee gefallen, der aber nicht liegengeblieben war. Als ich die Szene sah, glitzerte alles. Mich interessierten die Reflexe auf der Straße und die Schatten der umliegenden Bauwerke, die von der noch tief stehenden Sonne auf das Gebäude geworfen wurden.

Diese Schatten verraten die Gegenwart weiterer Bauwerke. Mit dieser Technik treffe ich Aussagen über das, was außerhalb meines Bildes liegt – Bäume, Menschen, andere Gebäude – und binde sie in den Gesamtzusammenhang ein. Auch wenn Sie nur ein Gebäude malen, vergessen Sie nicht, dass Sie sich in einer Stadt befinden.

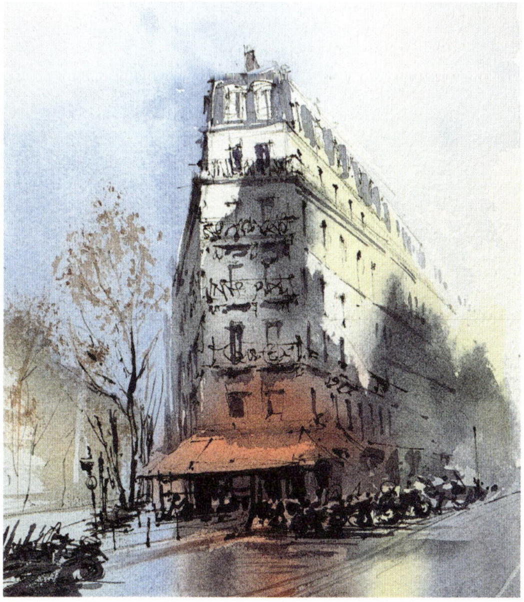

Gleißendes Morgenlicht schafft die Gelegenheit, die Schattenfarbe und -konsistenz abzuwandeln. Diese Schatten spielen an auf einen Gesamtzusammenhang jenseits des Rahmens an.

GEGENLICHT

Durch meine Arbeit in der Filmindustrie hatte ich die Gelegenheit, einige der besten Kameraleute bei der Arbeit zu beobachten. Von diesen Technikern und Künstlern nicht das eine oder andere über Beleuchtung zu lernen, ist praktisch unmöglich. Gegenlicht spielt eine besonders große Rolle.

Filmemacher haben diese Technik nicht erfunden, sondern von den Impressionisten abgeschaut. Malern wie Pissarro, Monet, Sorolla und anderen gefielen die Schattenbilder von Objekten und die Durchleuchtung, die das Gegenlicht in ihren Bildern bewirkte.

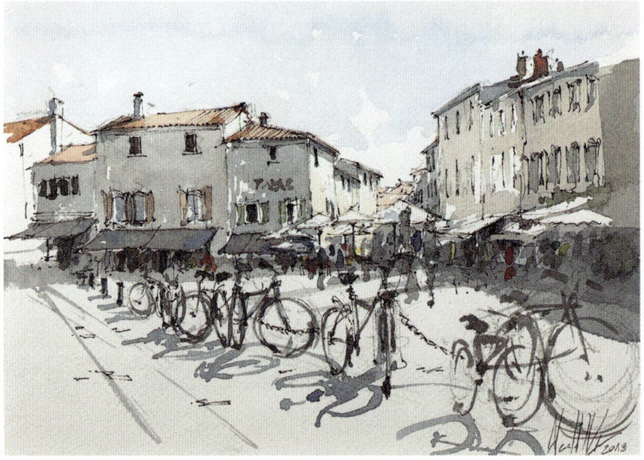

Fahrräder im Gegenlicht erzeugen großartige Schatten. La Flotte, Ile de Ré, Frankreich.

Gegenlicht zu nutzen, ist eine großartige Methode. Wenn Ihnen ein Objekt ins Auge fällt, und von Ihnen gemalt werden will, nehmen Sie sich die Zeit, den Gegenstand zwischen sich und der Sonne zu platzieren, damit Sie interessante Schattenbilder erhalten. Die Chancen stehen gut, dass eine solche Veränderung der Lichtsituation die Dramatik erhöht.

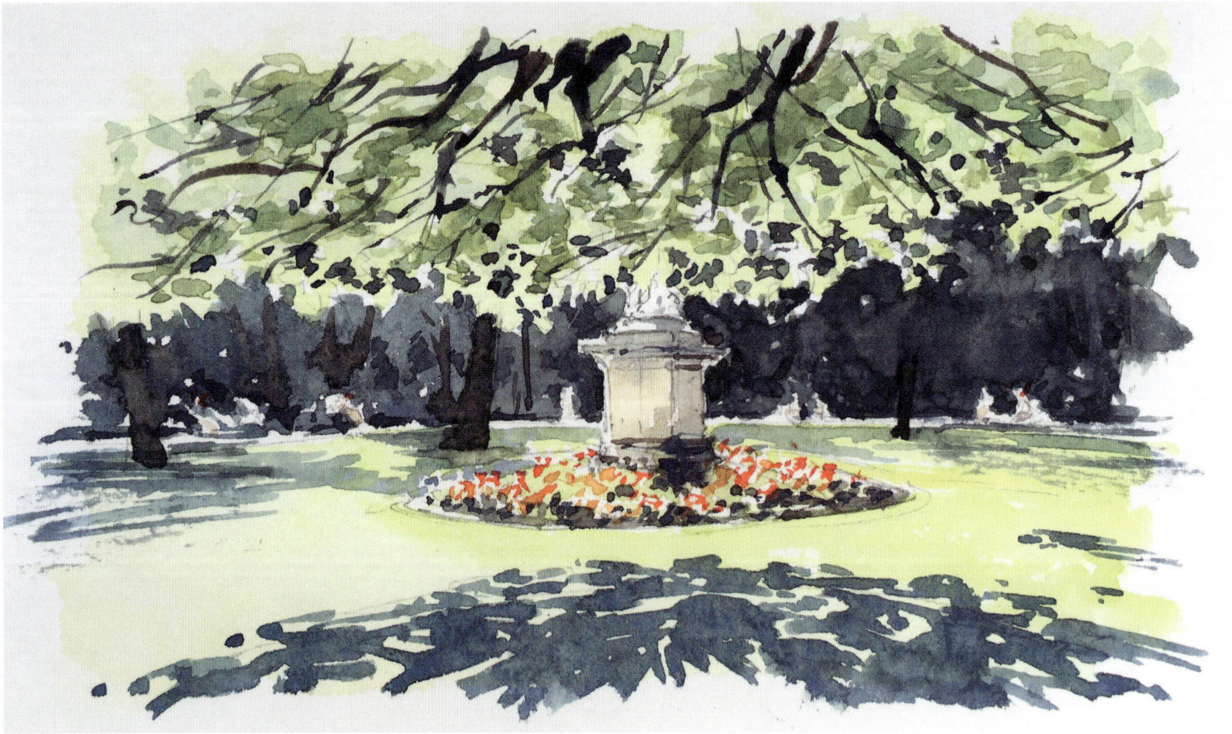

Sonnenlicht beleuchtet einen Vorhang aus Blättern im Jardin du Luxembourg, Paris.

FAZIT: MACHEN SIE WEITER!

Ich hoffe, dieses Buch hat Ihnen alle Tipps, Werkzeuge und Ideen gegeben, die Sie für Ihre weitere künstlerische Reise brauchen. Wie bei jeder anderen Reise können Sie sich auch beim Skizzieren über neue Gipfel freuen, die Sie erklimmen.

Man möchte, dass jedes Bild perfekt gelingt, und befürchtet, dass es der Vorstellung im Kopf nicht gerecht wird. Aber denken Sie daran: Die unvollkommene Realität ist immer besser als die perfekte Vorstellung. Beim Skizzieren geht es weniger um einzelne Ergebnisse als um den Weg, den Ihr Bleistift im Laufe Ihres Lebens zurücklegt.

Denken Sie langfristig. Verfolgen Sie Ihre Fortschritte. Entwickeln Sie vor allem die Fähigkeit, Ihre Technik zu verbessern. Verlieben Sie sich in den Prozess, und alles andere folgt von selbst. Wie Picasso einst sagte: „Es gibt Inspiration. Aber sie muss dich bei der Arbeit finden." Sie haben das Werkzeug. Ziehen Sie jetzt los und probieren Sie es aus.

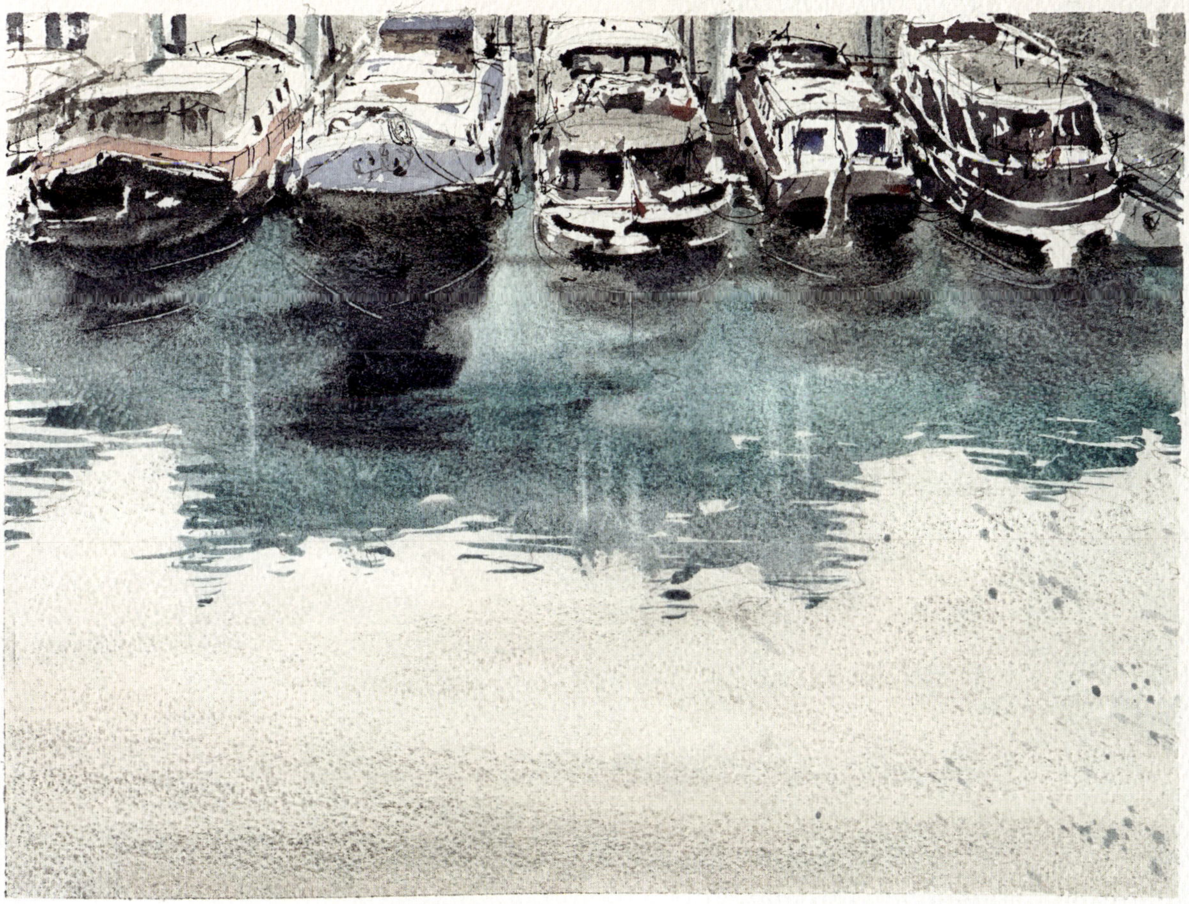

Canal Saint-Martin, Paris.

MATERIALIEN

Hier folgen einige meiner Lieblingsmarken, mit denen mir Skizzieren noch mehr Spaß macht.

ARCHES: Papier
arches-papers.com

Canson: Papier
canson.com

Daniel Smith: Farben
danielsmith.com

Escoda: Pinsel
escoda.com

Faber-Castell: Bleistifte, Fineliner, und Füller
faber-castell.com

Hahnemühle: Skizzenbücher
hahnemuehle.com

Pigma Micron: Fineliner
pigmamicron.com

SMLT: Skizzenbücher
smltart.com/art

EINFLÜSSE

Mit den Jahren haben mich zahllose Künstler und Lehrer beeinflusst. Nachfolgend einige, die ich beim Skizzieren und Malen immer im Sinn habe.

James McNeill Whistler (1834–1903): Vor allem bekannt für seine Ölgemälde. Mich inspirieren insbesondere die Radierungen, die er zum Ende seines Lebens hin in Venedig machte. Whistler gelang es, Venedigs schäbige Großartigkeit ohne Zuhilfenahme von Farben vollkommen einzufangen.

J. M. W. Turner (1775–1851): Britischer Künstler, dessen atmosphärische Bilder jeder kennt. Mir gefallen insbesondere die Skizzen und Aquarelle von seiner Reise durch Luxemburg im Jahr 1839.

Félix Ziem (1821–1911): Ein französischer Maler, der in seinen Bildern von Venedig und Istanbul das Licht eingefangen hat. Seine Skizzenbücher sind ein wahrer Schatz.

DANKSAGUNGEN

Ein herzliches Dankeschön geht an die Regisseure Ben Affleck, Nancy Meyers, Cameron Crowe, Angelina Jolie, Wally Pfister und an die Kameramänner Roger Deakins, John Toll, Anthony Dod Mantle, Robert Richardson und Rodrigo Prieto. Diese Visualisten und Geschichtenerzähler, mit denen ich zusammenarbeiten durfte, haben mich unendlich viel gelehrt und inspiriert. An ihrer Seite an den Vorbereitungen für eine Filmproduktion mitzuwirken und ihnen dabei über die Schulter zu sehen, wie sie ein Projekt erfolgreich umsetzen, war die beste Schule.

Ich danke auch der weltweiten Gemeinschaft der Zeichner, Maler und Kreativen. Wir haben einander dank der sozialen Medien gefunden, und es sind die Gespräche mit Euch und Eure Beiträge, die mich daran erinnern, dass wir alle zusammengehören. Ich freue mich auf noch mehr Kontakte und darauf, die Gesichter hinter all den @s und #s kennenzulernen.

Un grand merci der Stadt Paris und mes amis ici dafür, dass sie meiner Kunst zur Blüte verhelfen. Eure Farben und Persönlichkeiten haben mich mit offenen Armen willkommen geheißen.

Und ein gigantisches Dankeschön meiner lieben Frau Tiffany. Für alles, was du tust, für all deine Unterstützung und Liebe. Ich liebe dich.

ÜBER DEN AUTOR

Alex Hillkurtz wurde in England geboren und wuchs in Kalifornien auf, wo er ein preisgekrönter Filmstudent der Chapman University war. Im Anschluss an sein Studium etablierte er sich erfolgreich als Illustrator und Storyboard-Künstler in Hollywood. Dort war er für bekannte Studios wie Warner Bros., Marvel, Paramount Pictures und Universal Studios tätig. Er arbeitete mit den führenden Regisseuren und Kameraleuten der Filmindustrie zusammen.

Inzwischen lebt Hillkurtz in Paris und konzentriert sich seither auf seine Karriere als Aquarellmaler und Zeichner. Er genießt es, die Stadt auf eine Weise zu entdecken, wie nur das Skizzieren und Malen es erlaubt.

Aufgrund seines beruflichen Hintergrunds sind seine Bilder durch Filmsprache inspiriert. Er geht über das Offensichtliche hinaus und lenkt das Auge des Betrachters. Hillkurtz ist fest davon überzeugt, dass das Malen im Freien uns in unserem übervollen Leben dabei hilft, einen langsameren Gang einzulegen und unsere Sinne für den Ort und seine Geschichten neu zu öffnen.

Weil er in Filmszenen, Kameraeinstellungen und Kinofiguren denkt, ist Hillkurtz dazu in der Lage, seine Arbeit mit entdeckten und vorgestellten Geschichten zu beseelen und Bilder zu schaffen, die den Charakter und die Stimmung eines Orts vermitteln wie eine Filmszene.

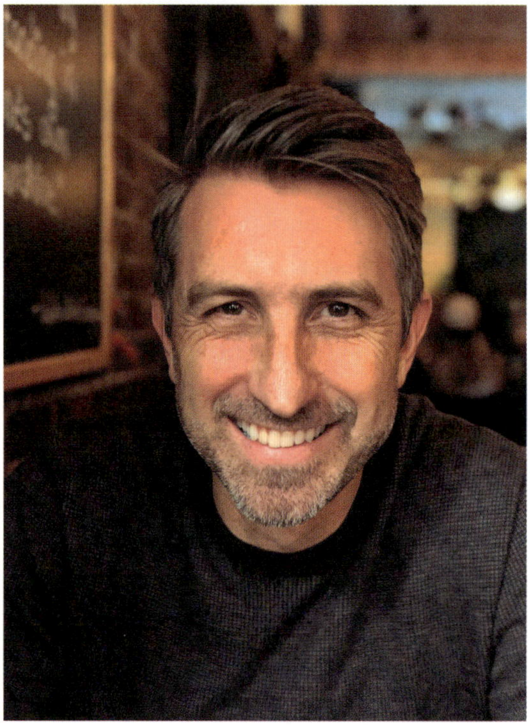

Hillkurtz' Arbeiten wurden in Einzel- und Gruppenausstellungen in Europa, den Vereinigten Staaten und Russland gezeigt. Er leitet regelmäßig Workshops und Meisterklassen zu Aquarellmalerei und Skizzieren in Europa und den Vereinigten Staaten und lehrt alle Schüler unabhängig von Fähigkeiten und Hintergrund, wie man seine Bilder mit wunderbarer Lebendigkeit bereichert.

Hillkurtz ist in den sozialen Medien aktiv und stolz darauf, Teil der weltweiten Gemeinschaft der Kreativen zu sein.

Instagram: @hillkurtz
Facebook: AlexHillkurtzArt
Web: AlexHillkurtzArt.com

REGISTER

M

N

O

P

S

T

V

W

Z